정해진 미래, 대세상승장이 온다

책수레

차례

PART 1
순환주기를 알면 주식시장의 미래가 보인다
시나리오 투자법의 이해

차례

차례

차례

차례

차례

전망하지 않는 투자자는 존재할 수 없다

필자가 《정해진 미래, 대세상승장이 온다》를 2020년 9~10월에 썼고 2021년 1월에 출간하였다. 먼저 작년에 책을 쓴 이유에 대해서 말씀드리고 싶다. 필자의 시나리오 투자법 이론(이하 시투 이론)에 대해서 일종의 지적 재산권을 간접적이나마 확보하고자 하는 목적이 있었다.

필자는 2018년부터 2020년까지 3년간 시나리오 투자법에 대해 많은 글을 블로그에 남겼다. 구독자 수도 많이 늘었고, 많은 투자자들이 시나리오 투자법에 대해서 알게 되었다. 펀드매니저나 증권사 애널리스트 등 제도권에 계신 분들까지 이야기꾼의 글을 구독하고 있다.

그러나 일부 작가와 증권사에서 사계절 투자 방식이라는 이름으로 투자 국면을 구분하려는 시도를 발견하였다. 물론 세부적으로 들어가면 이야기꾼의 시투 이론과는 다른 내용이다. 그럼에도 불구하고 시나리오 모델의 독창성이 본의 아니게 희석될 수 있다는 우려가 있었다.

개인적인 성격이 큰 블로그에 쓴 글보다는 제도권에 속하고 정식으로 출간한 책을 통해 이야기꾼의 주장을 기록으로 남긴다면 훨씬 더 공신력을 가질 수 있다고 생각했다.

필자는 블로그에서 전망한 내용이 틀린다 해도 글을 수정하거나 삭제하지 않는다. 전망이 틀려도 그 모든 것이 이야기꾼의 역사이며, 틀린 전망에서 가장 많이 배울 수 있기 때문이다. 이러한 과정을 통해 필자의 시투 이론은 계속 진화한다.

그러나 개선되기 전 이론을 독자가 읽고 오해할 수 있다는 우려가 있었다. 블로그에서 연재한 글 중에 한국 증시의 시나리오 모델인 중기12 국면이 있는데, 그것은 버전 2.0이다. 버전 3.0부터 미국 달러와 100% 연동되면서 전면 개편되었고, 온오프라인 시투 강의에서만 공개했다. 그런 이유로 과거의 조금 부족했던 이론을 독자가 읽고 오해하지 않도록 책으로 버전 3.0을 공개하였다.

필자가 책을 출판하고 10개월이 지났다. 그동안 자산시장에 많은 변화가 있었다. 필자가 불과 10개월 만에 다시 개정판을 낸 이유는 자산시장의 변화를 이야기꾼의 시투 이론이 잘 따라가고 있는지 부록을 통해 증명하고 싶었기 때문이다.

필자가 주장해 온 시나리오 투자법은 중기적 시나리오 모델, 주도 업종, 미국과 한국 증시의 국면 정의, 국면별 투자 전략, 5대 자산인 통화, 채권, 주식, 상품, 부동산의 상관관계, 그리고 일부 초단기/단기 시나리오 모델 등이 있다. 필자가 시나리오 투자법 이론을 적용하여 전망한 대부분이 적중하였다. 적중한 내용과 초판에 기술되지 않은 향후 전망에 대해서 개정판 부록에 기술하였다.

물론 100% 적중하지는 못했다. 특히 미국 달러에 대해서는 시투 이론에 단기적 오류가 있는 것이 아닌가 의심이 든다. 물론 초판에서는 중기적인 달러 전망만 했으나, 단기적 오류의 우려까지 부록에 가감 없이 기술하였다. 이야기꾼은 틀리는 것에 그다지 큰 두려움이 없다. 어차피 100% 적중하는 것은 불가능하다.

그런데도 부록을 통해 이를 숨김없이 설명하는 이유는 간단하다. 전망하지 않고, 적중하지 않는 이론은 의미가 없기 때문이다. 대부분의 투자 서적은 도망가기 어려운 전망을 책에 쓰지 않는다. 물에 물 탄 듯, 술에 술 탄 듯, 실제 투자 전략에 도움이 되지 않는 일반적인 내용이 많다.

통상 타이밍은 맞힐 수 없기 때문에 전망하는 것은 의미가 없다고 용감하게 기술하는 책들도 많다. 그러나 필자는 '전망하지 않는 투자자는 존재할 수 없다'라고 생각한다. 타이밍 매매는 의미가 없다고 주장하는 투자자는 향후에도 타이밍을 맞힐 수 없다고 전망하기 때문에 수동적 자산 배분 등을 주장하는 것이다.

어떤 주장을 하든 모두 타이밍에 대한 전망이 포함되어 있다. 상승이든, 하락이든, 박스권이든, 전망을 하고 본인의 견해가 있어야 투자 결정을 할 수 있다. 역사적 패턴을 연구하든, 재무 가치를 보고 판단하든, 차트를 기술적으로 분석하든, 모두 전망하려는 행위이다.

심지어 일정한 패턴이 없다고 주장하는 것조차 패턴이 없다고 전망하는 것이다. 수동적 자산 배분을 주장하는 투자자도 역사적으로 알파가 있었음을 '백 테스트(back test)'로 확인하고 전망하는 것이다. 어떤 주장을 하든 모두 타이밍에 대한 본인의 견해가 포함되는 것을 피할 수는 없다. 따라서 '타이밍에 대한 전망은 무의미하다'라는 주장은 논리적으로 모순된 것이다.

필자는 틀리는 것을 두려워하지 않는다. 필자는 나중에 틀렸을 때 도망가기 어려운 전망을 지속할 것이다. 약간 전망이 틀려도 수익을 내는데 큰 지장은 없다. 그러나 전망하지 않는 투자자는 자신이 틀렸는지 맞았는지도 모른다. 천지인과 '맘느지(맘 편한 투자, 느린 투자, 지속 가능한 투자)' 투자 철학을 통해 장기적으로 성공한 투자자가 되기 위해서는 자신이 잘 아는 영역에 집중해야 한다. 자신이 어디서 틀렸는지도 모르는 투자자는 자신이 뭘 잘 아는지도 모른다.

이야기꾼

주식시장을 이기는 방법을 찾아서

'시나리오 투자법'은 필자가 10여 년 전부터 개인적으로 연구한 투자 방법이다. 자산시장의 순환주기를 이용한 투자 방법이라 할 수 있다. 필자는 오랫동안 시장을 관찰하면서 과거와 비슷한 상황과 패턴이 반복되는 것을 그냥 넘기지 않았다. 어떤 결정론적 시나리오가 있는 것이 아니냐는 의문을 가지면서 연구가 시작되었다. 잘 모르겠지만 어떤 큰 그림, 또는 어떤 일반 법칙이 존재하지 않을까 기대를 했던 것 같다. 결국 여기까지 달려왔다.

필자가 투자를 시작한 때는 1997년 정도였다. 당시 새롬기술은 IT 버블의 정점에 있던 종목이다. 1999년 8월 코스닥에 상장하여 10월 1,890원에서 2000년 3월 282,000원까지 6개월간 150배 급등한다. 이는 역대 최고 상승률이다. 거품이 꺼지면서 많은 투자자가 고통을 겪었다. 필자 역시 천당과 지옥을 경험하였다.

이후 열심히 공부하고 절치부심하여 2000년대에 좋은 성과를 냈다. 그러나 2008년 초 불트랩(bull trap)에 말려들어 손실을 기록하였다. 불트랩은 하락장 중에 잠시 반등하여 마치 상승장으로 전환된 것처럼 착각하게 만든다. 그전까지 좋은 성과를 냈으나 2008년 불트랩에 말려들면서 수익이 많이 감소하였다. 이처럼 투자는 마지막의 결과로 수익이 결정되는 경우가 많다.

2008년의 투자 실패 이후 필자에게 오기 같은 것이 좀 생겼다. 평소에도 독서를 많이 했으나, 2008년 이후 투자 관련 분야를 집중적으로 연구하면서 시나리오 투자법의 핵심 개념인 시나리오 모델을 만들기 시작했다. 시장을 연구하면서 1900년대 이후 미국 5대 자산시장의 등락이 주기적으로 반복되고 있는 것을 여러 차례 관찰할 수 있었다. 5대 자산은 통화, 주식, 채권, 부동산, 상품을 의미한다.

물론 그 순환주기는 쉽게 관찰되지 않았다. 처음엔 조악하고 논리적으로 부족했지만 일단 점을 찍기 시작했다. 점들이 모이고 임계질량(critical mass, 핵분열 연쇄 반응을 유지하는 데 필요한 최소 질량)에 도달하자, 모인 점을 하나둘 서로 연결해 보기 시작했다.

금융위기 등의 공황 지점을 그라운드 제로(ground zero, 핵폭탄이 폭발한 지점 또는 대재앙의 현장)의 기준점으로 잡고, 수백 가지가 넘는 현상의 상관관계를 연구하였다. 직장생활을 병행하면서 수없이 세운 밤이 기억을 스치고 지나간다.

필자가 시장을 분석할 때 시대에 따라 우선순위를 높게 두는 핵심지표가 있다. 핵심지표에 따라 시장의 변곡점이 발생하고 소멸하는 것을 집요하게 기록하고 분석하고 추적하였다. 이런 과정을 통해 첫 번째 시나리오 모델인 중기12국면이 점차 모습을 갖추게 된다.

중기12국면은 자산시장이 순환주기를 거치면서 겪는 국면의 변화를 도식화한 것이다. 중기12국면이 구조적인 모습을 갖추면서 각종 전조현상(前兆現象, 어떠한 일의 징조로 나타나는 현상)이 점점 정확한 자리를 찾아갔다.

이렇게 점과 점이 서로 연결되면서 시나리오 모델이 점차 일반이론의 형태를 갖추게 되었다. 전조현상의 양과 질이 점차 쌓이고 올라가 임계점을 넘어서면서 이론의 깊이가 점차 깊어졌다.

시나리오 모델을 세상에 선보이기 위해 몇몇 출판사를 찾았다. 그러나 아무도 모르는 투자자의 듣보잡 이론을 책으로 내줄 출판사는 없었다. 필자는 직장생활이나 열심히 하는 수밖에 없었다.

그러다 2018년 초 블로그에 시나리오 모델을 연재해보자 생각했다. 현재 필자의 블로그는 구독자 27,000명이 넘게 성장하였고 여러 출판사에서 출간 제의를 받기에 이르렀다. 중요한 투자 포인트가 도래할 때마다 블로그를 통해 소통하고 있으며, 현재 투자 시장의 국면을 정리하여 말씀드리고 있다. 비록 열심히 하지 못해도 틈나는 대로 유튜브에 영상도 올리고 있다.

필자는 책을 많이 읽는 편이다. 엔간한 투자 관련 신간 서적은 대부분 읽는다. 그러나 아쉬움이 많았다. 큰 기술에 해당하는 일반 이론을 이야기하는 서적은 거의 찾아볼 수 없었다. 작은 기술에 속하는 테크닉이나 작은 전술을 얘기하는 서적도 그렇게 많지 않다. 정신 승리를 강조하는 시골 훈장님 잔소리 같은 자기계발 책이 많다. 성공한 분들의 자서전이나 수필처럼 대리만족을 주는 책도 많다. 심지어 잘못된 내용을 강조하는 책도 있다.

필자는 그런 잔소리나 정신 승리, 하나 마나 한 의미 없는 주장을 하고 싶지 않았다. 불황에도 불구하고 책 공급이 늘어나는 출판계에 별 의미 없는 주장을 하는 책을 하나 더 추가하고 싶지도 않았다. 그래서 책을 좀 더 빨리 출판할 수 있었지만, 3세대 중기12국면이 완성되고 시장에서 검증된 이후로 미뤘다.

코로나19 사태 이후 달러 약세가 본격화되고 모두의 예상을 무너뜨리면서 원화 강세가 심화된 것으로 중기12국면은 검증되었다. 이렇게 될 수 있다고 주장한 사람은 극소수였다. 정리된 이론을 가지고 전망한 사람은 필자 기억에 없었다. 필자는 블로그를 통해 2019년 초부터 '중기12국면' 시나리오 모델에 기반하여 이 상황을 예견하였고 결국 적중하였다.

필자는 퇴사와 함께 출판 작업에 돌입하였다. 지금은 무형 자산의 시대이다. 본문에서 자세히 설명하겠지만, 간단하게 말하자면 지금은 제4차 산업혁명의 전반기에 속하며 미국 증시는 뜨거운 여름 국면이다. 미국 증시가 여름 국면이 되면 무형 자산의 시대가 된다. 반대로 미국 증시가 봄 국면이 되면 유형 자산의 시대가 된다.

자산시장이 무형 자산의 시대인 것과 마찬가지로 직업도 무형 자산의 시대라 할 수 있다. 지식 자산을 인터넷으로 유통하는 비즈니스 모델이 각광받을 것이다. 전통적인 제조업이나 유통 시장을 통한 비즈니스 모델보다 생산성과 수익성이 압도적으로 좋다. 코로나19 사태가 잠재된 수요를 더욱 증폭시키는 계기가 되었다.

퇴사 후 필자는 세컨드 라이프(second life)로 투자에 관한 지식 자산을 블로그, 유튜브 및 교육 플랫폼을 통해 유통하여 부가가치를 만드는 일을 할 예정이다. 물론 직접 투자도 병행하고 있다. 필자는 주요 소통 창구인 블로그에서 본인의 투자 성과를 한 번도 언급한 적은 없다. 하지만 필자는 투자 성과만으로 이미 경제적 자유를 구축한 상태이다. 투자는 앞으로 더욱 중요해질 것이다. 현재는 무형 자산의 시대이기 때문이다.

필자는 맹자의 천지인(天地人) 사상을 차용하여 천지인 투자철학을 정립하였다. 천지인 투자철학은 투자에 대한 기초를 제시한다. 투자자가 반드시 갖춰야 하는 능력을 최대한 단순화하고 도식화하였다. 천시(天時), 지리(地利), 인화(人和), 즉 천지인은 전쟁에서 승리하기 위한 가장 중요한 3가지 원칙이다. 맹자는 천시보다 지리가 중요하다고 하였고, 지리보다 인화가 중요하다 하였다.

투자에 성공하기 위한 기본 철학으로서 천지인 투자 철학은 아주 적절하다. 천시(天時)는 시간, 지리(地利)는 공간, 인화(人和)는 마음가짐을 의미한다. 천시는 투자에서 중기12국면과 금융 생태계 등의 거시경제로 해석된다. 천시는 투자에 성공할 가능성이 큰 시점을 알아보는 통찰력에 대한 것이다. 이 책은 천시를 주로 다룬다. 지리는 투자에서 주도 업종과 기업 평가로 해석된다. 지리는 투자에 성공할 가능성이 큰 대상을 알아보는 통찰력에 대한 것이다. 지리는 천시보다 더 중요한 역량이다.

아무리 지리와 천시를 잘 알고 있다 하더라도 투자 원칙을 확고하게 지키지 않고 이리저리 흔들리고 부화뇌동하면 수익이 나기 어렵다. 수많은 다중인격이 우리 뇌에 있다. 하루에도 수백 번, 수천 번씩 다른 소리를 내고 우리를 산만하게 만든다. 이러한 다중인격을 잠재우는 좋은 수행이 바로 명상과 요가인데, 필자는 이를 인화로 정의한다.

인화는 투자 원칙에 따라 매수, 매도, 보유 등 의사 결정을 할 때 인내심을 가지고 냉철하게 유지하는 태도를 말한다. 인화는 지리보다 더 중요한 역량이며 가장 중요하다. 초단기적 공포와 탐욕, 각종 심리편향, 통섭적 접근이 아닌 단편적이고 1차적인 지식, 패턴의 오류 등이 인화를 방해하는 원인이다.

부실주나 비주도 업종에 속한 기업이 아니라면 중장기 투자는 대부분 수익이 난다. 그러나 중장기 투자를 실제로 실천하는 투자자는 매우 드물다. 개인투자자의 평균 보유 기간은 3개월을 넘지 못한다는 통계도 있다. 이렇게 단타에 치중하는 이유는 단지 수익률을 더 높이기 위한 욕심만은 아닐 것이다.

개인투자자가 단타에 치중하는 가장 큰 이유는 미래를 알 수 없다는 불안감과 불확실성 때문이다. 미국의 장기적 성장에 투자한다는 워런 버핏처럼 중장기 투자는 믿는 구석이 있어야 가능하다. 시나리오 모델이라는 천시를 이해하고 주도 업종이라는 지리에 대한 통찰이 있어야 진정한 인화가 될 수 있다.

"좋은 종목을 적정한 가격에 매수해서 장기 보유하라." 워런 버핏이 말씀하셨다고 알려졌지만 확인되지는 않는다. 이를 좀 삐딱하게 보면 하나 마나 한 소리다. 좋은 종목이 어떤 것이며, 적정한 가격이란 무엇이며, 장기 보유란 얼마나 보유하는 것인지 친절한 설명이 없기 때문이다.

그러나 천지인 투자 철학은 이를 모두 설명할 수 있다. 좋은 종목, 즉 주도 업종에 속하는 우량한 기업은 지리에 해당한다. 적정한 가격, 즉 좋은 타이밍은 천시에 해당한다. 장기 보유는 인화를 의미한다. 즉 "지리를 천시에 사서 인화하라!"라고 재해석할 수 있다.

가장 중요도가 떨어지는 천시는 역설적으로 표준화된 이론을 구성하기도 적절하고 가르치기도 제일 쉽다. 가장 중요한 인화는 이론을 만들 수 없고 가르치기도 곤란하다. 지리에 관한 투자 전략은 일반적으로 구성할 수는 있으나 시시각각 바뀌는 빈도가 빠르고 표준화하기 힘든 특성 때문에 개인의 능력에 크게 좌우된다.

주도 업종의 중요성은 매우 높다. 천시를 모른다고 하더라도 지리를 제대로 확보하고 있다면 최소한 잃지 않고, 상승할 때는 시장 평균보다 초과 상승하기 때문이다. 지면상 주도 업종은 한 챕터를 할당해 간략히 살펴보도록 하겠다.

인화를 강조하면 투자자의 반응은 극명히 나눠진다. "그거 뭐, 그냥 사고 나서 안 팔면 되는 거 아니에요? 그게 무슨 투자 전략인가요." 라고 부정적으로 반응하는 투자자가 있을 것이다. 필자는 블로그에서 2019년 초부터 '삼성전자 우선주'를 공식 추천주로 제시했다. 이에 대해 "모두가 다 아는 그런 시총 1위 종목 말고 급등하는 종목 없나요?" 라면서 부정적으로 반문하는 투자자도 있을 것이다. 이렇게 인화와 시총 1위 주식을 외면하는 태도는 투자를 막 시작해서 의욕이 넘치는 입문자에게 많이 발견된다.

공부를 잘하거나 다이어트를 잘하는 것은 사람들이 잘하고 싶어도 좀처럼 성취하지 못한다. 아마 1%도 성공하지 못할 것이다. 그러나 방법은 지극히 간단하다. 교과서 예습 복습 잘하고, 오답 노트를 잘 관리하고, 잠을 잘 자고, 불필요한 시간을 줄이면 성적은 자연스럽게 올라간다. 식단을 채소 위주로 바꾸고, 규칙적으로 운동하고, 잠을 잘 자면 체중은 자연스럽게 빠진다. 이렇게 누구나 다 아는 것을 실천하지 못한다.

투자도 마찬가지다. 필자는 시투(시나리오 투자법) 강의 시간에 "입문 투자자는 삼성전자 우선주 같은 시총 1위급 기업을 인화하여 중기 보유하는 가장 기본적인 투자 전략부터 시작하시라."라고 권고한다. 이렇게만 해도 수익률이 생각보다 꽤 높다는 사실을 매년 증명해 드리고 있다. 그러나 시투(시나리오 투자법) 수강생들도 모두 실천하지 못한다. 전체 투자자의 1%도 이를 실천하지 못하고 있다고 필자는 장담한다.

필자가 블로그에서 항상 지겹게 반복하여 말하는 몇 가지가 있다. 그것은 바로 (1) 맘 편한 투자, (2) 느린 투자, (3) 지속 가능한 투자를 추구하자는 것이다. 직업 트레이더가 아닌 개인투자자가 이러한 맘느지(맘 편한 투자, 느린 투자, 지속 가능한 투자) 투자를 지향하지 않으면 성공하지 못하는 것을 많이 봐 왔기 때문이다.

인생에서 가장 중요한 가치 3가지만 들라면 필자는 건강, 신용, 경제력이라고 말하겠다. 천지인과 마찬가지로 인생의 가치에도 우선순위가 있다. 건강이 무조건 가장 중요하며, 신용이 두 번째로 중요하고, 그다음이 경제력이다.

건강이 무너지면 가족, 지인, 세상의 평판, 계좌에 있는 돈, 강남 아파트도 아무 소용이 없다. 18조 원을 남기고 쓸쓸히 병실에서 운명하신 이건희 삼성그룹 회장을 생각해 보면 되겠다. 건강하다면 그 다음으로 중요한 것은 주위 사람들과의 신용이다. 가장 가까이는 가족이 되겠지만 가까운 지인도 되겠다. 필자 입장에서 넓게 본다면 구독자가 느끼는 평판과 신용도 여기에 해당한다.

건강과 신용이 건전하다면 다음으로 중요한 것은 경제력이다. 그런

데 투자자는 투자 성과를 위해 건강과 신용을 희생하는 우를 범하는 경향이 있다. 투자도 좋지만 건강과 신용을 해치면 인생에서 가치가 없다. 조급한 마음으로 빨리 수익을 내려고 하면 수익도 나지 않고 건강과 신용도 해치게 된다. 맘 편한 투자, 느린 투자, 지속 가능한 투자 태도를 유지하라고 필자가 잔소리하는 이유라 할 수 있다.

입문 투자자일 때 배운 좋은 습관이 평생 투자 성과를 좌우한다. 잘못된 투자 습관 때문에 투자 경험이 쌓여도 성과를 내지 못한다. 심지어 주기적으로 반대매매 당하는 중급 투자자도 많다. 필자의 시나리오 투자법과 천지인 투자철학을 통해 맘 편하고, 느리면서도, 지속 가능한 투자 성과를 내기를 기원하겠다.

이야기꾼

순환주기를 알면
주식시장의 미래가 보인다

시나리오 투자법의 이해

시나리오 투자법이란?

'시나리오 투자법'은 자산시장의 흥망성쇠는 시작부터 마지막까지 이미 결정되어 있다는 것을 전제로 한다. 마치 영화 대본처럼 시나리오로 결정되어 있다는 의미에서 시나리오 투자법이라고 이름 붙였다.

아리스토텔레스는 시학(詩學)에서 모든 스토리는 시작이 있고, 중간이 있고, 끝이 있다고 했다. 통상 시나리오는 이런 3막 구조를 가진다. 등장인물은 정해져 있으며 서로 갈등을 일으키고 해소된다. 갈등은 복선을 통해 예고된다. 영화 대본에서 컷(cut)이 모여 신(scene)을 이루고 신(scene)이 모여 시퀀스(sequence)를 이룬다. 이러한 시퀀스가 모여 시나리오(scenario)가 된다.

우리는 이러한 시나리오 구조를 자산시장에 접목할 수 있다. 먼저 등장인물은 5대 자산으로 통화, 주식, 채권, 부동산, 상품이다. 시나리오의 전체 줄거리인 시놉시스는 바로 시나리오 모델이며, 개별 시퀀스는 각 투자 국면이다. 시작과 끝은 금융위기로 연결된다.

시나리오 모델은 투자 전략에 따라 여러 가지로 나눠질 수 있다. 중기 추세에 대한 시나리오 모델은 17년 주기의 '중기12국면'이며, 단기 추세에 대한 시나리오 모델은 3~4년 주기의 '단기4국면'이며, 1년 초단기 투자를 위한 시나리오 모델도 있다. 이 책은 그중에 '중기12국면' 시나리오 모델을 다룬다.

📝 이야기꾼의 단기, 중기, 장기 개념
필자가 정의하는 투자 기간은 중기 투자 5년, 단기 투자 2년이며, 초단기 투자는 6개월 정도이다.

중기12국면은 직관적으로 이해하기 쉬운 12개월을 차용하여 정의하였고, 한국인에게 익숙한 4계절로 묶어 중기4계절로 표현할 수 있다. 봄 국면인 3월부터 5월 국면은 증시가 오랫동안 박스권을 형성하며 힘을

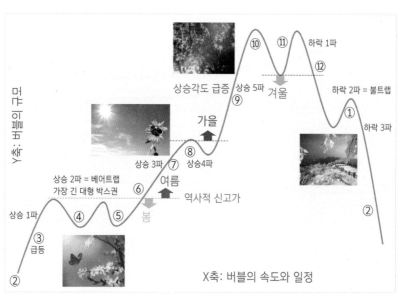

[그림 1-1] 중기4절과 중기12국면

비축한다. 여름 국면인 6월부터 8월 국면은 대세 상승을 시작한다. 가을 국면인 9월부터 11월 국면은 증시가 과열로 치닫고 천장권을 형성한다.

마지막 겨울 국면인 12월부터 2월 국면은 폭락이 진행되면서 중공황급 금융위기를 만든다. 겨울 국면까지 모두 끝나면 다시 새로운 봄 국면이 시작되며, 처음부터 이 과정을 다시 반복한다. 이것이 결정론적 세계관에 입각한 중기12국면 모델이다. 위 그림을 통해 이 과정을 한눈에 볼 수 있다.

5대 자산(통화, 주식, 채권, 부동산, 상품)의 각 캐릭터는 시퀀스(국면)별로 절망-회의-낙관-행복 등의 감정 상태와 바닥-상승-천장-하락의 시나리오를 가진다. 한 시퀀스(국면) 내에는 다양한 신(scene)들이 있으며 갈등을 일으키고 추세 전환을 통해 해소된다. 이러한 추세 전환은 복선(전조현상)을 가진다.

시나리오 작가는 영화 대본과 연극 각본을 통해 자유로운 상상의 나래를 펴고 저마다 창의성을 뽐낸다. 그러나 투자에 사용되는 시나리오는 그렇게 마음대로 상상력에 의존하면 곤란하다. 장기적 추세로 통계적, 역사적 재현성이 있어야 한다. 5대 자산 캐릭터는 항상 서로 간에 상관관계가 있어야 한다.

따라서 투자에 사용되는 시나리오는 한 번에 만들어질 수 없다. 수많은 시행착오를 거쳐서 갈고 닦아야 한다. 필자의 시나리오 투자 모델도 10년에 걸쳐 3세대까지 진화하였다. 지금 보면 부끄러운 1세대와 약간의 오류가 있었던 2세대를 거쳐 중기12국면 3세대 모델을 완성하였다.

신뢰성이 높은 시나리오를 확보하면 투자자는 지금 내가 어디에 있는지 알 수 있고, 향후 어떻게 나아가면 되는지 알 수 있다. 즉 최종 목적지인 금융위기까지 여행하기 위한 나침반, 시계, 지도를 손에 쥐게 된다. 현재 자산시장에서 나타나는 신(scene)들을 해석하여 시퀀스, 즉 현재 국면을 파악하고 지도(중기12국면)를 통해 다음 목적지를 가늠할 수 있다.

물론 과거 데이터를 보고 미래를 예측하는 것을 부정적으로 비유하여 마치 백미러를 보고 운전하는 것과 같다고 하기도 한다. 그러나 우리가 쓸 수 있는 자료는 과거 데이터밖에 없다. 이를 부정한다면 미래는 예측할 수 없다는 불가지론(不可知論)으로 갈 수밖에 없다. 역사를 부정하기보다는 역사를 지혜롭게 해석하려고 노력해야 더 많은 걸 얻을 것이다.

벤저민 프랭클린은 거의 모든 유용한 지식은 역사를 읽는 과정에서 배울 수 있다고 했다. 전쟁 전략가로 유명한 프리드리히 2세, 나폴레옹, 몽고메리도 예측과 전략을 세우는 데 있어서 전쟁사를 읽는 방법 외에 다른 방법은 없다고 했다. 역사를 집요하게 추적하는 것, 이것이 시나리오 투자법의 핵심이다.

금융 생태계는 자산시장의
흥망성쇠를 결정한다

생물 생태계와 금융 생태계

생태계(ecosystem)는 상호작용하는 생명체와 주변 환경을 의미한다. 하나의 생태계 안에 서식하는 생명체는 먹이사슬을 통해 서로 연관되어 있다. 이러한 과정을 통해 독특한 생태계가 형성된다.

이러한 생태계는 고산 지역, 늪지, 수목, 해양, 산호초, 민물, 연못, 사바나, 스텝, 사막 등 다양하다. 각각 온도, 습도, 기압, 생명체 분포 등이 다르고 수많은 변수가 있다. 특정 생태계에서 번성하는 생명체를 다른 생태계로 옮겨 놓으면 도태되고 자라지 못한다. 침엽수가 사막에서 자라지 못하고 연꽃이 고산지대에서 생존하지 못하는 것과 같다.

생물 생태계의 모습은 금융 생태계와 매우 닮았다. 각 생태계에 따라 서식 생물이 결정되는 것과 마찬가지로 중기12국면의 각 국면에 따라 5대 자산의 특징이 결정된다. 이렇게 시나리오 모델은 결정론적 세계관을 따른다.

필자가 정의하는 금융 생태계는 5대 자산과 그 하위 자산(예를 들어 주식이라면 미국 주식과 한국 주식, 성장주와 가치주, 대형주와 소형주 등)의 특징과 움직임을 의미한다. 각 국면별로 조합되는 종류와 비율이 다르며 등락 속도와 방향이 다르다. 필자는 전 세계 자산을 단순화하여 5대 자산, 즉 통화, 주식, 채권, 부동산, 상품으로 정의한다.

여행을 떠나 목적지에 도착하려면 먼저 지도가 있어야 한다. 현재 내가 위치한 곳의 시간과 좌표를 알려면 시계와 나침반이 필요하다. 지도와 나침반을 보고 나의 위치를 판단하여 여행 경로를 정하고, 시계를 보면서 계획을 세워 목적지로 여행한다. 시나리오 투자법에서 지도는 바로 시나리오 모델을 의미하며, 중기12국면 또는 중기4계절이다. 시계는 순환주기를 의미하며, 나침반은 각종 경제지표와 전조현상들이다.

금융 생태계와 자산시장

투자 전략은 크게 4가지로 구분할 수 있다. 절대적 재무가치나 기업가치를 파악하는 기본적 분석(fundamental analysis)과 상대적 움직임의 패턴을 파악하는 기술적 분석(technical analysis)이 있다. 또한 거시경제부터 업종을 거쳐 종목까지 순차적으로 분석하는 탑다운(top down) 방식이 있으며, 거시경제보다는 종목의 우수성에 집중하는 바틈업(bottom up) 방식이 있다.

이를 조합한 4가지 투자 전략을 필자는 '4차원 투자 전략'이라 부르며 다음과 같이 정의한다. ❶ 탑다운 기본 전략, ❷ 탑다운 기술 전략, ❸ 바틈업 기본 전략, ❹ 바틈업 기술 전략. 이들 중 어느 것이 더 우월하다고 말할 수 없다. 각 사분면마다 투자 명인이 모두 포진되어 있다.

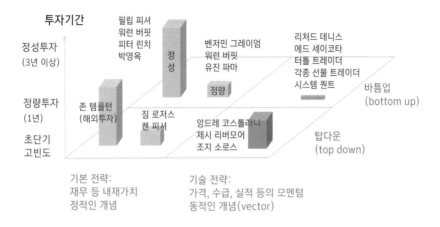

[그림 1-2] 4차원 투자 전략

❶ 탑다운 기본 투자자: 존 템플턴, 짐 로저스, 켄 피셔 등

❷ 바틈업 기본 투자자: 워런 버핏, 피터 린치, 필립 피셔, 박영옥 등

❸ 탑다운 기술 투자자: 제시 리버모어, 앙드레 코스톨라니, 조지 소로스 등

❹ 바틈업 기술 투자자: 각종 선물 트레이더, 터틀 트레이더, 시스템 퀀트 등

4차원 투자 전략이라 이름 붙인 것처럼 각 투자 전략은 서로 차원이 다르다. 차원이 다르면 서로 이해하지 못하고 소통하기 힘들다. 쉽게 말해 바틈업과 기본적 분석의 접근법을 취하면 기업과 실적에 집중하는 것이지만, 탑다운과 기술적 분석은 그것 외 더 많은 투자 변수를 모두 반영한다고 할 수 있다.

필자는 탑다운 기술 투자자에 속한다. 따라서 기술적 분석을 매우 중요하게 여긴다. 일반 개인투자자는 기술적 분석을 대부분 차트를 이용한 저항선-지지선, 박스권 매매 등이라고 생각할 것이다. 그러나 필자가 말하는 기술적 분석은 이런 것에 국한되지 않는다.

차트 분석은 기술적 투자 전략의 극히 일부분에 불과하며 비교적 신뢰성이 낮다. 실제로 매매 의사 결정에 큰 비중을 차지하지 않는다. 기술 투자의 기본 원칙은 움직이는 모든 것의 추세를 예측하는 것이다. 움직이는 것은 가격만이 아니다. 무궁무진하게 많다. 가치투자자가 중요하게 생각하는 실적이나 재무지표라 하더라도, 움직이기만 하면 기술투자자의 분석 대상이 된다.

그러다 보니 분석의 대상은 무한대가 된다. 심지어 날씨나 직장 동료가 분석의 대상이 될 수도 있다. 그래서 핵심 지표, 즉 'Critical One'이라 필자가 이름 붙인 기술적 분석의 우선순위가 중요하다. 모든 것을 분석하려 한다면 아무것도 분석하지 못하기 때문이다.

중요한 점은 핵심 지표는 국면에 따라 계속 바뀐다는 것이다. 2019년부터 한국 증시 3기의 핵심 지표는 미국 달러다. 미국 달러가 약세로 접어드는 1차 핵심 지표가 달성되고, 2차 핵심 지표로 원화까지 강세로 접어들어야 한국 증시 3기의 5월 국면이 완성되기 때문이다. 기술적 분석에 무한대의 변수가 있지만, 핵심 변수에 집중해야 한다. 핵심 변수를 인식하는 역량은 많은 경험을 통해 훈련되어야 한다.

📝 **한국 증시 3기**
필자는 한국 증시를 대략 17년 순환주기로 보고, 현재 시점을 세 번째 주기로 본다.

5대 자산의 움직임이나 흐름을 잘 살피면 현재 시장에 대한 힌트를 얻을 수 있다. 경제에 영향을 미치는 변수는 수없이 많다. 그러나 5대 자산처럼 중요한 경제 변수는 없다. 시나리오 투자법의 가장 중요한 미션은 단기 추세에서 소공황을, 중기 추세에서 중공황을 감지하여 리스크를 관리하는 것이고, 대세 상승 초기 단계인 5월 국면을 감지하는 것이다. 5대 자산을 분석하면 대세 상승 초기인 5월 국면을 감지할 수 있다.

5대 자산 중 가장 중요한 것은 미국 달러와 미국 금리이다. 미국 달러가 강세인 금융 생태계에서 신흥국 증시는 자라지 못한다. 반대로 미국 달러가 약세인 금융 생태계에서 신흥국 증시, 상품시장 및 전 세계 경기가 모두 살아난다. 미국의 달러 유동성이 산호초를 번성하게 하는 플랑크톤 역할을 하기 때문이다.

미국 금리가 하락하는 환경에서는 채권과 부동산이 주기적으로 번성한다. 그러나 미국 금리가 상승하는 환경은 석유, 귀금속, 원자재, 농산물 같은 상품(commodity)이 번성하기에 좋다. 전 세계에 공포가 만연하면 미국 달러나 채권, 금과 같은 안전 자산이 번성할 수 있는 환경이며, 탐욕이 만연한 환경으로 바뀌면 주식, 부동산, 상품이 번성한다.

24절기에 담긴 조상의 지혜

봄기운이 완연한 4월에 꽃샘추위가 종종 찾아온다. 그러나 사람들은 날씨가 추워져도 다시 겨울로 돌아갈 것이라고 생각하지 않는다. 사람들은 한창 추웠던 1월, 2월부터 다가올 봄 날씨를 예상한다. 그러나 주식 투자를 할 때는 이상하게도 이렇게 생각하지 않는 경우가 많다.

농부는 언제부터 김매기를 하며 농사를 준비하고, 언제 씨를 뿌려야 하며, 언제 수확해야 하는지 알아야 한다. 그렇지 못하면 한 해 농사를 망치게 된다. 어부는 언제 배를 타고 나가야 하는지, 어디에 가야 물고기가 많은지, 언제 물이 빠지니 언제 들어와야 하는지 알아야 한다. 언제 태풍이 오는지 모르면 큰 위험에 빠질 수 있다. 이 모든 것은 도대체 누가 알려주는 것인가?

인간은 태양력을 활용하여 1년을 12개월로, 1개월을 4주로, 1주를 7일로, 1일을 24시간 또는 새벽-오전-오후-밤으로 구분하여 시간의 흐름을 이해한다. 그러나 자연은 물리적으로 이렇게 구분되어 있지 않다.

인간은 연속적인 시간과 자연의 흐름을 마치 끊어진 현상으로, 즉 단선적(discrete)으로 바꿔 인식한다.

전자공학에서 아날로그 신호를 0과 1의 디지털 신호로 바꿔 단순화시키는 것과 같은 원리이다. 디지털로 전환하면 100% 정확하게 복사할 수 없다. 그러나 더 큰 이점이 있다. 전체 모습을 파악하기 더 쉬울 뿐만 아니라 데이터 조작이 가능하다. 이러한 조작 과정에서 아날로그 차원에서 보이지 않는 것을 볼 수 있게 된다.

이는 인간이 패턴에 근거한 직관적인 사고방식을 선호하기 때문이다. 주기가 수백 년 반복되면 인간은 본능적으로 패턴을 인식한다. 농경 사회에 들어서면서 생존하기 위해 기후 예측은 중요해졌다. 농사를 망치지 않고 수확량을 높이기 위해서 지금 반드시 해야 할 일과 미리 준비할 일을 잘 알고 있어야 한다.

24절기는 극동아시아에서 태양력을 기준으로 계절을 24 등분하여 디지털화한 것이다. 각 국면마다 날씨와 기후, 동식물 등 자연이 어떤 모습을 보이는지 정리하여 농사에 활용하였다. 조선 전기 문인이자 천문학자인 김담의 칠정산내편(七政算內篇)에 잘 기록되어 있다.

[그림 1-3] 24절기

복숭아꽃이 피기 시작하고, 꾀꼬리가 울며, 제비가 날아오는 건 음력 3월, 즉 봄이 곧 찾아온다는 전조현상이다. 4월 입하가 되면 김매기를 시작해야 하며, 오뉴월에 하루 놀면 동지섣달 열흘 굶는다는 속담의 유래가 된다. 소만이 되면 모내기를 시작하며 보릿고개가 시작된다. 청개구리가 울고, 지렁이가 나오며, 씀바귀가 뻗어 오르며, 냉이가 죽고 보리가 익는다.

6월 소서가 되면 병충해가 극성이며, 벽에 귀뚜라미가 다니며, 매가 사나워지고, 썩은 풀이 화하여 반딧불이가 된다. 흙이 습하고 더워지며 때로 큰 비가 내린다. 7월 입추가 되면 김장 농사를 시작해야 한다. 처서에 들깨꽃이 피면 태풍이 없다. 8월 백로가 되면 제비가 돌아가며 추분부터 가을비가 점점 차가워진다.

9월 한로가 지나기 전에 추수해야 하며, 10월부터 겨울이 온다. 11월 대설에 눈이 많이 오면 풍년이 들며, 12월 소한이 되면 기러기가 북으로 돌아가고, 까치가 깃을 치기 시작하며, 닭이 알을 품는다.

이처럼 24절기는 변화무쌍한 기후를 24개 국면으로 디지털화하고 각 국면마다 특징을 덧붙였다. 그렇다면 24절기는 매우 정확한가? 그렇지는 않다. 지구 온난화로 절기가 늦게 오기도 하고 일찍 오기도 한다. 가을은 점점 짧아지고 있는 추세이다. 각 국면의 특징이 조금 빠르게 또는 조금 느리게 나타날 수도 있다.

그러나 24절기가 완전히 틀리는 법은 없다. 시간이 지나면 모두 제자리에 와 있다. 미리 다가올 기후 변화에 대비할 수 있는 시나리오를 주기 때문에 수천 년 동안 농사에 잘 활용하였다.

이렇게 24절기의 국면별 자연 특성을 자산시장에 접목한 것이 필자의 '시나리오 모델'이다. 즉 시나리오 모델은 중기12국면, 순환주기 그리고 각 국면별 전조현상 등을 이용하여 투자 시장을 분석하는 것이다.

이처럼 인류는 오랫동안 4계절과 12개월이라는 시나리오 모델에 따라 기후를 예측해 왔다. 이렇게 오랫동안 검증된 시나리오 모델을 만드는 과정은 매우 중요하다. 그 시작은 바로 기준점을 정의하고, 그 기준점을 기준으로 상대적인 값을 정의하는 것이다. 기준점은 산수의 0, 기온의 0도, 기압의 1기압, 수학의 초기 상수 등과 같으며, 측정의 혁명을 가져온 토대가 되었다.

기준점이 없으면 절대값을 정의해야 하는데 절대값은 주관적이고 오류가 많다. 기준점을 시작점으로 시나리오 모델을 정의하고, 시장에서 반복되는 작은 현상을 대입해 전체 그림과 현재 위치를 파악할 수 있고, 향후 경로도 예측할 수 있다. 작은 것을 통해 전체를 파악하려는 시도이다.

중기12국면에서 정의한 국면의 기준점은 바로 금융위기다. 필자는 기준점을 '그라운드 제로(ground zero)'에 비유하기도 한다. 그라운드 제로는 폭발이 있었던 지점을 의미하며, 맨해튼 계획(Manhattan Project)과 일본에 원자폭탄을 투하할 때 처음 사용되었다. 9.11 테러 현장도 그라운드 제로라고 부르며 금융위기의 참혹한 분위기와 비슷하다. 그라운드 제로 기준점을 중심으로 각 국면은 5대 자산 등 금융 생태계의 운명을 결정한다.

24절기의 특징은 각 단계가 순차적으로 진행된다는 점이다. 봄 다음에 여름이 오고, 가을, 겨울이 차례대로 온다. 봄이 지나 다시 겨울이 되는 법은 없다. 결정론적 세계관의 특징이다. 중기12국면 역시 마찬가지로 순서가 뒤죽박죽되는 경우는 없다. 만일 순서가 무작위라면 시나리오 모델을 정의할 수 없다.

특정 영역에서 더 유용한 어림셈법
(휴리스틱, 대충하기)

대니얼 카너먼의 제1체계와 제2체계

　노벨 경제학상을 수상한 최초의 심리학자인 대니얼 카너먼(Daniel Kahneman)은 인지체계를 두 가지로 구분한다. 제1체계는 감성과 직관을, 제2체계는 이성과 분석을 담당한다. 감성과 직관은 빠르고 무의식적이며 본능적이다.

　인간은 진화 과정에서 오랜 시행착오를 거치면서 형성된 감성과 직관 같은 제1체계에 더 의존하는 경향이 있다. 복잡한 흐름 속에서 중요한 핵심을 놓치지 않기 위해 단순하게 만들려는 본능이라 할 수 있다.

　사람들은 제1체계인 감성과 직관이 제2체계인 이성과 분석보다 열등하고, 차원이 낮고, 저급한 영역이라고 오해하는 경향이 있다. 필자의 결론을 먼저 얘기하자면, 제1체계가 잘 맞는 영역이 있고 제2체계가 잘 맞는 영역이 있다.

제2체계가 잘 맞는 영역이라면 열심히 계산하여 최적값을 알 수 있다. 아이작 뉴튼(Isaac Newton)의 고전 물리학이 좋은 예이다. 언제 올지 모르는 핼리혜성은 미신을 양산하는 좋은 도구였다. 그러나 과학의 발전으로 다음 핼리혜성은 2062년에 온다는 것을 알게 되었다.

그러나 열심히 계산해도 최적값을 구할 수 없는 영역도 존재한다. 주식시장, 자연재해, 테러, 기대 수명, 이성을 유혹할 확률, 사업에 성공할 확률, 속 썩이지 않는 자식을 얻을 확률 등이 좋은 예이다. 이러한 영역은 입력과 출력의 상관관계가 명확하지 않으며 제1체계가 잘 맞는다.

앞서 얘기한 24절기와 4계절은 제2체계에서 보면 절기 간 경계도 불명확하고, 절기 내 현상도 매년 조금씩 다르고, 현상에 대한 정의도 조악해 과학이라 얘기할 수 없다. 봄이 왔어도 돌풍이 불고, 눈도 오고, 꽃샘추위도 오는 경우가 많지 않은가? 24절기는 정확하지 않지만 지금 봄인지 겨울인지 대충 조언해 준다.

제2체계가 불완전한 모습을 보이는 예는 많다. 양적완화를 하고 금리를 낮춰도 주가가 오르지 않는다. 실적이 개선되었음에도 하락하는 주식도 수두룩하다. 주가가 청산가치보다 낮음에도 불구하고 더 폭락한다. 기술적 분석상 90%의 확률을 보이는 추세라 할지라도 블랙스완처럼 정반대로 움직여 롱텀캐피털매니지먼트(LTCM) 같은 거대 헤지펀드를 파산시키기도 한다. 제2체계에서는 이해할 수 없는 현상이다.

휴리스틱 사고가 더 우월한 투자 성과를 보일 수도 있다

투자 시장은 복잡 적응계의 일종이다. 복잡 적응계의 특징을 이해해야 투자 시장을 이해할 수 있다. 복잡 적응계는 개별 요소가 집단을 이뤄 차원이 높은 특징을 보인다. 이를 창발(創發, emergence)이라고 한다.

개미 한 마리, 벌 한 마리를 보고 전체 집단의 특징을 알 수 없다. 단백질은 생명체가 아니지만, 단백질이 모이고 세포막까지 형성되면 세포라는 생명이 된다. 세포는 이후 전혀 다른 기능체로 진화한다. 예를 들어 뇌세포는 그 자체로 생명일 뿐 지능을 갖지 못한다. 그러나 뇌세포가 모여 뇌가 되면 드디어 지능을 가진다. 지능은 생명과 전혀 다르며 한 차원 높은 구조를 가진다.

사람들은 모두 뇌를 하나씩 가지고 있으며 저마다 생각이 다르다. 같은 뇌를 가지고 있지만, 정치가, 과학자, 투자자, 종교인은 모두 다른 생각을 한다. 투자자의 뇌라고 가정해 보자. 투자자는 모두 자신만의 생각이 있다. 그러나 투자자가 모인 주식시장은 개별 투자자의 의견과 전혀 다르게 움직인다. 투자시장은 복잡 적응계이기 때문에 역발상 투자 전략이 의미를 가진다.

필자는 역발상이라는 개념을 다소 다르게 해석한다. 무조건 반대로 하는 것이 역발상은 아니다. 집단이 다양성을 가지면 집단 지성으로서 추세를 따라야 한다. 반면에 집단이 다양성을 상실하면 집단 바보가 되기 때문에 추세와 반대로 움직여야 한다. 이것이 필자가 주장하는 역발상이다.

정리하면, 집단 내 의견이 다양해 중구난방이라면 역발상으로 시장의 추세를 따라야 한다. 집단 내 의견이 한곳으로 모이면 이번엔 역발상으로 시장의 추세와 반대로 움직여야 한다.

그래서 기업은 적절하게 직원을 섞어서 고용한다. 인종, 배경, 학력, 성별, 전공 등이 골고루 섞어 팀을 구성하면 집단 지성이 더 높아지기 때문이다. 한국 기업은 아직 활발하게 적용하지 않는 편이지만 외국 기업은 수십 년 전부터 이러한 인사 원칙을 지키는 곳이 많다.

복잡 적응계는 프랙탈(fractal, 작은 구조가 전체 구조와 비슷한 형태로 끝없이 되풀이되는 것) 구조를 가지기 때문에 장기, 중기, 단기, 초단기 모두 비슷한 패턴을 반복한다. 마치 액자 속에 액자가 있듯이 패턴을 무한 반복한다. 번개나 나뭇가지의 모습, 주식 차트의 패턴 등에서 이런 모습을 관찰할 수 있다.

복잡 적응계는 티핑포인트(tipping point), 즉 상전이(相轉移) 현상의 특징도 가진다. 물이 99도에서 끓지 않고 100도에서 갑자기 끓기 시작하는 것과 마찬가지로 투자 시장도 고요한 가운데 갑자기 한순간에 추세가 무너지는 경우가 많다.

이처럼 복잡 적응계는 결과를 계산하기보다 중요한 핵심 포인트를 '대충' 가늠하면서 큰 그림을 놓치지 않는 것이 중요하다. 시장을 복잡하게 분석한다고 투자 성과가 보장되지 않는다. 오히려 24절기처럼 '대충' 그러나 완전히 틀리지 않는 접근 방법이 더 우월한 성과를 보인다.

시장을 완벽하게 계산하려 들거나, 완벽성을 추구하거나, 논리적 접근을 맹신하면 완전히 틀릴 수 있기 때문이다. 세부적으로 너무 들어가면 수많은 노이즈 때문에 오히려 중요한 신호를 놓칠 수 있다. 대충 보면서 큰 그림을 놓치지 않는 그런 태도가 투자에 필요하다.

이처럼 어림셈법으로 진리에 가까워지는 휴리스틱(heuristic) 사고방식은 다음과 같다.

❶ 대략적인 전체 그림을 알고

❷ 작지만 중요한 사실을 기반으로 현재 위치를 알고

❸ 상대적인 측정 방법을 통해 다음에 무엇이 올지 예측한다

시나리오 투자법은 이러한 휴리스틱 사고방식을 채용한다.

❶ 대략적인 전체 그림을 중기12국면이라는 시나리오 모델로 파악하고

❷ 작지만 중요한 경제 현상이나 투자 시장의 모습을 보고 현재 위치를 가늠하고

❸ 전조현상을 상대적으로 해석하여 미래를 예측한다

1646년 데카르트는 이렇게 얘기했다. "봄이 오면 의심의 여지 없이 제비가 날아올 것이다. 그들은 마치 시계처럼 움직인다." 이처럼 시나리오 모델은 비가역적(非可逆的)인 특징을 가지며, 적절한 단계를 밟으면서 순차적으로 진행된다. 시나리오 모델은 결정론적 세계관을 따른다. 쉽게 말해서 주식 등 5대 자산은 이미 그 운명이 처음부터 정해져 있다는 말이다.

중기4계절과 중기12국면

중기4계절

　제시 리버모어(Jesse Livermore)는 이런 말을 했다. "월스트리트나 주식 투기에 새로운 것은 없다. 과거에 일어났던 일들이 되풀이될 뿐이다."

> 📝 제시 리버모어(Jesse Livermore, 1877~1940)
> 월스트리트 역사상 가장 위대한 개인 투자자. 15세에 단돈 5달러로 주식투자를 시작해 1억 달러라는 천문학적인 금액을 벌어들였다. 파산과 성공을 거듭하다가 권총 자살로 생을 마감하였다.

　버블(bubble)이 형성되고 붕괴하는 것은 특이한 현상이 아니다. 재수가 좋아서 폭등하고 운이 나빠서 폭락하는 것이 아니다. 버블의 형성과 붕괴는 인류의 삶과 동행하며, 자연의 모습과 닮은 지극히 자연스럽고 주기적인 물리 현상이며 진화 과정이다. 주기적인 기후 변화와 마찬가지로 경기와 자산은 영원히 하락하지도, 영원히 상승하지도 않는다는 걸 우리는 경험적으로 알고 있다. 그 형태는 대체로 비슷한 모습을 보인다.

버블은 엘리엇 파동(Elliott wave)을 매우 닮았기 때문에 모양만 가져와서 일반화할 수 있다. 그러나 피보나치 수열 등을 계산해서 상승과 하락을 예측하는 용도로 적용하지는 않는다.

이를 도식화하여 한국인에게 익숙한 4계절로 비유한 것이 바로 필자의 '중기4계절'이다. 그러나 얼마나 빠른 속도로 진행하는지 나타내는 시간 X축과 오버슈트(overshoot), 언더슈트(undershoot)를 나타내는 진폭 Y축에 대해서는 알 수 없다. 그래서 순환주기와 전조현상 등으로 부족한 부분을 보완하는 작업이 필요하다.

중기4계절의 봄 국면은 경기 침체가 지속되는 가장 지루한 국면이다. 제아무리 매서운 겨울바람이 불어도 개나리가 피고 새싹이 올라오고 달래 향을 풍기는 봄은 오고야 만다. 물론 봄 중간에 꽃샘추위가 오

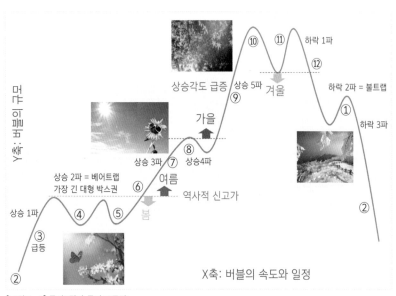

[그림 1-4] 중기4절과 중기12국면

기도 한다. 봄 국면은 박스권을 형성하며 저금리와 양적완화로 금융 지표들이 왜곡되는 자리이다. 봄 국면의 박스권 상단을 상향 돌파하면서 역사적 전고점을 경신하면 그 지점부터 여름 국면으로 정의된다.

여름 국면은 경기 확장을 수반하며 점차 증시를 과열로 만든다. 봄이 지나면서 온도가 점점 올라 여름이 된다. 여름 후반부쯤에 집에서 웅크려 있던 개인투자자들이 뒤늦게 거리로 쏟아져 나온다. 증시가 과열되면 상승 각도가 급격히 가팔라지고 가을 국면으로 정의된다.

가을이 오면 우리는 아침의 서늘한 냉기를 느낀다. 겨울이 오기 전에 나뭇잎은 떨어지고 서리가 내린다. 온도는 가끔 영하가 되었다가 다시 영상이 되기도 한다. 그리고 결국 매서운 겨울은 오고야 만다.

주가가 천장을 기록하고 천장 박스권의 하단, 즉 지지선을 아래로 뚫고 내려오면 그 지점부터 겨울 국면으로 정의한다. 주가가 폭락한 이후 바닥을 만들고 다시 새로운 봄 국면이 시작된다. 그리고 순환주기에 따라 다시 처음부터 순서대로 반복한다.

봄에서 겨울로 거꾸로 되돌아가는 법은 결코 없으며, 겨울에서 봄을 건너뛰고 바로 여름으로 가는 법도 없다는 것을 우리는 경험적으로 잘 알고 있다. 이처럼 시장은 봄, 여름, 가을, 겨울, 4계절 시나리오에 따라 움직이며, 우리는 이를 금융위기가 성숙되는 과정, 즉 금융위기를 향해 가는 과정으로 해석할 수 있다. 필자는 이를 중기4계절이라고 정의한다.

이러한 구분은 과학적이지도 않고 수학적이지도 않다. 그냥 간단한 규칙을 가지고 정의할 뿐이다. 그러나 이렇게 국면을 정의하고 현재 위치를 파악하려는 습관은 순환주기에 대한 이해를 높여주고, 리스크에 대비할 수 있는 좋은 도구가 된다.

중기12국면

중기4계절을 좀 더 세분화하여 정의한 것이 중기12국면이다. 순환주기의 시작과 끝은 바로 금융위기다. 각 국면별 증시와 자산시장의 특징은 다르게 나타나며, 이러한 국면들은 서로 전조현상들로 엮여 있다. 앞에서 설명한 시나리오 모델 그림(p40)을 다시 보자.

봄 국면은 3월, 4월, 5월이며 비관과 회의의 시대다. 기나긴 박스권이 이어지고 기간 조정을 충분히 거치면서 시장이 기력을 회복하는 시기다. 3월 국면에 급등과 함께 새로운 순환주기가 시작된다. 엘리엇 상승 1파로 구분한다.

4월 국면은 베어트랩(bear trap)이라고 부른다. 봄 국면임에도 불구하고 겨울 국면과 같이 혹독한 하락이 나오기 때문에 붙여진 이름이다. 한국 증시에서 베어트랩은 봄 국면에 한두 번 발생한다. 이런 등락 구간을 엘리엇 상승 2파라고 구분한다. 큰 진폭을 가진 박스권을 형성한다.

5월 국면은 봄 국면의 마지막 바닥을 만든다. 5월은 봄 국면에 속하나 실질적인 바닥이다. 상승은 여기서부터 시작되기 때문에 엘리엇 상승 3파의 시작점이 된다. 달러 약세와 함께 5월 국면이 무르익는다.

여름 국면은 6월, 7월, 8월이며 낙관과 희망의 시대다. 수많은 우려에도 불구하고 역사적 신고가를 기록한다. 기업은 다시 투자하기 시작하나 아직 경기 과열을 보이지는 않는다. 천천히 경기가 팽창한다.

6월 국면은 통상 역사적 신고가를 기록하면서 시작된다고 정의한다. 그러나 미국의 대공황처럼 봄 국면이 지나치게 길면, 역사적 신고가가 아니라도 6월 국면이라고 예외적으로 정의할 수 있다. 6월 국면은 발생 즉시 정의할 수 있지만, 5월 국면은 동시에 검증이 불가능하다. 역사적 신고가를 기록하면서 6월 국면이 정의되면 사후에 5월 국면이 확인되기 때문이다.

7월 국면은 상승을 지속하면서 엘리엇 상승 3파를 만든다. 8월 국면은 잠시 조정이 있는 자리인데, 조정은 있을 수도 없을 수도 있다. 엘리엇 파동 4파로 정의된다.

가을 국면은 9월, 10월, 11월이며 도취와 행복의 시대다. 시장이 과열 양상을 보이며 상승 각도가 급격히 올라간다. 금융위기의 전조현상이 뚜렷하게 나타나기 시작한다.

9월 국면부터 눈에 띄게 상승 각도가 가파른 모습을 보일 수 있다. 한국 증시 2007년과 미국 증시 1995~1999년을 보면 가파르게 상승했던 모습을 확인할 수 있다. 물론 그렇지 않을 수도 있다. 한국 증시 1988~1989년과 미국 증시 1960년대는 상승 각도가 완만했다. 중요한 것은 상승 각도가 급증하면 반드시 가을 국면이라는 점이다.

9월 국면은 전조현상을 감지하는 것이 가장 중요하다. 시나리오 투자법을 추종하는 투자자에게 가장 바쁜 시기는 9월부터 11월까지, 즉 가을 국면이 될 것이다. 천장의 전조현상을 주기적으로 면밀히 살펴봐야 하기 때문이다. 두 번째로 바쁜 자리는 5월 국면이 될 것이다. 마지막 바닥의 징후를 살펴야 하기 때문이다.

가을 국면과 5월 국면 외에 시나리오 투자자는 별로 할 일이 없다. 6월부터 11월 국면까지 주도 업종을 인화하며 보유하기만 하면 된다. 겨울 국면에 도달하면 달러 표시 채권으로 모든 포지션을 바꾸고 매매하지 않는다. 3월, 4월 봄 국면은 보수적으로 자산 배분을 하고 1년에 한두 번 정도 리밸런싱만 하면 되기 때문이다.

10월 국면과 11월 국면은 각종 전조현상의 향기가 농후하고 색깔이 짙어진다. 시장을 서서히 탈출해야 할 때다. 5월 증시에 진입할 때 수개월 분할 매수하듯이 11월 증시를 탈출할 때도 수개월 분할 매도하는 것이 좋다. 그리고 최종적으로 엘리엇 파동 5파를 완성한다. '헤드 앤 숄더 패턴(head and shoulders pattern)'으로 대표되는 삼중 천장을 만들 수도 있고 단일 천장으로 마감할 수도 있다.

> 📝 헤드 앤 숄더 패턴(head and shoulders pattern)
> 시장의 상승 추세를 마감하는 전형적인 패턴을 말한다.

겨울 국면은 12월, 1월, 2월이며 공포와 절망의 시대다. 시장은 붕괴되며 정부는 금리를 급격히 낮추고 공적자금을 투여한다. 존 템플턴 경은 "시장은 절망에서 태어나, 회의 속에서 성장하며, 낙관론에서 만개하고, 도취 상태에서 죽어간다."라고 하였다. 우리 인생과 너무도 닮았다.

12월 국면은 천장의 박스권 하단을 하향 돌파하면서 완성된다. 천장은 11월이지만, 12월 국면이 확인되기 전까지는 11월 국면이었음을 알 수 없다. 6월 국면이 확인되기 전에 5월 국면을 확인할 수 없는 것과 같다.

1월 국면은 하락 초기에 불트랩(bull trap), 즉 베어마켓 랠리(bear market rally)가 나올 수 있다. 가을 국면에 뒤늦게 증시에 입성한 개인투자자가 마지막으로 희생되는 가장 위험한 자리다. 필자도 2008년 초에 이 불트랩에 걸려 고생한 기억이 있다.

1월 국면부터 2월 국면에 걸쳐 시장은 무차별 폭락, 즉 과도한 언더슈트(undershoot)를 기록한다. 시장이 반등하여 3월 국면이 출현할 때까지 바닥을 형성하고, 3월 국면이 도래하면 다음 순환주기가 또 시작된다.

순환주기를 인식하지 못하는 이유

지금까지 시나리오 모델, 즉 주식시장의 순환주기를 개괄적으로 살펴봤다. 앞으로 별도의 챕터를 통해 미국 증시와 한국 증시에 적용하여 세부적으로 살펴볼 것이다.

대부분의 투자자는 이러한 순환주기를 인식하지 못한다. 순환주기를 보지 못하니 "순환주기는 존재하지 않는다!"라고 단정짓기도 한다. 순환주기를 인식했더라도 변하지 않는 진리로 맹신해 기계적으로 적용하거나, 완전히 틀리게 해석하여 조롱받기도 한다.

그 원인은 여러 가지가 있다. 먼저 순환주기는 수십 년에 걸쳐 천천히 진행되며, 단기, 중기, 장기 등 여러 주기가 서로 중첩되어 있다. 이 주기가 섞이면 아무런 규칙성이 없는 랜덤 워크(random walk)처럼 보인다.

물가 또는 장기 금리는 60년 장기 추세를 가진다. 반면 주식시장, 미국 달러, 미국 부동산 등은 17년 중기 추세를 가진다. 미국 단기 금리와 제조업 경기 등은 3~4년 전후의 단기 추세를 가진다.

60년 장기 추세에 의해 인플레이션 또는 디플레이션 시대가 진행된다. 그 위에 34년의 순환주기 또는 17년의 중기적 한센 파동(Hansen cycle)이 더해진다. 10년마다 원인을 알 수 없는 폭락이 나온다. 또 그 위에 단기적 키친 파동(Kitchin cycle)이 3~4년에 걸쳐 중첩되어 있다. 또 그 위에 1년의 계절성까지 중첩되며 9~11월에 변곡점이 많이 형성된다.

> 📝 한센 파동(Hansen cycle)
> 한센은 1860년부터 1930년대까지 미국의 주택가격 등락을 연구하였고, 1960년대에 부동산이 17년을 주기로 움직인다고 주장하였다.

> 📝 키친 파동(Kitchin cycle)
> 미국의 조셉 키친이 발견한 경기의 단기파동으로 주기는 평균 40개월이다.

미국 달러와 미국 부동산도 중기 순환주기인 17년을 적당히 추종한다. 그러나 문제는 그 시작점이 각각 제각각이라는 점이다. 미국 증시는 17년을 두 번 반복하여 하나의 순환주기를 구성한다. 이를 섞어 놓으면 관찰자는 이를 분간할 수 없고, 투자자를 혼돈에 빠지게 한다. 진폭과 주기가 다른 사인파(sine wave)를 섞으면 전혀 다른 형태의 파형이 나오는 것과 같다.

이렇게 중기, 단기, 초단기 추세를 섞으면 아무런 패턴이 보이지 않는다. 이를 필자는 중첩된 순환주기라 부른다. 이처럼 순환주기의 중첩 현상은 투자자가 순환주기를 전혀 눈치챌 수 없게 만든다.

게다가 개인투자자가 17년간 주식 투자를 하면서 생존하는 경우는 매우 드물다. 대부분 중간에 강제로 퇴출되거나 자발적으로 포기한다. 생존했다 하더라도 17년간의 흐름을 잘 기억하지 못한다. 또 새롭게 들어오는 신규 투자자는 과거를 전혀 모른다. 따라서 증시에 참여하는 투자자 중에 순환주기를 온전히 두세 번 겪은 사람은 극소수일 수밖에 없다.

대부분의 투자자는 공포와 탐욕 그리고 각종 심리 편향에 매우 취약하다. 시장이 급락하거나 급등할 때 심리 상태가 흔들리지 않는 투자자는 드물다. 공부를 아무리 많이 해도 심리적 흔들림을 피하기 어렵다. 오랜 시간 동안 경험하고 노련함을 쌓지 않으면 단련되지 않는다.

또한 여러 가지 패턴의 오류를 범하거나, 없는 패턴을 있다고 믿거나, 잘못된 패턴을 믿는 등 오류의 방향도 제각각이다. 복잡 적응계의 특징을 이해하지 못한 채 전체 시장을 유추하려고 들기도 한다.

대부분의 투자자는 초단기적 매매를 선호한다. 5년 정도의 중기 투자와 2년 정도의 단기 투자에 큰 관심이 없다. 극히 소수인 고급 투자자는 중기 투자와 단기 투자를 많이 선호한다. 그 이유는 기간이 길어질수록 자산 등락의 예측 확률이 높아져서 성공 가능성이 높기 때문이다.

필자는 중기12국면, 중기4계절, 단기4국면 등 여러 가지 시나리오 모델을 통해 순환주기의 존재와 눈에 보이지 않는 시나리오가 주기적으로 재현되고 있음을 증명해 나갈 것이다.

그라운드 제로, 금융위기의 이해

시나리오 모델과 각 국면을 정의할 때 그라운드 제로(ground zero), 즉 기준점이 중요하다 말씀드렸고, 금융 생태계의 기준점은 금융위기라고 하였다. 그래서 금융위기에 대한 이해도를 높일 필요가 있다. 역사적인 사실을 설명하기 시작하면 끝도 없으니 간단히 금융위기의 종류를 살펴보겠다.

필자는 금융위기의 원인에 따라 경제위기, 외환위기, 신용위기로 분류한다. 금융위기의 규모와 기간으로 대공황, 중공황, 소공황으로 분류하기도 한다. 통상 경제위기나 외환위기에서 대공황과 중공황급 폭락이 발생한다. 신용위기는 주기적으로 아주 흔하게 발생하며 소공황으로 분류한다.

우리는 신용위기를 경제위기와 혼동하여 무분별하게 사용하는 편이다. 그러나 편의상 경제위기로 분류되는 대공황이나 중공황은 매우 드

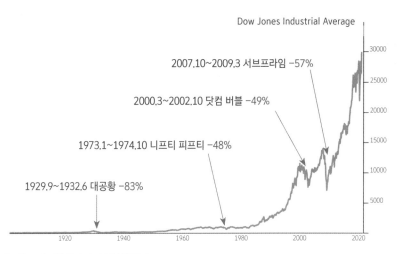

[그림 1-5] 미국 증시 120년과 금융위기

물다. 1903년 이후 120년간 미국 증시에서 발생한 경제위기는 단 4번에 불과하다. 이는 주관적인 판단이 아니라 하락률로 객관적인 판단을 한 결과이다.

당연히 1위는 미국의 대공황이다. 1929년 9월부터 1932년 6월까지 -83% 폭락하였다. 미국의 대공황은 이 지점이 유일하며 다시 발생하기 어려울 것이다. 이러한 대공황은 통상 자본주의 성장기 후반부 정도에 발생한다. 한국은 IMF 외환위기가 대공황이었고, 마찬가지로 한국은 자본주의 성장기 중간 정도였다. 자본주의 성숙기가 되면 대공황은 나오기 힘들다.

대공황은 경제위기를 유발하여 수십 년간 지속되지만, 금융위기급 중공황은 2~3년 정도면 마무리된다. 나머지 3번의 폭락은 중공황이었다. 2번째 폭락은 2007년 6월부터 2009년 2월까지 -57% 폭락한 서브프라임 모기지 사태다.

3번째 폭락은 1973년 1월부터 1974년 9월까지 −48% 폭락한 니프티 피프티(nifty fifty) 버블 붕괴다.

📝 니프티 피프티(nifty fifty)

1970년대 미국 증시를 주도했던 우량주 50종목을 뜻한다. '니프티 피프티'는 영어 구어체로 '훌륭한, 솜씨 좋은(nifty) 50종목(fifty)'을 뜻한다.

마지막 4번째 폭락은 2000년 3월부터 2002년 9월까지 −49% 폭락한 닷컴 버블 붕괴다(물론 나스닥은 −80% 이상 폭락했다). 닷컴 버블은 2번째, 3번째와 비교하면 하락의 질이 그렇게 나쁘지 않았다. 기술주 버블만 붕괴하였기 때문에 비교적 약한 신용위기가 동반되었다. 상대적으로 약한 버블이었다.

이 4가지 폭락이 미국 증시 120년간 발생한 대공황과 중공황 전부다. 뉴스 기사는 한국이든 미국이든 일 년 내내 경제위기를 암시한 금융위기가 온다고 경고한다. 그러나 120년간 딱 4번만 발생하였다. 그 외 나머지는 모두 소공황으로 분류할 수 있다. 단기적인 신용경색이나 특별한 이유 없는 순환주기적 경기 침체로 대부분 6개월 정도면 회복된다.

미국 증시 6기의 여름과 가을 국면은 1983년부터 2000년까지 17년간 지속되었다. 그러나 1984년, 1987년, 1990년, 1994년, 1998년 이렇게 5번의 가벼운 소공황을 거치면서 상승 추세를 이어간 점을 기억해야 한다.

📝 미국 증시의 구분

필자는 미국 증시를 1기에서 7기까지로 분류한다. 2020년 11월 현재 미국 증시는 7기 여름 국면이다.

물론 신흥국과 다른 자산시장은 중간중간 중공황급 위기가 발생하기도 한다. 1970년대 멕시코 등의 남미 부채위기, 1980년대 금과 은 등의 상품시장 폭락, 1990년대 후반 아시아 외환위기, 2015년 중국 상하이 증시 폭락 등이 있다.

자본주의 국가는 도입기, 성장기, 성숙기로 진화하는 시나리오 모델을 가진다. 외환위기는 자본주의 성장기 중반 또는 후반에 발생한다. 자본주의 성숙기로 도약하기 전에 반드시 거치는 통과 의례 격으로 대공황 또는 중공황급 폭락이 수반된다.

신흥국 경제가 성장하면서 대외 신인도가 상승하고 올림픽 등 국제 행사를 개최한다. 무력 독재 정치에 한계가 오며 금융시장을 외국인에게 개방한다. 이 과정에서 조달 금리가 급격히 낮아지면서 단기 외채 도입을 남발한다. 외환보유고가 고갈되면서 국가 간 신용위기인 외환위기가 발생한다. 우리는 이를 흔히 '양털 깎기'에 비유한다.

결국 국부가 유출되고 변동환율제를 채택하게 된다. 한국 역시 1997~1998년 IMF 외환위기를 거쳤으며, 한국 증시의 유일한 대공황으로 기록되고 있다. 통상 자본주의 성숙기에 도달하기 전에 한 번만 경험하나 남미 국가들은 그 악순환에서 벗어나지 못하고 있다.

금융위기의 선행 조건

금융위기는 3가지 선행 조건을 가진다.

❶ 충분히 버블이 발생해야 하며

❷ 충분한 시간이 지나야 하며

❸ 충분한 전조현상이 수반되어야 한다

첫째, 버블이 충분히 발생해야 한다. 쉽게 말해서 폭등해야 폭락하는 것이다. 충분한 상승이 없었다면 가벼운 소공황급 금융위기도 발생하지 않는다. 시장이 충분히 과열되었을 때는 언제든지 금융위기가 발생할 수 있다고 봐야 한다.

비관론자의 특징은 버블이 발생하지도 않았는데 또는 이미 버블이 꺼졌는데 퍼펙트 스톰(perfect storm)을 걱정하는 것이다. 2015년 가계 부채의 급증과 맞물려 한국 부동산에 대한 부정적인 전망이 형성된 적이 있다. 그러나 국제적으로 비교해 볼 때 한국의 부동산은 버블 축에도 끼지 못하는 수준이다.

📝 퍼펙트 스톰(perfect storm)
두 가지 이상의 악재가 동시에 발생해 그 영향력이 더욱 커지는 현상을 말한다.

　　1929년 미국의 대공황은 1925년부터 시작된 증시의 초급등이 있었기 때문에 형성될 수 있었다. 1990년대부터 시작된 일본의 30년 장기침체는 1980년대 인류 역사상 가장 큰 규모로 형성된 일본의 자산 버블이 없었다면 형성되지 않았을 것이다. 1973년 미국의 중공황도 대형주만 차별화하여 급등한 니프티 피프티 버블의 결과이다.

　　둘째, 충분한 시간이 지나야 한다. 한 번 폭락이 나왔으면 다음 금융위기까지 충분한 시간이 지나야 한다. 단기 키친 파동은 3~4년이 걸리며, 중기적 금융위기는 17년이 소요된다. 작년에 나온 폭락 때문에 올해도 내년에도 계속 폭락할 것만 같은 공포에 사로잡히는 경우가 있으나 그때가 바로 바닥이다.

　　통상 미국 증시의 소공황은 200일을 넘지 않는다. 그러나 2015년도에도 그랬고, 가까운 2019년에도 한 번의 폭락을 보고 공포에 사로잡혀 더 폭락할 것으로 예측하는 비관론자들이 많았다. 당시 유행한 퍼펙트 스톰이라는 선정적인 경고가 많은 것을 설명해 준다.

　　한국 증시도 마찬가지다. 2018년 하반기부터 1년간 진행된 바닥권은 변변한 신용경색이나 부채위기, 그 흔한 흑자 도산이 하나도 발생하지 않는 전형적인 순환주기 측면의 소공황급 조정이었다. 그러나 비관론자들은 이미 가격 조정과 기간 조정이 끝난 이후에 추가 폭락을 걱정한다. 이것은 금융위기의 선행 조건 두 번째를 망각한 결과라 할 수 있다.

　　셋째, 충분한 전조현상을 수반해야 한다. 중기12국면의 국면별 전조현상이 발생하지 않고 돌발적인 하락이 나왔다면 이는 단기적 소공황에 불과하다. 중기적 금융위기는 시나리오 모델의 각 국면을 거치고, 적절한 전조현상을 경험하면서 성숙되는 것이다.

1920년대 미국 여행자 보험회사에 근무하던 허버트 윌리엄 하인리히는 대형 사고가 발생하기 전에 29가지의 소형 사고와 여러 가지 사소한 문제들이 먼저 발생한다는 것을 통계적으로 설명하였다. 하인리히 법칙은 여러 재난과 사고에 대한 많은 통찰을 준다.

세월호 참사, 후쿠시마 원전 누출, 삼풍백화점 붕괴 등 대형 재난 사고 발생 전에 구조적인 문제에 기반한 사소한 실수들과 소형 사고들이 전조처럼 선행하고 있었다.

금융위기 역시 이러한 전조현상이 발생한다. 금융위기가 진행되면서 단계적으로 여러 가지 사소한 문제들이 선행하고 우리에게 신호를 준다. 금융위기가 진행되면서 그 색깔과 향기가 점차 짙어진다.

여름의 화려한 기운은 가을이 되면서 잦아든다. 우리는 가을을 어느 정도 보내고 나면 곧 겨울이 올 것을 안다. 그러나 순환주기를 많이 경험하지 못한 투자자들은 가을이 지나도 탐욕에 사로잡혀 여름이 다시 올 것이라고 스스로 확증 편향을 가진다. 땅거미가 드리우기 시작하면 곧 칠흑 같은 밤과 추위가 오는 법이다. 이처럼 금융위기도 순환주기에 따른 자연스러운 현상이라고 볼 수 있다.

7가지 패턴의 오류

'시장의 마법사' 시리즈로 유명한 잭 슈웨거는 이렇게 주장한다.

❶ 시장은 무작위로 움직이지 않는다. 시장은 대중의 행동에 따라 움직이고,

대중의 행동은 무작위적이지 않기 때문에 시장도 무작위로 움직이지 않는다.

❷ 시장에 요술 방망이는 없지만 돈을 버는 패턴은 많다.

그러나 찾기는 매우 어렵다.

❸ 시장은 항상 바뀌면서도 늘 똑같기도 하다.

다만, 패턴과 추세는 존재하되 패턴의 오류를 항상 경계해야 한다.

대니얼 카너먼의 제1체계는 감성과 직관으로 의사 결정한다고 말씀
드렸다. 기본적인 도구는 바로 패턴을 읽는 것이다. 인간은 본능적으로
패턴을 파악하려고 시도한다. 많은 메모리와 시간을 사용하지 않는 제1
체계는 효율적이지만 오류도 많다.

앞서 필자는 탑다운 기술 투자자라고 말씀드렸다. 기술 투자자는 움직이는 모든 지표가 분석 대상이다. 대부분의 개인투자자는 차트의 지지선-저항선과 차트 패턴이 기술적 분석의 전부라고 오해하고 있다. 이러한 차트 분석은 기술적 분석에서 차지하는 비중이 매우 낮다.

가격, 실적, 수급, GDP 성장률 등 경제지표만 기술적 분석의 대상이 아니다. 선거나 스포츠 경기처럼 충분히 많은 데이터가 축적되어 있고, 비교적 긴 기간에 걸쳐 분포하고 있는 것은 무엇이든 기술적 패턴이 있을 수 있다. 심지어 날씨나 지인의 말투, 아이가 잠드는 단계, 아내가 점점 더 화를 내는 과정 같은 일상생활에서도 기술적 패턴을 발견할 수 있다.

기술 투자자는 패턴을 읽는 능력이 매우 중요하다. 그러나 투자자는 심리 편향에 사로잡혀 잘못 이해하는 경우가 많다. 없는 패턴을 있다고 믿거나, 거꾸로 이해하기도 한다. 특히 대니얼 카너먼 같은 심리학자가 말하는 심리 편향에 자신도 모르게 빠져들기 쉽다.

시나리오 모델은 기본적으로 역사적 사실에서 상관관계를 발견하고, 여러 상관관계 간에 존재하는 일반 법칙을 정리한 것이다. 패턴을 수없이 보고, 정의하고, 검증하고, 복기하고, 이론화하는 과정에서 여러 패턴의 오류를 만날 수 있었다. 개인투자자가 쉽게 범하는 패턴의 오류 7가지를 필자가 정리해 보았다.

1. 생존자의 오류, 작은 수의 오류

샘플이 편향되어 선택된다면 상관관계에 오류가 있을 수 있다. 이를 생존자의 오류, 과소 표집의 오류(under sampling error)라고 한다.

짐 콜린스의 베스트셀러인 《좋은 기업을 넘어 위대한 기업으로(Good to Great)》는 생존자 오류의 가장 대표적인 사례다. 성공한 기업에 공통적으로 존재하는 성공 요인을 분석했기 때문에 오류가 있을 수밖에 없었다. 만일 모든 기업을 대상으로 전수 검사를 했다면, 성공 기업이 공통적으로 가졌던 성공 요인을 동일하게 가지고 있어도 실패한 기업이 훨씬 많을 것이다.

전투에서 생존하여 복귀한 전투기를 분석했더니 기관총에 많이 맞은 부분들에 유사점이 있었다. 그 부분에 강판을 추가하여 강화한다면 전투기의 방어력이 더 강화될 것이라는 결론에 도달한다. 그러나 전투에서 생존하지 못하고 추락한 전투기는 분석하지 못했기 때문에 이 역시 생존자의 오류다. 오히려 반대로 기관총에 많이 맞지 않은 부분이 전투기 방어력 강화에 더 중요하다.

샘플이 충분히 많고 통계적으로 표현될 수 있을 때 우리는 그 패턴을 신뢰할 수 있다. 빅데이터로 분석해야 상관관계가 의미가 있다. 스몰 데이터라는 말은 아예 쓰지 않는다. 샘플이 작은 표본조사는 통계적인 의미를 가질 수 없기 때문이다.

통계청에 따르면 2016년 한국 남성의 암 발생 확률은 40대 29%, 50대 39%, 60대 44%이며, 70대부터 줄어들기 시작해 34%, 80세 이상은 17%로 급감한다. 보험회사는 이러한 데이터를 바탕으로 수익성을 최대한 담보할 수 있는 포트폴리오로 각종 보험 상품을 구성한다. 그러나 개별 남성의 암 발생 확률이 전체 통계와 같이 움직이지는 않는다. 특정 지역에 사는 50대 여성의 유방암 확률은 유효 편차 내에서 알 수 있다. 그러나 옆집에 사는 50대 아주머니의 유방암 확률을 알 수는 없다.

독립적인 사건의 샘플 수가 적으면 다수의 샘플로 낸 통계와 큰 차이가 날 수밖에 없다. 무한대에 가까운 통계적 접근을 하지 않으면 패턴은 언제든 오류가 발생할 수 있다. 이러한 통계적 차익거래를 투자 전략으로 삼는 분야가 시스템 퀀트(system quant)이다.

이처럼 데이터 샘플을 특정 그룹에 편중해 선택적으로 분석하거나 데이터 양이 너무 부족하면, 이것을 빅데이터라 부를 수 없고 도출된 상관관계에 오류 가능성이 크다고 할 수 있다.

2. 우연성의 오류(린디 효과)

패턴은 역사적으로, 주기적으로 반복되고, 우연적이지 않아야 한다. 주기적으로 반복되지 않고 검증되지 않은 추세는 전체 그림에서 볼 때 재현된다는 보장이 없다. 따라서 동일한 패턴이 다시 나타난다 해도 같은 결과를 기대하기 어렵다. 1번 생존자의 오류, 작은 수의 오류와 일맥상통하는 부분이 있다. 데이터가 부족하거나 편향된 선택이었다면, 패턴이 한두 번 반복된다 하더라도 이를 주기적인 패턴으로 볼 수 없기 때문이다.

어떤 문제에 대한 인과관계와 상관관계를 파악하려고 할 때 전체를 보고 검토하지 않으면 가용성 편향(availability bias)에 빠진다. 가용성 편향은 먼저 생각나고 많이 생각날수록 그 사건의 빈도가 높다고 착각하는 것이다.

기차 사고는 비행기 사고보다 훨씬 더 자주 발생한다. 그러나 비행기 사고는 대형 사고로 강한 인상을 남기기 때문에 대중은 비행기 사고가 더 많이 발생한다고 오해한다. 줄담배를 피우는 옆집 할아버지가 장수하는 것을 보고 담배와 장수는 상관관계가 없다고 오해한다.

나심 탈레브의 《스킨 인 더 게임(Skin in the Game)》에 린디 효과(Lindy effect)라는 개념이 나온다. 원시인의 미신이라 할지라도 수백 년간 존속했다면 역사적으로 살아남아 검증된 것이다. 미신처럼 보일지라도 발생 원인에 뭔가 근거가 있다는 것이다. 주기적으로 반복되고 재현되어야 우연성의 오류에 빠지지 않는다.

언론은 기본적으로 자극적인 뉴스 기사를 작성하여 대중의 관심을 끄는 것이 중요하다. 그래야 판매 부수도 늘고 광고도 많이 들어오기 때문이다. 그래서 어디서 듣도 보도 못한 듣보잡 경제지표를 가져와 금융위기가 온다는 둥 디플레이션이 온다는 둥 공포심을 조성한다. 그러나 그렇게 불필요한 공포심을 일으키는 듣보잡 지표는 검증되지 않았고 재현된다는 보장도 없다.

경제지표는 최소한 수십 년간 사용되면서 수차례 반복되는 것을 확인해야 한다. 필자는 역사가 10년 미만인 지표나 수십 년간 시장에서 널리 쓰이지 않은 경제지표는 무시한다. 미국의 ISM 제조업 지수(ISM Manufacturing Index)나 산업 생산 데이터는 1900년대 초반부터 제공되고 있어 믿을 수 있다. 그러나 무슨 xxx 서프라이즈 지수, yyy 공포 지수, zzz 스프레드, 이런 데이터는 보지 않는다.

1번과 2번 패턴 오류에서 볼 때 단기적인 기술 분석으로 갈수록 오류의 가능성이 커진다. 중장기 기술 분석으로 갈수록 샘플도 많아지고 역사적인 재현성의 신뢰도가 높아지기 때문이다. 뉴스 기사에 자주 나오는 주간 또는 월간 주기의 단기 데이터는 실제로 아무런 도움이 되지 않는 경우가 대부분이다.

특히 매주 발표하는 주간 부동산 지표나 주간 증시 지표 등을 투자에 활용하는 것은 1번의 작은 수의 오류 및 2번 우연성의 오류를 모두 범하는 것이다. 주간 단위에서 나온 데이터에서 무슨 상관관계를 찾을 수 있겠는가? 설사 뭔가 있어 보인다 해도 재현성을 보장받지 못한다. 최소한 10년 이상의 데이터나 차트만 의미가 있다고 보는 게 좋다.

해리 덴트(Harry Dent)는 순환주기를 찾으려 시도하고 패턴을 발견하려는 필자와 비슷한 접근법을 가지고 있다. 그러나 그가 주장한 인구절벽으로 장기 공황에 빠진 나라는 단 하나, 일본뿐이다. 해리 덴트의《2018 부의 대절벽》에 따르면 4계절 80년 주기를 주장하고 있으나, 이는 1900년대 단 한 번밖에 확인할 수 없다. 즉 주기적으로 재현되는 것을 검증할 수 없다. 이를 절대적인 것으로 적용하면 완전히 틀릴 수 있다.

그랜빌(Joseph Granville, 기술적 분석의 원조)은 기술적 분석을 통하여 1982년 9월 이후 시장이 하락을 지속할 것이라고 줄기차게 주장하였다. 그 이유는 지난 20년간 증시는 횡보했으며, 1982년 9월 드디어 박스권 최상단에 도달했기 때문이다. 그러나 1983년부터 2000년 초까지 무려 17년간 11배 넘게 장기 상승 추세를 기록한다.

만일 그랜빌이 100년 이상의 장기적인 주식시장 패턴을 분석했다면 그런 오류를 범하지 않았을 수도 있었다. 즉 기술 분석의 오류도 있었겠지만, 분석의 범위가 짧은 기간에 한정된 것이 더 큰 오류의 원인이다.

3. 절대값의 오류

절대값의 오류는 필자가 정의한 것이다. 과거 어느 시점과 절대값으로 비교하려는 시도는 실패할 가능성이 크다. 마크 트웨인이 언급했듯이 역사와 순환주기는 절대값을 답습할 정도로 정확하게 재현되지는 않는다. 그러나 역사적으로 반복되는 경향성, 리듬 또는 역사적 결을 적당히 재현한다.

기술적 분석의 가장 기초적인 개념은 절대값을 배제하는 것이다. 절대값은 시대에 따라 또는 공간에 따라 다른 의미를 가지기 때문에 상대값이 의미가 있다. 가치 투자자가 지향하는 기본적 분석은 어떤 가치가 안전마진이나 컨센서스처럼 절대값을 가질 수 있다고 생각한다는 점에서 기술적 분석과 큰 차이가 있다.

좀 삐딱하게 보면 이렇게 생각할 수도 있다. 필자는 기술 투자자이기 때문에 가치투자만 고집하는 것이 문제라고 생각할 수 있고, 절대값에 대해 일종의 편향을 가질 수 있다. 아직까지 필자는 절대값으로 시나리오 모델을 정립할 수 없다고 생각하고 있다.

그래서 필자는 증권사가 발표하는 컨센서스나 멀티플 또는 목표 가격이나 목표 지수란 개념을 부정적으로 본다. 논리적 근거가 없는 애널리스트의 뇌피셜에 불과하다고 생각한다. 절대값을 갖는 안전마진이나 목표 주가 같은 건 없다. 복잡 적응계에 참여한 투자자들의 심리에 따라 지나치게 고평가될 수도 있고 지나치게 저평가될 수도 있기 때문이다. 어느 방향으로 가고 있는가? 그것만 중요할 뿐이다.

20년 전 어느 나라의 경제지표를 지금 한국과 비교해 본다고 가정해 보자. 그동안 화폐가치도 변했으며 경제 성장률도 변했을 것이다. 그 외 투자자가 인지하지 못하는 수많은 변수가 있을 것이다. 이를 절대값으로 비교하면 잘못된 판단을 내릴 수 있다.

1980년대 한국의 경제 성장률은 두 자리 대였는데, 지금은 5%도 안

되기 때문에 한국 경제가 큰일 났다고 말씀하시는 분들이 있다. 비록 한국의 GDP 성장률은 5%도 안 되지만, 한국의 경제 규모가 세계 10위 정도라는 점을 감안하면 거의 세계 탑3 안에 드는 고속 성장을 지속하고 있는 것이다.

1980년대 초 15% 금리는 너무 높아 증시에 좋지 않고, 2010년대 말 제로금리는 증시에 좋다고 단정적으로 판단하면 곤란하다는 말씀이다. 15% 금리라도 하락 추세라면 증시에 도움이 될 수 있지만, 제로금리라도 상승 추세라면 증시에 부담이 되기 때문이다.

금리가 15%인지 5%인지는 중요하지 않다. 어느 방향으로 움직이고 있느냐? 그것만이 중요할 뿐이다.

4. 일반화의 오류, 코끼리의 오류

장님 코끼리 만지기는 전체를 보지 못하고 부분만 보기 때문에 생기는 오류이다. 코끼리 꼬리를 만지는 장님은 코끼리가 길쭉한 뱀처럼 생겼다고 오해할 것이다. 코끼리 다리를 만지는 장님은 코끼리가 나무 그루터기처럼 생겼다고 오해할 것이다.

대세 상승 구간인 여름 국면과 초가을 국면에서 너무도 잘 맞던 기술적 추세 추종 전략이 봄 국면에서 전혀 들어맞지 않는다. 이처럼 패턴이 적용되는 구간은 전체 구간 중에 특정한 일부분에 불과하다. 그 일부분을 국면으로 나눠 분석하는 것이 시나리오 모델이다.

따라서 어떤 패턴이 전체 구간에서 예외 없이 적용될 것이라 단정 짓는 것이 바로 패턴의 오류 4번째인 일반화의 오류, 코끼리의 오류다.

증시의 가을 국면은 과열 국면으로서 가는 종목은 더 잘 가고 못 가는 종목은 못 가는 그런 장세이다. 필자는 '흥분의 시대'라고 정의한다. 이런 장세는 추세 추종 매매 전략이 잘 맞는다. 도박사의 오류(Gambler's fallacy)와 같은 개념이다. 앞 사건과 뒤 사건이 마치 연관성이 있다고 생각하는 심리적 오류를 도박사의 오류라고 한다.

도박사의 오류는 몬테카를로의 오류(Monte Carlo fallacy)라고도 한다. 1913년 모나코 몬테카를로 보자르 카지노의 룰렛 게임에서 26번이나 연속으로 검은색 룰렛이 나온 적이 있다. 20번쯤 검은색 룰렛이 나오자 이쯤 되면 붉은색 룰렛이 나올 것으로 생각하여 많은 사람이 룰렛에 참여했다. 그러나 26번째까지 검은색이 나와서 대부분 돈을 잃었다. 그러므로 우리는 함부로 추세의 끝을 예단하지 말고 시장에 몸을 맡겨야 한다.

증시의 봄 국면은 박스권으로 평균 회귀의 법칙이 잘 맞는 그런 자리이다. 이런 장세에서 추세 추종 매매 전략을 사용하면 손절매를 반복하며 가랑비에 옷 젖는 줄 모르고 손실이 누적될 수 있다. 봄 국면은 박스권 매매를 하는 것이 더 유리하며 필자는 '차분의 시대'로 정의한다.

이처럼 국면에 따라 추세 추종 전략이 잘 맞는 자리가 있고, 박스권 매매 전략이 잘 맞는 자리가 있다. 추세 추종 전략 또는 박스권 매매 전략이 무조건 언제나 최고라고 일반화하면 오류를 범하게 된다.

차트 투자 전략은 많은 투자자가 알게 되면 더 이상 큰 초과 이익을 기대할 수 없게 된다. 상한가 따라잡기, 저항선 돌파 따라잡기, 골든크로스 매매법 등이 그렇다. 그러나 이 전략이 유효했었던 시절에도 이 패턴이 적용되는 국면이 별도로 있다. 모든 증시 구간에 적용되는 전지전능한 패턴은 없다.

박스 이론을 만든 기술 투자자 니콜라스 다비스(Nicholas Davis)는 거래량과 패턴에 의존한 기술적 전략으로 1950년대에 큰 성공을 거두었다. 그러나 다비스가 매매에 성공한 1950년대 중반은 대부분의 종목이 상승하던 미국 증시 5기의 여름 국면이었다.

잭 슈웨거의 '시장의 마법사' 시리즈는 매매에 크게 성공한 트레이더의 인터뷰로 큰 인기를 끌었다. 주식 트레이더의 성공담은 디플레이션 시대와 증권의 시대가 중첩된 1980년대와 1990년대에 주로 출현한다. 그러나 상품 트레이더의 성공담은 인플레이션 시대와 상품의 시대가 중첩된 1970년대에 주로 출현했음을 주목해야 한다.

선물옵션 시장이 1970년대에 있지도 않았지만, 있었다고 가정하자. 선물옵션 시장에서 주식 트레이딩 전략을 1970년대에 적용했다면 전혀 맞지 않았을 것이다. 마찬가지로 상품 트레이딩 전략을 1990년대에 적용했다면 아마 큰 낭패를 보았을 것이다.

'초심자의 편향'은 필자가 정의한 개념이다. 초심자 편향은 자신이 투자 시장에 입문했던 시대의 주도주가 모든 시대에 통용될 것이라고 오류를 범하는 것을 말한다. 일반화의 오류에 해당한다.

주식 투자를 막 시작한 입문 투자자는 자신이 처음 투자를 시작한 시점에 각광받던 주도주를 평생 잊지 못하는 경향이 있다. 이러한 고정관념은 평생 투자자를 쫓아다니면서 기술주 시대에 자본재 업종에 투자하게 만든다. 또한 신흥국 주식에 투자해야 할 때 미국 주식을 고집하고, 대형 성장주에 투자해야 할 때 배당 성장주를 고집한다. 투자자는 국면에 따라 카멜레온처럼 적절한 색으로 변신해야 생존 확률이 높아진다.

이처럼 흥분의 시대와 차분의 시대, 상품의 시대와 증권의 시대, 박스권의 시대와 추세 추종의 시대, 미국 달러의 시대와 신흥국 통화의 시대는 모두 다르다. 이렇게 시기별 특징을 국면으로 정의해 대응하고자 하는 투자 전략이 시나리오 투자법이다.

5. 선후 관계의 오류

'선후 관계의 오류'는 필자가 정의한 것이다. 상관관계의 원인과 결과를 혼동하거나 거꾸로 생각하는 오류다. 개그 프로그램의 소재로 쓰이기도 하는 이런 어처구니없는 실수를 투자자들이 상당히 많이 범한다. 이유는 투자 변수가 너무 복잡하기 때문이다.

먼저 일어났음에도 불구하고 나중에 발생했다고 오해하는 예는 아주 많다. 코로나19 사태로 2020년 3월 플래시 크래시가 발생했을 때 유가가 하락해서 주가가 폭락했다고 많은 투자자가 믿었다. 그러나 실제 선후 관계는 주가가 하락하면서 유가도 하락한 것이다. 유가가 하락하면서 그 이후에 셰일가스 기업들의 신용 스프레드가 급증하였다. 그러나 신용 경색이 먼저 생겨 셰일가스 기업들의 주가 급락이 나왔다고 오해한다.

금리를 올려서 주가가 상승하는 것이 아니다. 주가가 상승했기 때문에 연준이 금리를 올리는 것이다. 금리를 내려서 주가가 폭락하는 것이 아니다. 주가가 폭락하기 시작하니 연준이 발 빠르게 유동성을 공급하려고 금리를 급하게 내리는 것이다.

생각보다 투자 지표의 선후 관계를 오해하는 경우가 많으니 잘 따져 봐야 한다. 특히 언론사가 대충 짜깁기한 뉴스 기사를 무분별하게 받아들이면 이런 오류에 쉽게 빠질 수 있다. 정주영 회장도 과거에 선후 관계의 오류를 지적하는 말씀을 하셨다. "못해서 안 하는 게 아니고 안 해서 못하는 것이다." 선후 관계의 오류를 범하는 것은 본인이 노력하지 않는 상황을 회피하기 위한 무의식적인 핑계에 가깝다.

인과관계와 상관관계의 차이도 이해하는 것이 좋다. 인과관계는 선후 관계가 명확하게 알려진 관계다. 즉 원인과 결과 또는 입력과 출력이 밝혀진 관계를 말한다. 예를 들어 뉴튼(Newton)의 운동 3법칙이 좋은 예다. 그러나 이렇게 명확하게 밝혀진 인과관계는 세상에 그렇게 많지 않다.

우리는 근본 원인과 원인이 결과를 만드는 구조에 대해서 잘 모른다. 다만 '이러저러한 상황이 조성되면 어떠한 결과가 많이 나타나더라.' 정도까지 알고 있는 건 비교적 많다. 개똥철학이라 불리는 것부터 상관관계라고 멋있게 포장한 투자 전략까지 다양한 사례가 있다.

뉴욕타임스는 1973년 방글라데시 가뭄에 관련된 기사를 실었고, 1974년 방글라데시 콜레라 유행에 관련된 기사를 실었다. 그리고 10년 후에 같은 상황이 데자뷰처럼 반복되었다. 1983년 방글라데시에 가뭄이 들었고, 1984년 콜레라가 다시 창궐하였다.

그러나 우리는 가뭄과 콜레라 창궐 사이에 어떤 인과관계가 있는지 정확한 역학관계를 모른다. 다만 가뭄과 콜레라 간의 상관관계를 인지할 뿐이다. 2006년에 앙골라에서 발생한 가뭄은 향후 콜레라에 대한 조기 경보 역할을 하였다. 정확한 인과관계는 모르지만 콜레라를 예측하고 대비할 수 있었다.

이처럼 근본 원인도 모르고 결과가 어떻게 만들어지는지도 자세히 모르지만, 어떤 현상과 현상 간에 끈끈하게 연결된 것으로 추정되는 관계를 상관관계라고 한다. 빅데이터를 통해 고객의 성향과 선호도를 파악한다든지, 선거 결과를 추정한다든지, 범죄 가능성을 예측한다든지

하는 인공지능도 이런 상관관계를 백분 활용한 것이다.

너무 인과관계를 알려고 고집하면 큰 그림을 놓칠 수 있다. 인류는 대부분의 인과관계를 잘 알지 못한다는 점을 인정하고, 상관관계를 정교하게 분석하여 패턴의 적중도를 높이려고 노력하는 것이 투자에 더 도움이 된다.

6. 오버슈트와 언더슈트의 오류

오버슈트(overshoot)와 언더슈트(undershoot)의 오류도 필자가 정의한 것이다. 자산시장은 이해할 수 없는 수많은 돌발적인 사건이 많이 발생한다. 지난 2020년 3월 플래시 크래시도 그러한 것이다. 우리는 이를 탐욕을 유발하는 오버슈트 또는 공포를 유발하는 언더슈트라고 한다.

이런 오버슈트와 언더슈트는 자연의 일부처럼 자연스러운 것이다. 특별한 일이 아니다. 주기적으로 이런 이상 현상이 발생한다. 3~4년에 한 번씩 찾아오는 소공황 역시 주기적 언더슈트라고 할 수 있다. 그렇지만 증시의 상승 추세를 훼손하지는 못한다. 패턴의 오류 6번째인 오버슈트와 언더슈트의 오류는 이렇게 발생한 '일탈 현상'을 어떤 대단한 추세의 변화라 오해하고, 잘못된 투자 결정을 하는 것을 의미한다.

이 패턴의 오류를 극복하려면 5대 자산을 포함한 전체 금융 생태계의 움직임과 일탈 현상을 비교해 판정을 내리는 과정이 필요하다. 일반적으로 5대 자산이 같은 신호를 내고 같은 추세를 얘기할 때는 매우 높은 확률로 현재 국면을 검증할 수 있다.

5대 자산은 채권, 주식, 통화, 상품, 부동산이다. 5대 자산은 '지연된 톱니바퀴 시나리오'에 따라 서로 상관관계를 가진다. '지연된'이라는 의

미는 같은 시간대에서 움직이는 것이 아니라 투자자가 혼동을 일으킬 만큼 충분한 시간 차이를 두고 움직이는 것을 의미한다. '톱니바퀴 시나리오'라는 의미는 같은 방향으로 움직일 수도 있고, 반대 방향으로 움직일 수도 있다는 것을 말한다.

이러한 오버슈트 또는 언더슈트가 초단기적인 비이성적 반응에 불과한지 아니면 추세가 변화하는 중요 사건인지, 다른 5대 자산의 상관관계를 교차 검증하면서 판단해야 한다. 왜냐하면 5대 자산은 중장기적으로 독단적인 행동을 보이지 않기 때문이다. 서로에게 영향을 주고받는 관계이기에 단기적이고 돌발적인 현상은 곧 정상으로 되돌아온다.

증시의 봄 국면인 4월 국면, 엘리엇 상승 2파에 베어트랩이 있다. 마치 실제 4월의 꽃샘추위와 마찬가지로 봄 국면임에도 겨울 국면과 같은 매우 강한 하락이 나온다. 만일 현재 증시가 봄 국면임을 알지 못하면, 투자자들은 더블딥(double dip) 등의 공포에 휩싸여 투매할 가능성이 크다. 금융위기를 최근에 겪었고 가용성 편향, 최신 편향 등에 의해 강렬한 기억이 남아 있기 때문이다.

> 📝 **더블딥(double dip)**
> 경기침체 후 잠시 회복기를 보이다가 다시 침체에 빠지는 이중침체 현상.

그러나 금리와 채권의 움직임을 보면, 베어트랩은 상승 과정에서 겪는 성장통에 불과하다는 것을 알게 된다. 외국인이 꾸준히 매수를 유지하고 원화도 초약세로 가지 않기 때문에 우리는 봄 국면임을 교차 검증할 수 있다.

일반적으로 미국 달러의 약세와 구리의 상승을 통해 경기는 호황으로 전환하고, 증시가 여름 국면에 접어들 것을 예측할 수 있다. 만일 미국 달러와 상품의 변화 없이 증시가 상승했다면 이것은 대세 상승이 아니다. 봄 국면에서 발생한 박스권 내 상승에 불과하다. 이때는 아무리 상승이 강해도 일탈 현상으로 그 의미를 축소해야 한다.

마찬가지로 겨울 국면 하락 2파에 불트랩이 있다. 증시의 최고 천장을 경험한 지 얼마 안 된 투자자들은 최신 편향으로 인해 다시 상승 추세로 전환된 것이 아닌가 착각한다. 그러나 다른 자산들과 교차 검증하면, 이미 금리가 천장을 기록하고 하락 추세로 바뀌고 있으며, 3대 금리차 역전 현상으로 채권시장이 이상 현상을 보이고 있음을 알 수 있다. 외국인은 이미 2년 전부터 증시를 탈출하기 시작해 대부분의 중기 보유 물량을 매도했다는 점도 확인할 수 있다.

> 3대 금리차 역전 현상
> (1) 장단기 금리차 역전, (2) 신용 금리차 역전, (3) 한미 금리차 역전
> '제5부 전조현상'에서 자세히 설명한다.

불트랩 발생 전 증시의 늦가을 국면은 금융위기 직전으로, 원유 가격이 급등하여 각국의 경상 수지를 적자로 돌려놓는 경향이 있다. 금융위기 직전과 이후 달러, 엔화 그리고 금 같은 안전 자산에 자금이 몰려 단기 급등한다.

이러한 자산 간의 나비 효과는 향후 증시의 움직임을 예측할 수 있는 전조현상이다. 만일 다른 자산들과 교차 검증을 하지 않고 현재 국면에 대한 이해가 없다면, 결국 다른 개인투자자를 따라 하게 된다. 결국 베어트랩에서 공포에 휩싸여 투매하고, 불트랩에서 행복감에 사로잡혀

매수하는 낭패를 겪게 된다.

일시적인 정보의 불일치로 일부 변수가 특이한 모습을 보일 수는 있다. 봄 국면은 불규칙한 패턴과 교차 검증 오류가 가장 많이 발생하는 구간인데, 이는 금리를 하락시켜 유동성을 강제로 주입하는 구간이기 때문이다. 그래서 봄 국면에는 보수적인 자산 배분이 필요하다.

7. 권위의 오류, 계산의 오류

인간은 제1체계처럼 즉각적이고 시간 투자 대비 성과가 좋은 결정 방식을 선호한다. 제1체계는 감정과 직관에 의존한다. 그렇기 때문에 인간은 본능적으로 패턴을 만들고, 심지어는 패턴이 없는 곳에서도 패턴을 찾아냈다고 착각한다.

인간은 자기 의견이 옳다고 확신하고, 본인의 의견을 강화하는 정보만을 받아들이며 확신을 강화하는 경향이 있는데, 이를 '확증 편향'이라고 한다. 하노 벡의 저서 《부자들의 생각법》은 황새가 오면 아이가 생긴다는 유럽 전설을 소개한다. 통계학자 로버트 매슈스는 황새와 출생률을 분석한 결과 유의미한 상관관계가 있음을 발견하였다. 그러나 이는 아이를 간절히 원하는 부모의 확증 편향에 의한 착각이다.

만일 심리 편향을 잘 배제했다면 대부분의 패턴은 논리적으로 상관관계가 어느 정도 설명이 되어야 한다. 뭔가 유의미한 패턴이 있는 것처럼 보여도 이에 대해 논리적이고 명쾌한 이유를 설명할 수 없다면 의심해야 한다. 심지어 논리적으로 해석이 된다고 하더라도 너무 난해하거나 복잡한 계산이 필요하다면 역시 색안경을 끼고 부정적으로 보는 게 좋다. 어느 순간 계산의 중간 과정을 알려는 시도를 멈추고 결과를 무비판적으로 수용하기 때문이다. 이는 권위의 오류와 같은 효과를 보인다.

'오컴의 면도날'은 어떤 현상을 설명할 때 불필요한 가정을 하지 말고, 같은 현상을 설명하는 주장이 여러 개 있다면 가장 간단한 것이 정답일 가능성이 높다는 담론이다.

이렇게 권위 때문에 의심하지 못하거나, 정확성이 떨어지는 계산으로 오류가 중첩되는 현상을 패턴의 마지막 7번째 오류로 정의하였다.

뭔가 거대 담론이 포함되어 있거나 비유 대상이 거대하거나, 압도적인 권위를 가진 사람이 주장한다면, 그 이론이 옳을 것 같다고 착각한다. 전문가나 교수가 나와서 의견을 개진하면 더 신뢰감이 간다. 그러나 평행이론과 태양의 흑점주기 이론 등을 시장 예측에 사용할 수는 없다.

상관관계가 있어 보이나 설명할 수 없는 현상도 있다. 대표적으로 음모론에 활용되는 평행이론(Parallel Theory)이 있다. 평행이론은 서로 다른 시대를 사는 두 사람의 운명이 일정한 시간 차이를 두고 같은 패턴과 같은 운명으로 전개될 수 있다는 이론이다.

에이브러햄 링컨과 존 F. 케네디는 100년의 시간을 두고 소름이 돋을 정도로 유사한 숫자와 이름이 반복된다. 각각 1846년, 1946년 의원에 당선되었고, 대통령 당선 연도는 각각 1860년, 1960년이다. 둘 다 금요일에 암살 당했으며, 사망 장소는 각각 포드 극장과 포드 자동차이고, 암살범이 태어난 해는 각각 1839년, 1939년이다. 후임 부통령은 각각 앤드루 존슨 1808년생, 린든 존슨 1908년생이다.

나폴레옹 1세와 아돌프 히틀러도 129년 평행이론의 대상이다. 유럽 정복을 결심한 계기는 각각 1789년 프랑스 대혁명과 1918년 독일혁명으로 129년 차이이다. 정권을 획득한 것은 각각 1804년과 1933년이고,

러시아를 공격한 연도 역시 1812년과 1941년이다. 세력이 급격히 약화된 시점도 1815년 워털루 전쟁 패배와 1944년 노르망디 상륙 작전 실패다. 나폴레옹은 10만 명 이상의 흑인 노예를 화산 유황가스로 학살하고, 히틀러는 수백만 명의 유대인을 독가스로 학살하였다. 둘 다 영국만은 정복하지 못했다. 그러나 우리는 이것을 패턴이라고 할 수 없다.

1967년 이래 미국 미식축구에서 AFC가 우승하면 80%의 확률로 미국 증시가 하락하였다. 그 둘 간의 상관관계는 무려 80%이지만 논리적으로 설명할 수 없다. 상관관계가 있다고 해도 이를 아무런 근거 없이 투자 결정에 활용하면 실패할 가능성이 크다.

괴짜 경제학 시리즈의 마지막인 《괴짜처럼 생각하라》에서 스티븐 레빗(Steven Levitt)이 지적했듯이 믿는 것과 아는 것은 다르다. 안다고 생각하는 것들은 정치적, 종교적 믿음에 따라 왜곡된다. 인도네시아 인구의 20%만이 9.11 테러를 아랍인이 저질렀다고 생각한다. 쿠웨이트는 11%, 파키스탄은 4%로 더욱 왜곡되어 있다.

1990년대 대세 상승기에 방글라데시의 버터 생산량과 미국 다우지수의 상관관계가 있다는 분석 결과가 나와 화제가 된 적이 있었다. 당시 대세 상승기인 미국 증시는 상승하는 어떤 지표와 비교해도 상관관계가 있는 것처럼 보였기 때문에 많은 오류를 만들 수 있는 환경이었다.

마천루(초고층 빌딩) 역시 논리적으로 설명하기 곤란한 권위의 오류에 해당한다. 그러나 평행이론이나 흑점 이론처럼 황당한 수준은 아니다. 비교적 논리적인 근거가 있는 편이다.

1999년 앤드루 로런스는 100년간 마천루와 버블의 관계를 분석한 결과, 마천루 높이의 최고 기록이 경신되면 이는 경기 침체의 전조라고

하였다. 마천루는 경기 과열 시 착공을 시작하는 경향이 있기 때문이다. 하늘에 도전하는 인간의 오만함을 상징하는 구약성서의 바벨탑처럼 마천루도 국가나 기업이 부와 힘을 과시하기 위한 수단이라는 설이 있다. 토지가격이 너무 올라 건물을 높게 올려 용적률을 높이려는 시도라는 설도 있다.

미국 뉴욕에서 최고 높이를 경신한 싱어 빌딩과 메트라이프 빌딩을 착공하고 1907년 금융위기가 닥쳤다. 두 건물은 각각 1908년, 1909년에 완공되었다. 메트라이프 빌딩은 1913년까지 최고 높이를 유지한다. 엠파이어 스테이트 빌딩은 381m 최고 높이로 1929년 8월에 착공하였고, 대공황을 거쳐 1931년 완공하였다.

1973년 쌍둥이 세계 무역센터(415m, 417m)와 미국 시카고 시어스 타워는 443m로 세계 최고 높이가 되었다. 이후 니프티 피프티 버블이 1974년까지 붕괴하며 미국 증시 역대 3위의 금융위기를 기록한다.

일본 미쓰비시는 미국의 상징인 록펠러센터를 1989년 10월 2,200억 엔에 매수했으나 1990년부터 부동산 버블이 붕괴하였다. 1990년 요코하마 랜드마크 타워는 당시 일본 내 최고 높이인 296m를 기록하였으며 세계에서 가장 빠른 엘리베이터를 설치하였다. 1990년 착공하자마자 바로 부동산 버블이 붕괴하였으며 1993년 완공했다.

1997년 착공한 말레이시아 페트로나스 트윈타워는 452m로 시어스 타워를 추월하였으나 곧 아시아 외환위기를 맞이하였다. 2003년 대만 타이베이에 508m 101 빌딩이 준공되자 대만 가권지수가 폭락하였다. 그러나 이는 단기적 하락에 불과했다.

두바이의 828m 버즈 두바이는 2008년 착공하였다. 이미 2006년부터 두바이의 부동산 상승률은 미국의 두 배 정도 앞서고 있었다. 금융위기 여파로 2009년 두바이는 디폴트를 선언하고 구제금융을 받게 된다. 버즈 두바이도 구제금융의 영향으로 아부다비 통치자 이름을 붙여 부르즈 칼리파로 개명하였다.

2010년대 들어 중국은 유례없는 마천루를 건설하였고 2014년 큰 폭락을 경험한다. 그러나 아직 금융위기가 발생하지는 않았다.

마천루 기록 경신은 경기와 투자의 심리에 따라 호황의 끝자락에서 나타나는 현상이지만, 일관성과 재현성이 부족해 일반론으로 적용하기에는 조금 부족한 면이 있다. 금융위기의 가능성을 경고하는 정도로 가볍게 활용하면 되겠다.

다만 평행이론처럼 한국에서 마천루와 관련된 대기업의 그룹 리스크가 오비이락처럼 겹치는 것은 패턴의 정의를 떠나 재미있는 현상이다.

제2롯데월드인 롯데월드타워는 2011년 착공한 이후 구조물 붕괴로 6명의 사상자를 냈다. 공사장 화재, 주변 도로 침하와 균열, 아쿠아리움 수조 누수 등 안전을 둘러싼 잡음도 끊이지 않았다. 2015년 롯데그룹 총수 일가 간 경영권 분쟁이 있었고 전국적인 불매운동이 벌어지기도 했다. 2016년에는 롯데그룹 계열사 간 자산 거래 과정에서 신동빈 회장의 비자금 조성 의혹이 있었다.

그뿐만이 아니다. 롯데마트 가습기 살균제 살인사건으로 검찰의 수사를 받기도 했다. 2017년에는 중국의 사드 보복으로 8조 원을 투자한 중국 시장에서 철수했다. 최순실 국정농단 등으로 인해 검찰의 집중 수사를 받았다. 신동빈 회장은 구속을 면하고 집행유예를 받았지만 결국 2018년 3월 법정 구속되고 만다.

두 번째로 회자되는 신동아그룹은 1985년 5월 63빌딩을 준공하였다. 그러나 빌딩 소유주였던 계열사 대한생명이 1999년 부실금융기관으로 지정되었고, 1999년 최순영 전 신동아그룹 회장 구속 이후 해체 수순을 밟았다. 한화그룹이 2002년 대한생명과 63빌딩을 인수하였으나 한화 김승연 회장이 2012년 횡령과 배임 혐의로 구속되는 등 어려움을 겪었다.

세 번째로 회자되는 경남기업은 베트남 최고층 빌딩이며 여의도 63빌딩의 3.5배에 달하는 용적률을 가진 랜드마크27을 베트남에서 야심차게 추진한다. 그러나 2008년 금융위기와 베트남 부동산시장 침체로 자금난을 겪는다. 2009년 워크아웃 대상에 선정되었고, 워크아웃 졸업과 재신청을 반복하다 결국 2015년 상장 폐지됐다.

거의 모든 유용한 지식은 역사를 읽는 과정에서 배울 수 있다. 세상의 역사를 읽으면 인간사에 관한 다양한 분야의 서로 연관된 지식을 발견하게 될 것이다.

– 벤저민 프랭클린 –

미국 증시는
어떻게 움직이는가

중기12국면 시나리오 모델 : 미국 증시

투자의 매직 넘버,
중기 17년과 단기 4년

세계 증시의 기준은 미국 증시이다. 모든 기준 데이터(reference)가 미국에서 나오고 있다. 5대 자산은 통화, 주식, 채권, 부동산, 상품이라고 단순화하여 말씀드렸다. 그러나 더 단순화하면 미국 달러, 미국 주식, 미국 채권/금리, 미국 부동산이다. 미국에 국한해도 큰 무리는 없다. 그 정도로 미국은 전 세계 자산 시장에 독보적인 영향을 미친다.

자본주의 역사가 긴 만큼 미국은 한국보다 데이터가 압도적으로 많다. 이에 비해 한국 증시는 1980년대 데이터도 찾기 어렵고 그 이전 데이터는 거의 없다. 그러나 미국은 제한적이지만 19세기 데이터도 일부 찾아 엿볼 수 있다. 데이터 축적 수준은 한 국가의 경쟁력을 말해 준다.

투자의 매직 넘버 17

필자는 17을 투자의 매직 넘버로서 매우 중요시한다. 미국 달러의 순환주기는 17년이다. 한국 증시는 미국 달러에 연동되기 때문에 한국 증시의 순환주기도 17년이다. 미국 증시의 순환주기는 34년이다. 미국 증시의 순환주기는 조정 국면인 겨울-봄 국면 17년과 상승 국면인 여름-가을 국면 17년으로 구성된다.

미국 증시가 겨울-봄 국면 17년을 거치는 동안 한국 증시는 한 번의 순환주기를 거친다. 또 미국 증시가 여름-가을 국면 17년을 거치는 동안 한국 증시는 또 한 번의 순환주기를 거친다. 정리하면 미국 증시가 34년의 순환주기를 거치는 동안 미국 달러와 한국 증시는 두 번의 순환주기를 거친다. 이렇게 금융 생태계는 서로 연결되어 있다는 것이 시나리오 모델의 근본 원칙이다. 물론 자로 잰 듯 정확히 17년이 들어맞지는 않는다. 16년이 되기도 하고 18년이 되기도 한다. 미국 증시와 한국 증시의 순환주기 시작점인 봄 국면도 서로 일치하지 않는다.

[그림 2-1] 미국 증시와 한국 증시의 순환주기 중첩

뒤에서 설명하겠지만 대공황 전후로 순환주기가 완전히 어긋나 버려, 미국 증시 4기의 여름-가을 국면은 5년간 짧고 굵게 진행되지만, 이후 겨울-봄 국면은 21년까지 늘어났다. 2000년대는 17년간 충분히 겨울과 봄 국면을 다져야 함에도 양적완화(Quantitative Easing)로 왜곡되어 13년으로 마감한다.

1903년 이래 미국 증시 120년을 살펴보면 이렇게 두세 군데 순환주기의 예외 구간이 존재한다. 그러나 17년 순환주기는 보이지 않는 손처럼 강력한 압력을 행사한다. 순환주기는 중요하지만 조금씩 어긋나도 큰 문제는 없다. 투자자가 기계처럼 정확하게 타이밍을 맞힐 필요는 없기 때문이다. 그 경향성만 보면 된다. 역사는 과거와 똑같이 반복되지는 않지만 비슷한 리듬을 적당히 타기 때문이다.

투자의 매직 넘버인 순환주기는 왜 17년일까? 필자는 여전히 그 원인을 흥미롭게 연구하고 있다. 원인은 다음과 같은 것들로 추정된다. 미국 대통령의 4년 임기, 미국 제조업의 4년 단기 추세, 연준과 재무부의 유동성 투입, 미국이 주도하는 산업혁명, 그리고 미국 부동산 시장의 특징 등이다.

미국 대통령은 4년 중임제이다. 대부분 연임하기 때문에 민주당이든 공화당이든 정권을 잡으면 8년을 끌고 간다. 그렇게 두 번 정도 주거니 받거니 하면 버블이 충분히 숙성되어 터지는 경향이 있다.

첫 번째 8년 동안 버블이 붕괴되어 침체된 미국 경제를 재건하는 과정에서 시장이 상승하고, 두 번째 8년 동안 관성의 법칙에 따라 과열이 심화된다. 문제는 투자자들이 과열과 버블을 인식하지 못하고, 스스로 자제하지 못한다는 점이다.

4년 단기 추세의 이해

미국 제조업의 단기 추세는 4년이고, 이는 미국 대통령의 4년 임기와 같다는 점은 흥미롭다. 미국 대통령 재선이 있는 임기 4년 차에 미국 대통령은 경제에 무리가 가는 정책을 삼가는 경향이 있다. 그러나 임기 2년 차가 되면 경제에 무리가 가더라도 선거 공약을 집행한다. 트럼프 대통령도 임기 2년 차에 중국과 무역 불균형을 문제 삼고 미중 분쟁을 본격적으로 시작하였다.

17년 중기 순환주기는 이러한 4년의 과정을 4번 정도 반복하면 완성된다. 왜 4번인지 대해서 논리적인 인과관계를 찾지는 못했다. 미국 증시 120년을 분석한 결과 상관관계를 찾았을 뿐이다. 문제가 발생하면, 미국 연준과 미국 재무부가 양적완화와 금리 인하 그리고 재정 적자를 동원해 어떻게든 해결한다. 문제가 해결될 때까지 유동성을 투입하기 때문에 인디언 기우제에 비유할 수 있다.

그러나 미국 연준과 재무부는 여전히 구조적으로 증가하는 부채 문제를 근본적으로 해결하지 못한다. 증시 폭락과 신용 경색만 일시적으로 완화할 뿐이다. 미국 증시는 다시 상승 추세를 이어가고 버블의 한계점까지 도달한다. 그렇게 17년 중기 추세의 끝에 도달하면 금융위기급 중공황이 찾아온다. 하지만 그 17년 사이사이에 4년의 단기 추세가 있고, 약한 공황인 소공황이 발생한다. 마치 프랙탈 곡선(fractal curve)을 보는 것처럼 추세 안에 추세가 또 숨어 있다.

물론 4년 단기 추세는 17년 중기 추세보다 기간의 편차가 더 크다. 평균적으로 대충 4년이라 보지만, 3년이 될 수도 있고 5년이 될 수도 있다. 최근 2020년 3월은 아주 예외적으로 2018년 4분기 이후 1년 반

만에 다시 소공황이 찾아왔다. 필자는 1903년 이래 120년의 미국 증시를 모두 분석하였다. 그 결과 과거로 갈수록 5년 추세가 더 많았다면, 현대로 올수록 그 주기가 짧아지고 있으며 3년이 가장 많다.

미국 증시의 4년 단기 추세는 미국 제조업 순환주기와 일치한다고 말씀드렸다. 미국 증시의 소공황 지점과 ISM 제조업 지수 또는 산업 생산 데이터를 보면 3~6개월 편차를 두고 동행한다. 결국 단기적 신용 경색과 실물 경제는 서로 영향을 미친다는 점을 알 수 있다.

4년 단기 추세와 소공황

미국 증시의 단기 4년 추세를 보기 위해 미국의 역대 공황을 다시 살펴보자. 미국 증시 120년 동안 대공황은 딱 한 번, 중공황은 단 세 번에 불과하다고 앞서 말씀드렸다. 나머지는 모조리 소공황에 불과하다. 대공황은 회복에 수십 년이 걸리고 중공황은 2~3년이 걸리지만, 소공황

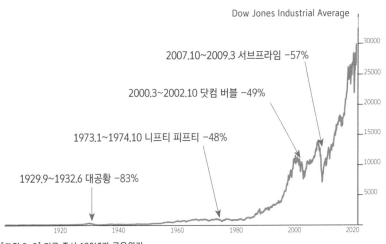

[그림 2-2] 미국 증시 120년과 금융위기

은 수개월 내로 마무리된다.

뒤에서 자세히 설명하겠지만 필자는 미국 증시를 1기부터 현재 7기까지 나누었다. 1929년 대공황은 미국 증시 4기 겨울 국면에 나타났다. 1973~1974년 니프티 피프티 중공황은 6기 봄 국면에 나타났다. 2000~2001년 닷컴 버블 중공황은 6기 겨울 국면에 나타났다. 2008년 글로벌 금융위기 중공황은 7기 봄 국면에 나타났다.

미국 증시 6기 여름 국면은 1983년에 시작해 2000년에 마감한다. 그러나 이 중기 추세 사이에 단기 추세가 또 중첩되어 있다. 소공황 자리를 보면 1984년 기간조정, 1987년 플래시 크래시, 1990년 제법 강한 부동산 붕괴, 1994년 기간조정, 1998년 하락이 있었다. 그리고 본격적인 하락은 2001년부터 시작된다. 대충 3~4년의 간격을 두고 소공황이 찾아온다.

미국 증시 7기도 마찬가지다. 봄 국면은 2002년부터 2012년이고, 여름 국면은 2013년 이후 현재까지 지속되고 있다. 하락이 있었던 자리를 보면 2004년 기간조정, 2008년 중공황, 2011년, 2015년, 2018년 그리고 2020년 3월 플래시 크래시가 있었다. 2020년만 예외적으로 1년 반 만에 플래시 크래시가 왔지만, 공황의 간격은 대략 3~4년이다.

재미있는 것은 겨울 국면의 강한 하락을 제외하고 발생한 소공황은 단기 추세인 키친 파동(Kitchin cycle)을 잘 추종한다는 점이다. 키친 파동 및 OECD 선행지수, ISM 제조업지수, 산업 생산 등 주요 경기지표도 대략 3~4년의 순환주기를 가진다. 필자가 4년 단기 추세를 발견하고 유레카를 외친 이후 키친(Kitchin)이란 학자를 나중에 알게 되었다. 시공간을 넘어서 뭔가 통하고 있는 것이 느껴진다.

그렇다면 앞으로 단기 추세상 빠르면 2022년 또는 2023년에 미국 증시는 다음 소공황을 맞게 된다. 거짓말 같은가? 그때 가서 확인하면 된다. 단, 소공황이 큰 폭락을 동반할지 기간조정에 그칠지는 필자도 모른다. 사실 그 정보는 알 필요가 없다. 그전에 리스크를 적절히 관리하고 상황을 지켜보면 되기 때문이다.

뒤에서 설명하겠지만 미국 증시 7기의 중기 추세는 2030년까지 유지된다. 따라서 다음 중공황은 2030년 전후에 다시 찾아온다. 역시 같이 지켜보면 되겠다. 대략적인 자리를 가늠해 볼 수 있으나 필자도 중공황의 하락 규모와 소요 기간은 알 수 없다. 하지만 마찬가지로 몰라도 되는 정보다.

미국 부동산의 17년 순환주기

다시 투자의 매직 넘버, 순환주기 17년으로 돌아가 보자. 단기 4년 추세와 중기 17년 추세는 중첩된다고 하였다. 공교롭게 미국의 대통령 임기도 4년이다. 미국 증시가 가장 좋을 때는 미국 대통령 대선이 있는 임기 4년 차와 미국 대통령 임기 1년 차이다. 이는 통계로 쉽게 확인할 수 있다. 미국 대통령 임기 2~3년 차는 상대적으로 상승률이 떨어지거나 하락한다.

흔한 소공황이든 드문 중공황이든 일단 공황이 나타나면 미국 연준과 재무부가 해결사로 등장한다. 그들은 신용 경색이 해소될 때까지 유동성을 시장에 투입한다. 연준의 태도는 인디언 기우제와 같다. 인디언 기우제는 100% 확률로 반드시 비를 내리게 했는데 그 이유는 비가 내릴 때까지 기우제를 올리기 때문이다. 연준도 시장이 안정될 때까지 유동성 투입을 멈추지 않는다. 따라서 소공황은 수개월 내로 예외 없이 마무리된다.

뭔가 유사한 기간이 반복됨을 느끼지 않는가? 대통령 임기 4년, 그리고 대선을 중심으로 증시의 활황, 미국 제조업의 순환주기도 4년 전후, 소공황 발생 시 미국 연준이 등장해 수개월 내로 해소 그리고 거짓말처럼 증시는 다시 상승 지속. 수학이나 톱니바퀴처럼 정확히 들어맞지는 않지만 뭔가 보이지 않는 질서를 느낄 수 있다.

따라서 필자는 시나리오 투자법 강의에서 4+4+4+4=17이라고 농담을 던진다. 4+4+4+4=17 이것은 틀린 산수가 아니다. 단기 추세 4개가 겹치면서 중기 추세 1개가 형성된다는 말이다.

재미있는 점이 또 있다. 필자가 중기12국면의 중기 추세 17년을 발견하고 유레카를 외친 이후 나중에 한센 파동(Hansen cycles)을 알게 되었다는 점이다. 키친(Kitchin)이라는 학자를 나중에 알게 된 것과 같다. 마찬가지로 보이지는 않지만 강력하게 연결된 뭔가가 있음을 느낄 수 있다.

필자가 발견한 중기 순환주기 17년은 한센이 연구한 부동산 순환주기에서 또 발견할 수 있다. 한센(Alvin Hansen)은 1860년부터 1930년대까지 유동성과 부동산 공급 데이터를 분석하여 선진국의 부동산 주기가 17년임을 1960년대에 발표하였다. 실제로 미국 부동산 가격의 정점은 1973년, 1978년, 1990년, 2007년에 있었으며, 1978년을 제외한다면 대략 17년 주기를 따른다. 다음 정점은 2024년 전후로 전망된다.

한센 파동 17년은 선진국의 부동산 시장 및 미국 증시, 한국 증시, 그리고 미국 달러의 순환주기와도 일치한다고 이미 말씀드렸다. 한센 파동 17년은 미국 증시의 겨울-봄 국면과 여름-가을 국면과도 일치하여 미국 증시는 34년 전후의 순환주기를 갖는다. 이러한 17년 순환주기의 원인은 주택 공급의 독특한 특징 때문이다.

부동산 시장은 이런 순환주기가 발생하는 이론적인 근거를 잘 설명한다. 부동산은 수요 변동이 있다 하더라도 인허가–착공–준공–입주 및 이후 기반시설 구축에 이르는 주택 공급 과정이 필요하므로 빠른 시간 내에 적절히 대응할 수 없다. 주택 공급이 대규모로 진행될수록 시간은 많이 걸려서 길게는 10년이 넘게 소요된다.

이렇게 긴 공급 과정 때문에 부동산 시장은 건설 업체들의 수익 구조와 반대로 움직이는 경향이 있다. 원칙적으로 경기 침체기에 주택 건설 투자를 늘려 단기적인 경기 부양을 하고, 다가올 다음 경기 과열기에 대비하여 주택 공급을 늘려 가격을 안정시키는 데 도움을 줘야 한다. 반대로 경기 과열기에는 단기적으로 과열을 억누르기 위해 건설 투자를 억제하고, 다가올 다음 경기 침체기를 대비하여 주택 공급을 줄여 가격 하락을 방어해야 한다. 그러나 현실은 반대로 움직인다.

엇박자의 원인은 다음과 같다. 경기 불황일 때 행정부는 주택 경기 부양책을 쓴다. 하지만 주택 가격이 낮으므로 건설사의 수익성이 떨어진다. 따라서 건설 업체는 공급을 적극적으로 늘리지 않는다. 반면 경기가 호황일 때 행정부는 부동산 규제 정책을 쏟아낸다. 그러나 주택 가격이 상승하여 수익성이 좋아진다. 따라서 건설 업체들은 공급을 적극적으로 늘린다.

이런 특징 때문에 경기 불황 때는 10년의 긴 부동산 공급 기간으로 인해 엇박자가 발생하는 특징이 있다. 따라서 경기 불황 때는 주택 경기를 더욱 침체로 만들고, 경기 호황 때는 오히려 공급이 감소하여 주택 경기를 더욱 과열로 만든다. 이처럼 침체와 과열이 더욱 가속화된 결과 순환주기를 더욱 뚜렷하게 만든다.

이처럼 부동산에 중기 추세가 형성될 수 있는 시장의 특성은 관찰되나 그게 왜 하필 17년인지는 명확하지 않다. 미국 증시의 중기4계절로 비교해 보면, 부동산 폭락은 통상 봄 국면에서 한두 번, 여름 국면 한복판에서 한 번씩 발생하는 경향이 있다.

1973년 미국 증시 6기 봄 국면의 가장 강력한 버블이었던 니프티 피프티 버블이 붕괴한 자리에서 부동산도 폭락하였다. 그러나 전반적으로 봄 국면은 경기 침체 국면이기 때문에 1978년에 가벼운 부동산 하락이 한 번 더 있었다. 그다음은 1990년으로 이는 미국 증시 6기 여름 국면의 한복판에 위치한다. 그다음은 2007년에 발생하였는데 이 역시 미국 증시 7기 봄 국면의 한복판에 위치한다.

이처럼 부동산은 주식과 비슷한 17년 순환주기를 가짐에도 불구하고 순환주기의 시작점이 다르다. 투자자는 둘 사이의 상관관계를 알아채기 어렵다. 부동산 시장이 17년 순환주기를 재현한다고 가정하면, 다음 미국 부동산 위기는 미국 증시의 여름 국면 한복판인 2024년 전후에 발생할 가능성이 있다. 실제로 코로나19 사태 이후 금융권의 주택담보 대출 회수가 시작되고, 신규 대출에 대한 심사가 매우 보수적으로 바뀌고 있다. 재택근무 확산으로 도심 상권에 공실이 증가하면서 가격 하락이 시작되었다.

미국의 부동산 위기가 5년 내로 발생할지 같이 지켜보면 되겠다. 하나 더, 미국 부동산이 하락세로 바뀌면 1~2년 내로 신흥국에 영향을 미친다. 따라서 한국 부동산도 2026년 전후에 상승세를 멈출 가능성이 있다. 이렇게 순환주기는 자산 등락의 운명을 예상하고 대비하여 리스크를 줄이는 데 큰 도움을 준다.

이제 산업혁명과 미국 증시가 어떻게 순환주기 17년으로 연결되어 있는지 살펴보겠다.

제1, 2차 산업혁명과
미국 증시 1~3기

제1차 산업혁명은 영국에서 시작되었다. 그러나 제2차 산업혁명부터 현재 제4차 산업혁명까지 모두 미국에서 시작되었다. 산업혁명의 탄생과 대량 생산은 전 세계 증시의 주도 업종을 형성하는 궁극의 원천이다. 따라서 미국 증시는 중기12국면에서 가장 중요한 기준점이 된다.

미국 증시는 제2차 산업혁명 이후부터 산업혁명을 주도해 왔다. 미국 증시의 대세 상승은 산업혁명이 꽃을 피우는 시기이다. 즉 미국 증시에서 대략 17년 정도의 여름-가을 국면은 그 시대 산업혁명에 해당하는 기술주가 주도 업종이 된다. 그리고 버블이 완성되고 겨울 국면이 온 다음에 봄 국면이 온다. 겨울-봄 국면 역시 대략 17년 전후로 지속된다.

미국 증시의 여름-가을 국면에서 발생한 산업혁명의 성과물은 미국 증시가 봄 국면일 때 신흥국에서 대량 양산된다. 미국 증시가 봄 국면이면서 달러 약세가 되면 금융 생태계 측면에서 신흥국의 자본재와 원자재 버블이 발생한다. 미국 증시 봄 국면은 상품의 시대로 대량 양산과 유형자산이 대접을 받기 때문이다. 이 시기에 신흥국은 미국의 산업혁명 관련 기업을 모방하여 나타난다.

미국 증시가 여름-가을 국면일 때는 기술주와 선택 소비재의 시대, 성장주의 시대, 연구개발의 시대, SW의 시대, 무형자산의 시대라고 필자는 정의한다. 미국 증시의 대세 상승은 미국 산업혁명의 진화 과정과 같이 움직인다. 산업혁명의 본질은 결국 기술주, 성장주의 부흥이다. 따라서 미국이 여름-가을 국면일 때 주도 업종은 자연스럽게 기술 업종이 된다.

산업혁명은 미국 증시의 여름-가을 국면에서 탄생하여 연구개발 단계나 초기 양산 단계에 진입한다. 산업혁명과 미국 증시의 대세 상승이 정점을 이루면 미국 증시는 겨울 국면으로 접어든다. 이후 미국 증시는 봄 국면으로 새롭게 출발한다. 미국 증시가 봄 국면이 되면 지난번 산업혁명의 결과물이 신흥국으로 내려가며, 신흥국은 본격적으로 양산하기 시작한다.

미국 증시가 겨울 국면일 때는 전 세계가 좋지 않으므로 우리는 봄 국면만 보면 된다. 미국 증시가 봄 국면일 때는 자본재와 에너지의 시대, 가치주의 시대, 대량 양산의 시대, HW의 시대, 유형자산의 시대라고 정의한다. 이처럼 증시의 유행과 주도 업종은 순환주기에 의해 돌고 돈다.

미국 증시 1기부터 3기까지, 즉 1800년대는 데이터가 부족해 세부적으로 중기4계절을 명확히 구분하기 곤란하다. 당시 미국도 자본주의 성장기에 있었기 때문에 순환주기가 형성될 만큼 경기와 증시가 충분히 성숙하지 않았다. 전 세계적으로 경제가 연동되던 시기도 아니었다. 그래서 상승 국면만 제한적으로 다룰 수밖에 없다.

미국 증시 1기 대세 상승 국면은 1813년부터 1837년까지 지속된다. 이때는 영국이 산업혁명을 주도하던 시기이다. 필자는 이 시기를 제1차 산업혁명 전반기로 정의하며, 미국 증시 1기 대세 상승 국면과 연결된다. 이때는 기계 혁명 전반부로 운하와 방적기 등이 탄생한다.

미국 증시 2기 대세 상승 국면은 1843년부터 1853년까지 지속된다. 이 시기도 여전히 영국이 산업혁명을 주도한다. 이 시기를 제1차 산업혁명 후반기라 정의하며 철도와 증기기관이 탄생하였다. 전반기에 탄생한 기반 기술은 후반기에 응용 기술로 발전하는 형태를 보인다.

제1차 산업혁명 후반기에 나온 증기기관은 전반기에 나온 운하를 적극적으로 활용한다. 증기기관은 돛단배인 범선을 몰락하게 만들고, 증기선을 주력 선박으로 바꿨다. 범선이 증기선으로 바뀌면서 배의 용량이 크게 증가하고, 운송 물동량도 급증하여 결과적으로 교역이 더욱 활발해졌다.

미국 증시 3기 대세 상승은 1859년부터 1906년까지 지속된다. 이제 미국은 남북전쟁의 종결과 영미전쟁의 승리를 통해 제조업 등의 국력이 영국을 추월하기 시작한다. 이에 따라 미국이 산업혁명을 주도하게 되었다. 이때는 제2차 산업혁명 전반기라 정의하며 전기혁명의 시대다. 특히 대형 전기 발전과 전기 조명이 탄생하였다.

제2차 산업혁명 후반기와
미국 증시 4기 (1908~1932)

1908년부터 시작한 미국 증시 4기부터는 비교적 데이터를 많이 수집할 수 있었다. 4기부터는 중기4계절의 구분도 가능하기 때문에 자세히 설명하겠다.

미국 증시 3기는 명확한 추세를 보이진 않았으나 1906년에 상승을 마감하는 것으로 정의된다. 3기 겨울은 1906년부터 1907년까지 2년간 지속된다. 미국 증시 4기 봄 국면은 1908년부터 시작해 역사적 신고가를 기록한 1925년까지 지속되었다. 겨울-봄 국면은 19년 동안 지속되었다. 순환주기 17년 대비 2년 더 지속되었다. 1908년 첫 번째 바닥, 1914년 두 번째 바닥, 1920년 세 번째 등 삼중 바닥을 형성한다.

1914년 제1차 세계대전이 발발하여 상품가격을 끌어올리고 물가가 상승하면서, 1918년까지 봄 국면의 박스권을 형성했다. 5월 국면은 1920~1925년이며, 역사적 신고가를 경신한 1925년에 6월 국면이 시작되면서 여름 국면, 즉 대세 상승장을 열었다.

출처: Trading Economics, 다우존스

미국 증시 4기 봄: 삼중 바닥
겨울-봄 국면 19년

미국 증시 역대
최단 기간 최대 버블
5년간 4배 급등

1906년 천장 100
자동차–전기

제1차 세계대전(1914~1918)
물가 상승, 경기 불황

1925년 여름

1908년 1바닥 55   1914년 2바닥 55   1920년 3바닥 65

[그림 2-3] 미국 증시 4기 봄 국면의 삼중 바닥

4기 여름 국면이 시작되자 미국 증시는 일반적인 여름 국면처럼 완만하게 상승하지 않았다. 처음부터 가을 국면 수준의 급등을 시작한다. 1925년부터 1929년까지 5년 동안 다우지수는 100부터 380까지 거의 4배 급등하였다. 이는 연간 80% 상승률에 해당한다. 미국 증시 역사상 전무후무한 최단 기간 최대 버블이다. 1차 세계대전 이후 미국의 국력이 급속히 강력해지면서 벌어진 현상이다.

참고로 미국 증시 5기 여름 국면은 연간 28%, 6기 여름 국면은 연간 33%에 불과하다. 즉 4기는 여름 국면이 시작되자마자 가을 국면에서나 볼 수 있는 급등을 가을 국면의 끝까지 무려 5년간 지속한다.

많은 투자자들은 미국 증시 역대 최대 폭락을 기록한 1929년 대공황만 기억한다. 하지만 역대 최단 기간 최대 폭등을 기록한 4기 여름-가을 국면이 1920년대에 있었기 때문에 필연적으로 대공황이 발생할 수밖에 없었다는 점도 기억해야 한다. 4기 대세 상승은 1928~1929년 상승 각도가 증가하며 과열의 끝으로 치닫는다. 1929년 10월 천장을 형성하고 3년간 겨울 국면을 형성하면서 미국 증시 4기가 마무리되었다.

미국 증시 4기는 대공황을 맞이하며 겨울 국면으로 들어갔다. 그 이전에 대공황이 발생할 수밖에 없는 최단 기간 최대 폭등 장세가 먼저 있었다고 말씀드렸다. 이는 미국 증시 역사상 처음 발생한 일이었다. 이렇게 역대 최초의 대형 사건이 발생할 때는 순환주기에 왜곡이 발생한다.

4기 대세 상승, 즉 여름-가을 국면은 통상적인 순환주기 17년을 따르지 않고 5년 만에 마감하였다. 대공황 이후 5기 봄 국면도 약간의 왜곡이 발생하였다. 겨울-봄 국면의 통상적인 순환주기 17년을 따르지 않고 21년 동안 지속되었다.

이렇게 미국 금융 역사상 대공황과 중공황이 발생한 4자리 중 4기 대공황과 앞으로 설명할 7기 봄 국면이 중요하다. 이때의 특징은 미국 연준과 재무부가 전무후무한 유동성을 투여했다는 점이다. 이처럼 국가가 개입할 때는 순환주기 17년이 왜곡되는 경향을 보인다.

필자가 이미 정의한 대로 단기 추세는 미국 금리가 결정하고, 중기 추세는 미국 달러가 결정한다. 장기 추세는 물가가 결정한다. 미국이 전무후무한 유동성을 투여하면 물가 상승이 시작되며, 장기 추세인 인플레이션 시대가 시작된다.

미국이 강력한 유동성을 투여했던 시기는 1940년대와 2010년대이다. 1940년대는 제2차 세계대전 때문에 미국 재무부 주도로 유동성을 크게 늘렸다. 결국 1940년대 후반부터 인플레이션 시대가 시작되었다. 30년 넘게 인플레이션 시대가 지속되었고, 1980년대 초 비로소 디플레이션 시대가 되면서 장기 추세가 바뀌었다.

그리고 지금까지 40년간 디플레이션 장기 추세가 지속되고 있다. 연준과 재무부는 2008년 글로벌 금융위기에 대응하기 위해 최초로 양적완화를 집행하며 대량의 유동성을 투입하였다. 미국 달러는 단기 채권을 담보로 발행하지만, 양적완화를 계기로 장기 채권을 담보로 발행하였다.

2020년 코로나19 사태를 계기로 또다시 미국은 최초로 질적완화(Qualitative Easing)를 실시하면서, 비우량 장기 채권과 ETF를 통해 주식을 담보로 미국 달러를 발행하기 시작하였다. 이는 역대급 금융완화 조치이다. 1940년대 상황을 비추어 볼 때 2020년대 이후 다시 인플레이션이 장기 추세로 진행될 가능성이 점점 커지고 있다.

> 📝 질적완화(Qualitative Easing)
> 중앙은행이 매입하는 자산 종류를 국채 외에 회사채, 주식 등의 위험자산으로 다변화하는 것

2008년 이후 시작된 최초의 양적완화는 순환주기 17년을 왜곡한다. 뒤에서 설명하겠지만 6기 겨울 국면은 2000년부터 시작하였고, 7기 봄 국면은 2012년에 마감한다. 양적완화로 금융 경색이 급속도로 개선되면서 통상적인 순환주기 17년보다 4년이 줄어든 13년을 기록한다.

미국 증시 120년 역사 동안 순환주기 17년이 왜곡된 자리는 1929년 대공황 전후와 2008년 양적완화, 두 곳에 불과하다. 순환주기 17년을 절대적으로 맹신하면 곤란하지만, 보이지 않는 큰손으로서 자산시장을 끌어당기는 큰 압력으로 이해하는 것이 중요하다.

미국 증시 4기는 제2차 산업혁명 후반기라 정의하며, 전기와 기계가

결합하여 응용기술이 꽃을 피운 시대다. 내연기관 자동차와 트랙터, 화학 등의 기술이 크게 발전한다. 포드로 대표되는 내연기관 자동차, GE로 대표되는 발전소와 전기공학에서 큰 기술 혁신이 발생한다. 특히 1908년 기존 자동차 가격의 7분의 1 수준인 포드 모델T가 등장하고, 컨베이어 시스템이 도입되면서 양산 능력이 확대되었다.

내연기관을 활용한 트랙터는 농업 생산성을 10배 이상 늘렸다. 1776년 식량과 면화 생산에 노동자의 80%가 필요하였다. 현대는 노동자의 2%만 농업에 종사해도 과거보다 생산성이 더 높다. 트랙터, 콤바인, 파종기, 조면기, 비료, 농약 등 기계, 전기 그리고 화학 신기술이 농업혁명을 완성했다. 이렇게 발생한 잉여 노동력과 급속히 유입된 이민자들은 미국의 제3차 산업 성장에 크게 기여한다.

정리하면, 미국 증시 4기는 기존 기술의 유산이 융합되는 산업혁명 후반기에 속한다. 제2차 산업혁명 전반기에서 탄생한 전기와 제1차 산업혁명에서 탄생한 기계가 융합되어 내연기관이 탄생했다. 내연기관은 자동차와 농기계 및 선박으로 응용된다. 1903년 라이트 형제가 최초로 가솔린 내연기관 항공기 비행에 성공한 이후 1939년 최초의 제트 비행기가 등장하기 전까지 내연기관 항공기도 크게 발전한다.

제3차 산업혁명 전반기와
미국 증시 5기 (1932~1966)

미국 증시 5기는 1932년부터 시작한다. 1932년 첫 번째 바닥, 1942년 두 번째 바닥 등 이중 바닥을 만들면서 봄 국면을 형성한다. 1950년 여름 진입으로 정의하며 겨울-봄 국면이 21년을 기록한다.

미국 증시 4기에서 말씀드린 대로 1929년 대공황 전후로 순환주기 17년이 크게 왜곡된다. 4기는 여름-가을 국면이 5년에 불과한 최단 기간 최대 급등을 기록했다. 그리고 대폭등에 걸맞은 대폭락이 나왔다.

대공황 이후 경기침체가 좀처럼 회복되지 않았다. 일반적으로 겨울-봄 국면은 17년이 필요하지만, 당시 역사적 신고가 380을 21년이 지나도록 상향 돌파하지 못했다. 따라서 순환주기의 예외로 상승 추세가 결정된 1950년을 여름 진입으로 정의하였다. 다음은 미국 증시 4기 겨울 국면부터 5기 봄 국면의 다우존스 지수이다.

출처: Trading Economics, 다우존스

미국 증시 4기 겨울 ~ 5기 봄 = 21년

제2차 세계대전(1939~1944)

1950년 여름 진입

1942년 2바닥 90

1932년 1바닥 50

[그림 2-4] 미국 증시 4기 겨울 ~ 5기 봄 = 21년

　1939년 제2차 세계대전이 발발하면서 미국은 지금의 중국처럼 세계의 제조공장으로 성장하였다. 전쟁 준비로 미국의 유동성 투입은 역대급으로 증가하고 역설적으로 경기가 살아나기 시작하였다. 5월 국면은 1942년 이중 바닥부터 시작하고 1950년까지 지속한다.

　미국 증시 5기의 여름-가을 국면은 1950년부터 1966년까지 지속된다. 다우존스 지수 기준으로 보면 천장은 1966년이며, S&P 500 기준으로 보면 1968년이다. 큰 차이는 없으나 다우존스 지수 기준으로 1966년을 5기 가을 국면의 끝으로 정하도록 하겠다.

　미국 증시 5기부터 순환주기 17년을 충실히 추종하기 시작한다. 여름-가을 국면은 1950년부터 1966년까지 16년이다. 5기 겨울은 1년 이내로 매우 짧았으며, 곧바로 6기 봄이 1982년까지 지속된다. 겨울-봄 국면은 정확하게 17년을 정확히 기록한다. 다음은 미국 증시 5기의 여

출처: Trading Economics, 다우존스

1966년 1,000
반도체, 항공
5

다우지수 기준: 1966년 가을 끝
여름-가을 국면 16년

6

1966년 1바닥 750

1970년 2바닥 650
6

1974년 3바닥 600
6

1950년 여름
5

1966년 기준으로
겨울-봄 국면 17년
삼중 바닥 형성

[그림 2-5] 미국 증시 5기 여름~가을 국면 : 16년

름 국면부터 6기 봄 국면의 다우존스 지수이다.

1950년부터 시작된 미국 증시 5기의 여름은 한국 전쟁으로 또다시 전쟁 특수가 발생하였다. 이때는 미국 역사상 가장 풍요로운 골디락스 (goldilocks) 시대이다. 가을 국면은 1962~1966년 정도에 위치하나 상승 각도가 가파르지 않기 때문에 가을 국면의 전형적인 특징을 보여주지 못했다.

> 🖉 골디락스(goldilocks)
> 골디락스는 경제 성장이 높음에도 불구하고 낮은 실업률과 인플레이션이 적절히 유지되는 상태를 말한다. 대부분의 자산이 적절한 수익을 골고루 주었기 때문에 골디락스라 부르기도 한다. 1950년대와 1990년대에 발생하였다.

미국 증시 5기는 여름-가을 국면 동안 대략 200부터 1000까지 16년 간 5배 상승하였다. 상승률은 연간 28%로 대공황 직전 4기 대세 상승기의 연간 80%에 크게 못 미친다. 5기는 급격한 과열이 나타나지 않았기 때문에 그만큼 조정도 깊지 않았다. 겨울 국면은 큰 폭의 조정 없이 1966년 한 해에 그치고, 기나긴 미국 증시 6기 봄 국면으로 진입한다.

미국 증시 5기는 제3차 산업혁명 전반기에 속한다. 'IT 혁명'이라고 부른다. 드디어 기술 역사상 가장 중요한 반도체가 등장한다. 제2차 산업혁명 때 나온 대형 전기 발전소는 '강전(強電)'이라 하고 반도체는 '약전(弱電)'이라고 한다.

📝 강전과 약전

강전은 발전기, 전동기, 변압기 등 비교적 강한 전류를 다루는 전기 부문을 말한다.
약전은 통신공학, 전자공학, 계측공학 등 전반을 가리킨다. 신호 또는 정보를 다룰 때 필요한 전력은 발전, 송전보다 눈에 띄게 작으므로 약전이라고 한다.

IT 혁명기에 반도체를 활용한 전자제품, 항공, 의학 등의 신기술이 대거 등장한다. 특히 1950년에 시작된 한국 전쟁은 반도체나 항공기 등의 고급 군수 기술이 추후 상용화되는 계기가 된다. 반도체는 향후 제3차 산업혁명 후반기와 제4차 산업혁명의 기반 기술로 지대한 영향을 미친다.

제3차 산업혁명 후반기와
미국 증시 6기 (1966~2002)

미국 증시 5기 겨울과 6기 봄 국면은 모두 1966년에 발생한다. 5기는 완만한 대세 상승을 기록하였기 때문에 겨울도 짧게 유야무야 마무리했다. 미국 증시 6기 봄 국면은 1966년 1바닥, 1970년 2바닥, 1974년 3바닥, 즉 삼중 바닥을 형성한다.

겨울-봄 국면은 순환주기 17년을 충실하게 지킨다. 1973년부터 시작된 역대 공황 서열 3위 니프티 피프티 버블 붕괴는 1974년에 마감하고, 여기서부터 마지막 바닥인 5월 국면이 시작된다.

일반적으로 한 주기 내에서 중공황은 봄 국면에 한 번, 겨울 국면에 한 번 발생하는 경향이 있다. 부동산 하락과 연계된 조금 심각한 소공황도 두 번 발생하는데, 봄 국면은 중공황과 같이 발생해 묻히지만 여름 국면은 독립된 소공황이 나타난다고 말씀드렸다.

미국 증시 5기는 여름-가을 국면의 과열이 과도하지 않았기 때문에 겨울 국면도 혹독하지 않았다. 그래서 5기의 중공황은 봄 국면인 1930년대에 발생한 중공황이 유일하다. 그러나 6기는 2번의 중공황이 있었다. 봄 국면 1973년에 니프티 피프티 버블 붕괴와 부동산 버블 붕괴가 같이 있었고, 겨울 국면 2001년에 닷컴 버블 붕괴가 있었다. 1990년에 부동산 하락이 동반되면서 제법 강한 소공황도 있었다.

미국 증시 7기도 비슷하게 재현되고 있다. 2008년 미국 공황 서열 2위 중공황인 서브프라임 모기지 위기(subprime mortgage crisis)가 있었고, 부동산과 증시가 동반 폭락하였다. 강한 중공황이 발생하는 7기 겨울 국면은 2030년 전후 어딘가에서 발생할 가능성이 크다. 부동산 위기와 연계된 제법 강한 소공황은 2020년대 중반 어딘가에서 발생할 가능성이 있다.

아무튼 1970년대를 거치면서 오일쇼크와 고물가, 베트남 전쟁, 소련과 냉전 등으로 인해 쌍둥이 적자(twin deficit, 경상수지 적자와 재정수지 적자가 동시에 발생)가 심각하였다. 1970년대 후반기에 고물가를 잡기 위해 카터 대통령과 연준 의장 폴 볼커는 초고금리 극약 정책을 집행하였다.

1980년대 레이건 행정부는 물가를 잡았지만, 초고금리로 망가진 미국의 제조업을 부활하기 위해 일본과 무역 및 기술 분쟁을 벌였으며, 강력한 신자유주의 정책을 통해 기업을 우대하고 증시를 부양하였다. 1970년대 내내 미국을 괴롭히던 경기침체가 해소되면서 1983년 역사적 신고가를 기록하고 미국 증시 6기 여름 국면을 시작한다. 여름 국면은 완만하게 상승하면서 1994년까지 지속된다.

1990년대 중반 이후 미국은 소련, 일본, 독일 및 이라크까지 모든 적을 제압한 팍스 아메리카나(Pax Americana) 시대를 연다. 민주당의 클린

출처: Trading Economics, 다우존스

[그림 2-6] 미국 증시 6기 여름~가을 국면 : 17년

턴 대통령은 로버트 루빈 재무장관과 함께 강한 달러를 만들고, 연기금의 적극적인 주식 투자를 통해 강력한 버블을 만들었다. 이에 1995년부터 유난히 상승 각도가 가팔라지면서 2000년까지 전형적인 가을 국면을 형성한다. 특히 수백 배 급등했던 닷컴 버블과 7배 급등했던 나스닥 버블이 강력한 추세를 형성하였다.

미국 증시는 1983년부터 1995년까지 12년간 1,000에서 4,000까지 4배 상승하며, 연간 33% 상승률로 적정한 여름 국면의 상승 추세를 보여주었다. 그러나 1983년부터 가을 끝인 2000년까지 17년간 상승률은 11배가 넘고 연간 상승률은 65%에 달한다. 미국 증시 4기의 최단 기간 최대 폭등에 버금가는 과열이 나왔다. 미국 경기는 1990년대 후반에 과열 양상을 보이나 증시는 스스로 이를 자제하지 못한다. 결국 닷컴 버블이 붕괴되고 기나긴 조정 국면을 겪는다.

미국 증시 6기의 여름-가을 국면은 1983~2000년으로 정확히 17년의 순환주기를 따른다. 겨울-봄 국면도 17년이기 때문에 전체적으로 34년이 된다. 미국 증시 6기는 완벽하게 순환주기를 따르는 시대였다.

미국 증시 6기는 제3차 산업혁명인 IT 혁명 후반기에 해당한다. IT 혁명 전반기에 발전한 반도체와 전자제품 등을 활용하여 통신과 인터넷 및 닷컴 버블을 형성했다. 이 시기에 생산성 혁신이 이루어지면서 제2의 골디락스 시대를 연다.

IT 혁명 전반기에 탄생한 반도체는 전 세계에 인터넷 통신망이 퍼지는 데 결정적인 역할을 하였다. 1950년대 코어 네트워크를 구성한 메인프레임(main frame, 대형컴퓨터)은 진공관을 기반으로 만들어졌다. 크기가 너무 커서 메인프레임 한 대를 설치하려면 엔간한 건물 한 층을 모두 써야 했다. 전기 사용량도 엄청나서 지역 발전소의 전기 용량을 모두 잡아먹을 정도였다. 컴퓨터 버그(bug)라는 말도 메인프레임에서 나왔다. 실제 나방 같은 벌레가 따뜻한 컴퓨터 뒤로 들어가 합선이 되면서 고장이 났기 때문이다. 지금 보면 웃지 못할 환경에서 디버깅(debugging)이라는 용어가 탄생하였다.

인터넷 네트워크를 설치하려면 반경 수 km 내에 기지국과 통신 장비가 필요하다. 그러나 진공관으로 만들면 크기가 커지고 전력 소모도 심해서 인터넷 네트워크를 촘촘하게 구축할 수 없었다. 반도체가 탄생하여 전자 회로가 초소형화되고 통신 장비가 사람 크기 정도로 축소되자, 인터넷 네트워크가 본격적으로 미국 전역에 퍼지기 시작한다. 이러한 추세는 2000년대까지 이어져 인터넷 네트워크가 전 세계로 확산된다.

인터넷 프로토콜(protocol)은 수십 년 전 DARPA(Defense Advanced Research Projects Agency, 미국 국방성 연구기관)가 이미 개발해 놓은 상태였으나 반도체가 등장하기 전까지 상용화하여 양산하지 못했던 것이다. 인터넷 통신에 의한 기술의 진보는 제4차 산업혁명에서 재현되고 있다.

제3차 IT 혁명 후반기는 전반기에 탄생한 반도체를 활용하여 유선통신 혁신이 일어났다. 유선 통신은 무선 통신으로 이어지고, 2000년대 무선 통신이 전 세계에 퍼지는 데 결정적인 역할을 한다.

IT 혁명의 발전에 따라 주도 업종이 도출된다. 무선 통신 단말기의 노키아와 모토로라, 통신 장비의 시스코와 주니퍼 네트워크, 반도체의 퀄컴과 인텔, 운영체계 마이크로소프트가 증시를 주도한다. 주도 업종은 이러한 환경에서 꽃을 피운다.

제4차 산업혁명 전반기와
미국 증시 7기 (2002~)

미국 증시 7기의 이해

미국 증시 6기 겨울 국면은 2000년부터 2002년까지 지속되었다. 6
기 가을 국면은 대공황 직전의 최단 기간 최대 버블 수준과 버금가는
과열을 보였기 때문에 겨울 국면 역시 혹독하였다. 공짜 점심은 없는 법
이다. 닷컴 버블이 붕괴되면서 역대 4번째 규모의 중공황이 발생한다.

미국 증시 7기 봄 국면은 2002년부터 2012년까지 진행되었다. 2020
년 11월 현재 미국 증시는 여름 국면을 지나가고 있다. 미국 증시 7기
봄 국면은 2002년 1바닥, 2009년 2바닥 등 이중 바닥을 형성하였다.

7기 겨울-봄 국면은 13년 만에 서둘러 마무리되었다. 순환주기 17
년을 추종하지 않고 13년만에 조정 국면을 마감한 이유는 앞서 설명한
대로 3차례에 걸친 전무후무한 미국 연준의 양적완화 때문이다.

앞서 역대 최악의 경제위기인 대공황으로 미국 증시 5기 봄 국면의

순환주기가 길게 왜곡되었다고 말씀드렸다. 늦은 감이 있지만 1940년대 미국은 역대급 유동성 투입으로 봄 국면을 탈출하고, 인플레이션 장기 추세와 증시 여름 국면을 형성하였다. 역사에 가정은 없지만, 대공황이 시작된 1929년 직후에 미국 연준과 재무부가 유동성 투입을 바로 시작했다면 대공황이 발생하지 않았을지도 모르겠다.

반면 2010년대는 미국의 역대급 양적완화가 조속히 집행되면서 7기 봄 국면의 순환주기가 반대로 짧게 왜곡되었다. 2020년은 코로나19 사태로 질적완화(Qualitative Easing)까지 진행하며 유동성이 역대급으로 증가하고 있다. 시기는 정확히 알 수 없으나 디플레이션 장기 추세는 곧 마감하고 인플레이션 시대로 바뀔 가능성이 점점 커지고 있다.

미국 증시 7기 여름-가을 국면은 제4차 산업혁명인 DT(data technology) 혁명 전반기에 해당한다. 빅데이터와 인공지능, 5G와 IOT(Internet of Things, 사물인터넷), 전기차와 자율주행 등의 신기술이 지금 이 순간에도 발전을 거듭하고 있다.

[그림 2-7] 미국 증시 7기

앞서 산업혁명 전반기에 기반 기술이 탄생하고, 후반기에 응용 기술로 발전한다고 하였다. 제4차 산업혁명 전반기의 인공지능과 전기차가 플랫폼으로 자리잡고, 제4차 산업혁명 후반기에 여러 조합을 통해 응용되며 세상에 큰 영향을 미칠 것으로 전망된다.

인공지능은 최근에 개발된 기술이 아니다. 1970년대부터 발전된 기술이지만 그동안 기반 기술이 뒷받침되지 않아 성장이 봉인된 상태였다. 그러나 2000년대 들어 인텔, 엔비디아 등의 반도체 연산 능력이 임계점을 돌파하고, 과거에 없던 빅데이터가 구글 등을 통해 축적되기 시작하면서 인공지능 시대를 열었다. 이제 GPU(Graphic Processing Unit)보다 효율이 좋은 NPU(Neural Processing Unit)를 통해 더욱 발전하고 있다.

미국 증시 7기의 FATMANG, 즉 페이스북, 애플, 테슬라, 마이크로소프트, 아마존, 넷플릭스, 구글은 모두 인공지능과 전기차 등의 신기술로 등장한 주도주들이다. 6기와 하나도 다를 바가 없다. 이를 2013년부터 눈치챈 투자자는 이미 엄청난 이익을 거두었을 것이다. 그러나 향후 최소 5년간 FATMANG을 포함한 미국 증시는 한국, 대만, 중국 등 극동아시아 증시보다 부진한 모습을 보일 것이다.

미국이 봄 국면일 때 달러 강세면 전 세계가 좋지 않고, 달러 약세면 자본재와 원자재 위주의 신흥국 증시가 초과 상승한다고 말씀드렸다. 미국이 여름 국면일 때 달러 강세면 미국 증시가 초과 상승하고, 달러 약세면 극동아시아 같은 기술주 위주의 신흥국 증시가 초과 상승한다. 미국 증시가 가을 국면일 때는 반드시 달러 강세를 동반하며 전 세계에서 미국 증시만 홀로 상승한다.

이러한 법칙에 따라 미국 증시 7기 봄 국면은 제2차 달러 약세가 진행된 2002년부터 신흥국 증시가 초과 상승하기 시작하였다. 특히 자본재, 원자재에 특화된 브라질, 러시아, 호주 등에 버블이 발생했다. 한국 증시는 신용카드 사태로 1년 늦은 2003년에 봄 국면의 마지막 바닥인 5월 국면을 형성했다.

미국 시장은 어떻게 흘러갈 것인가?

중기12국면과 순환주기를 이해하기 시작하면, 지난 2000년대 미국에서 발생한 랠리는 전체 그림에서 볼 때 대세 상승이 아니었음을 알게 된다. 봄 국면, 즉 대형 박스권 장세라고 해석할 수 있다. 미국 증시의 봄 국면에 달러 약세가 조합된 금융 생태계가 발생하면 신흥국과 상품 시장에 버블이 발생한다.

우리는 중기12국면에 입각하여 어느 지역의 증시가 상승을 주도할지 예측할 수 있다. 2013년 이래 미국 증시는 여름 국면에 접어들고, 제3차 달러 강세가 2012~2013년경 시작되었다. 그래서 미국 증시가 초과 상승할 수밖에 없는 금융 생태계가 되었다. 그렇게 거의 10년간 박스피에 힘이 다 빠진 국내 투자자는 서학개미가 되고 배당 투자자가 되었다.

그러나 2017년부터 제3차 달러 강세가 마무리되면서 공수 교대가 일어나는 것은 시간 문제가 되었다. 어디로 튈지 모르는 트럼프 대통령이 미중 분쟁을 가속화하고 보호무역 기조를 유지함에 따라 생뚱맞게 다시 달러 강세가 2018~2019년 동안 지속되었다. 이 때문에 신3저 마지막 퍼즐의 완성은 조금 더 시간이 필요하게 되었다.

결국 시나리오 모델의 큰 추세에 따라 2020년 3월 코로나19 사태 이후 달러는 본격적으로 약세로 접어들었다. 원화, 엔화, 위안화 등 극동아시아 통화는 강세로 바뀌고, 이들 증시는 미국 대비 초과 상승하기 시작하였다. 한국 증시 3기는 2020년 11월 24일 코스피 지수 2607을 상향 돌파하면서 여름 국면을 열었다. 달러 약세와 원화 강세 및 한국 증시 3기 대세 상승 등은 모두 필자가 2019년부터 블로그에서 주장했던 내용이다. 이것이 바로 모든 자산의 운명은 결정론적 세계관으로 이미 정해져 있다는 시나리오 모델이다.

신흥국이 미국 증시 대비 초과상승하더라도 미국 증시 역시 완만한 상승을 지속할 것이다. 7기 여름 국면 중간중간 3~4년 단기 순환주기에 따라 때가 되면 소공황이 오겠지만, 상승 추세는 유지할 것이다.

미국 증시 5기, 6기 모두 대세 상승인 여름-가을 국면에 순순히 상승만 하지 않았다. 6기는 17년간 쉬지 않고 상승했지만 1984년, 1987년, 1990년, 1994년, 1998년 등 5차례에 걸쳐 가격조정이나 기간조정이 발생하였고, 2000년부터 본격적인 겨울 국면을 시작하였다.

특히 1980년대 후반은 저축대부조합 금융위기로 미국 은행들이 집단 도산의 위험에 처하기도 했다. 1980년대 초 20여 개 도산하던 은행이 1980년대 후반 200여 개까지 증가하였다. 1970년대 세계 30대 은행 중 7개를 차지하던 미국이 1990년대는 겨우 1개에 불과했다. 일본 은행이 대다수를 차지하였다.

마찬가지로 미국 증시 7기의 대세 상승기도 그러한 부침을 겪고 있다. 2015년, 2018년, 2020년이 바로 그 자리이다. 다음 미국 증시의 소공황은 2022년과 2023년 사이 어딘가에서 또 발생할 것이다. 그러나 역시 상승을 지속할 것이기 때문에 투자자를 계속 혼란스럽게 만들고 골탕 먹일 것이다.

만일 미국 증시 7기가 6기와 동일한 시나리오로 진행된다고 가정하면, 미국 증시 7기 가을 국면은 2026년 이후에 진행될 가능성이 크다. 제3차 달러 약세는 이미 2016년부터 시작되었다. 달러 역시 17년 순환주기를 가지며 달러 약세는 그중 10년 정도 차지한다. 그렇다면 2026년에 다시 달러 강세가 올 가능성이 크다.

신흥국은 언제 상승하고 하락할까?

신흥국의 초과 상승은 제3차 달러 약세가 진행되는 구간까지 유효할 것이다. 그 이후 달러 강세가 오면 미국 증시는 가을 국면에 접어들면서 전 세계에서 유일하게 상승하는 증시가 될 가능성이 크다.

달러 강세가 오면 신흥국의 실적이 급속도로 나빠지면서 신흥국 증시가 추세적으로 하락하기 시작한다. 엔과 달러 캐리 트레이드 자금은 신흥국에서 빠져나와 가장 안정된 미국 증시에 몰리기 시작하고, 미국 증시만 홀로 상승하는 극심한 역차별화 장세가 나온다.

> 📝 달러 캐리 트레이드(dollar carry trade)
> 금리가 낮은 달러화를 빌려 고수익이 예상되는 다른 국가에 투자하는 것.

이렇게 시나리오 모델과 순환주기를 잘 정의한다면 미래를 예언가처럼 전망해 볼 수 있게 된다. 계속 강조하지만 이를 절대적으로 믿으면 곤란하다. 그러나 큰 그림에서 대충 어느 방향으로 자산 시장이 움직이고 있다는 것만 알아도 맘 편하고, 느리고, 지속 가능한 투자에 충분히 도움이 된다.

미국 증시 8기는 어떻게 흘러갈까?

미국 증시 8기 봄 국면은 2030년대 초중반 어딘가에서 시작될 것이다. 그때는 지금과 확실히 다른 인플레이션의 시대일 가능성이 크다. 이는 지난 미국 증시 6기의 봄 국면인 1970년대와 비슷한 금융 생태계다. 그때가 되면 아마 상품과 부동산이 주식보다 초과 상승할 것이다.

즉 미국 증시보다 자본재, 에너지에 특화된 신흥국이 초과 상승한다. 금리는 급등하고, 채권 가격은 추세적으로 하락이 지속되며, 채권 시장이 크게 위축된다. 제4차 달러 약세로 접어들어 금 또는 대체통화 등이 과열을 일으킬 가능성이 크다.

미국 증시 8기의 여름-가을 국면은 2050년대와 2060년대에 펼쳐질 것이다. 제4차 산업혁명 전반기에 탄생한 DT(data technology) 혁명을 계승 발전해 확장된 무엇이 될 것이다. 제4차 산업혁명 전반기는 바둑이나 안면 인식 등 특수한 분야에서 연구개발 형식으로 출발하였다.

그러나 후반기는 현재 상상하기 힘든 다양한 분야로 인공지능과 자율주행 모빌리티의 응용 분야가 확대되고, 상업적으로 성공한 양산 서비스가 등장할 가능성이 크다. 현재 컴퓨터 연산 능력으로 부족한 인공지능의 대규모 연산을 위해 양자 컴퓨팅(quantum computing) 시대가 본격적으로 도래할 가능성도 크다.

그러나 필자가 미국 증시 8기의 끝을 볼 수 있을지는 모르겠다. 이 책이 많은 사랑을 받는다면 나중에 그것을 증명해 줄 것이다.

미국 증시가 여름-가을 국면에
폭락하면 무조건 매수하라

지금까지 미국 증시를 7기까지 나눠서 구분하고 8기를 상상해 보았다. 중기12국면은 투자에서 다양하게 활용할 수 있다. 마지막 바닥인 5월 국면과 천장권인 10월 국면을 정확히 알지 못한다고 하더라도, 겨울 국면만 알고 있다면 투자에 큰 낭패를 겪지 않을 것이다.

중기12국면이나 중기4계절은 말 그대로 중기 추세이다. 그러나 앞서 말씀드린 키친 파동은 단기 추세이다. 키친 파동에 의하면 미국 증시는 3~4년의 순환주기를 형성한다. 이는 폭락이 나오면 매수하고 1년 이상 보유하면 거의 100% 성공한다는 의미이다.

블룸버그에서 발표한 자료에 의하면 1928년 이후 S&P 500이 10% 이상 하락한 경우는 총 53번이다. 이 중 33번은 경기 침체 없이 하락하였다. 즉 53번의 폭락 중 60%는 경기 침체 없이 발생했다. 특별한 이유가 없어도 순환주기의 때가 되면 하락한다는 뜻이다. 이는 매우 심오한 의미를 담고 있다.

S&P 500 Market Corrections: 1928~2019

	Number of Double-Digit Corrections	Number of Bear Markets	Average Drawdown	Average Drawdown Length (Days)
Recessionary Periods	20	14	-16.5%	134
Non-Recessionary Periods	33	6	-32.9%	330

Table: Ben Carlson SOURCE: Bloomberg

FORTUNE

20번은 20% 이상 폭락하였고, 경기 침체와 약세장이 한꺼번에 발생한 14번의 폭락은 평균 40% 넘게 폭락하였고 400일 이상 하락이 지속되었다. 이런 자리는 바로 겨울 국면 또는 봄 국면에 발생한다. 따라서 국면을 제대로 알고 있다면 이때는 투자를 쉬고, 그렇지 않은 여름-가을 국면의 소공황이 오면 편안하게 저가 매수할 수 있게 된다.

키친 파동에 의하면 이러한 폭락은 1년 내로 회복되고 상승 추세로 바뀐 후에 다음 3~4년 후에 다시 폭락이 찾아온다. 여름-가을 국면이라면 이러한 소공황은 평균 200일 내로 회복하고 다시 상승 추세를 계속한다. 이것이 순환주기가 우리에게 주는 교훈이다.

따라서 OECD 선행지수, ISM 제조업지수, 산업 생산 등과 추세를 같이 하는 키친 파동의 순환주기상 하락이 가까워지면 욕심을 거두고 리스크를 적당히 관리해 주면 된다. 소공황이 실제로 발생했다면 추가 폭락으로 중공황이나 대공황으로 이어질 확률은 극도로 낮다는 통계를 믿고 두려움 없이 매수할 수 있는 것이다.

미국 증시와 한국 증시

미국 증시와 한국 증시의 순환주기

미국 증시와 한국 증시는 서로 순환주기가 다르다. 신흥국 증시와 한국 증시는 유사하게 움직이기 때문에 한국 증시로 설명을 하겠다. 미국 증시는 전 세계 금융 생태계에 강력한 영향력을 행사한다. 미국 증시는 5대 자산인 주식, 채권, 상품, 부동산, 통화 중 주식을 대표하며, 전 세계 증시 움직임에 결정적인 단서를 제공한다.

5대 자산으로 대표되는 금융 생태계는 톱니바퀴처럼 서로 상관관계를 가지고 같이 움직인다. 시계 방향(정방향)이기도 하고 반시계 방향(역방향)이기도 하다. 5대 자산의 톱니바퀴는 모두 직

경이 다르다. 빨리 움직이기도 하고 느리게 움직이기도 한다. 5대 자산의 톱니바퀴가 실시간으로 같이 움직이지도 않는다. 필자는 이를 '지연된 톱니바퀴'라고 부른다.

간혹 비정상적인 단기적 일탈 현상이 발생하여 투자자를 현혹하기도 하고, 이해할 수 없는 오버슈트나 언더슈트가 발생하기도 한다. 순환 주기가 중첩되면 잘 보이지 않는 것과 마찬가지로 이러한 지연 현상 때문에 5대 자산의 상관관계는 직관적으로 보이지 않는다.

그래서 기준이 탄탄해야 한다. 기준이 흔들리면 그 위에 올려놓은 모든 이론이 흔들리게 된다. 그런 측면에서 미국 증시와 금융위기 그리고 미국 달러와 미국 금리는 아주 중요한 기준이 된다.

장기 추세와 중기 추세

앞서 물가를 장기 추세라고 말씀드렸다. 중기 추세가 17년인 것은 4가지이다. 한국 증시, 미국 달러, 미국 증시의 겨울-봄 국면, 미국 증시의 여름-가을 국면이 그것이다. 이것들은 한 세트로 비슷하게 움직인다. 지면상 간단히 말씀드리면 단기 추세 3~4년은 미국 금리에 좌우된다.

물가의 장기 추세는 60년이지만, +/-10년 정도의 큰 오차를 보인다. 미국의 기준 금리와 채권의 장기 추세로 물가의 장기 추세를 가늠할 수 있다. 장기 추세는 금융 생태계를 이해하기 위한 것이다. 투자 타이밍을 잡는 데 큰 도움은 되지 않는다.

1940년대 후반부터 1980년대 초반까지 인플레이션 시대였고, 그 이후 현재까지 디플레이션 시대를 지속하고 있다. 앞서 말씀드린 대로 2020년대부터 인플레이션 시대로 전환될 가능성이 크다고 본다.

중기 추세는 투자의 매직 넘버인 순환주기 17년을 중심으로 해석하면 된다. 가장 신뢰성이 높고 중기 투자에 필수이다. 미국 증시의 봄 국면은 자본재에 특화된 신흥국 증시의 시대이며, 상품의 중기 상승 추세를 만든다고 했다. 미국 증시의 여름-가을 국면은 미국 증시와 기술 업종에 특화된 극동아시아 증시가 번갈아 가며 초과 상승한다.

장기 추세와 중기 추세가 혼합되면 경우의 수가 많아지면서 더 복잡한 상관관계가 형성된다. 중기 추세상 미국 증시가 봄 국면일 때 장기 추세인 물가가 인플레이션 시대라면 상품과 부동산은 더욱 폭등하고 달러는 더욱 약세가 된다. 장기 추세인 물가가 디플레이션 시대라면 상품과 부동산은 자본재 업종이나 신흥국 증시보다 초과 상승하지 못한다.

장기 추세와 중기 추세에 더하여 단기 추세까지 추가해 분석하면 더욱 정교한 분석이 필요하다. 경우의 수가 많아지면서 3차원적으로 복잡한 분석이 필요하고, 금융 생태계 운명의 방향이 더욱 세분화된다. 너무 복잡하므로 여기서는 지면상 생략하도록 하겠다.

신흥국 증시

미국 증시 7기 봄 국면은 2002~2012년이었다. 제2차 달러 약세는 2002~2011년이었다. 이 시기는 중국이 세계의 제조공장으로 자리잡으면서 엄청난 원자재를 구입하고 자본재 업종이 주도 업종이 된다. 신흥국 증시가 미국 증시 대비 초과 상승을 보인다.

1990년대 초부터 EM(Emerging Market)이란 개념이 등장했다. EM은 미국 및 선진국을 제외한 신흥국 국가들의 증시를 지수화한 것이다. 과거 Non-US는 미국만 제외했고 다른 선진국인 유럽과 일본은 포함되기 때문에 신흥국 증시를 정확히 대변하지 못했기 때문이다.

2003년 신흥국 증시는 56% 상승했고 미국은 28% 상승했다. 2004년 신흥국 증시는 26% 상승하고 미국은 11% 상승했다. 2005년 신흥국 증시는 35% 상승했고 미국은 하락했다. 2006년 신흥국 증시는 33%, 미국은 16% 상승했다. 2007년 신흥국 증시가 40% 상승하는 동안 미국은 한 자릿수 상승에 그쳤다. 이처럼 미국 증시가 봄 국면이면서 달러 약세면 신흥국 증시가 크게 초과 상승한다.

달러 약세 때 신흥국이 미국보다 더 상승한다는 점도 중요하지만, 미국 증시가 봄 국면일 때 자본재와 원자재 관련 업종이 증시를 주도한다는 것도 중요하다. 한국 증시도 2000년대에 조선, 화학, 철강, 에너지 등의 굴뚝주와 자본재 업종이 수십 배 급등하면서 코스피를 주도한 반면 반도체와 자동차는 2배도 상승하지 못하고 상대적으로 침체를 기록하였다.

반면 미국 증시가 여름 국면일 때는 증권의 시대로 주식과 채권 가격이 번갈아 상승을 주도한다. 증시는 기술주와 개별적인 선택 소비재가 주도한다. 상품시장은 증시와 대비하면 비교적 저조하다.

신흥국 증시는 달러 강세와 달러 약세에 따라 각각 다른 움직임을 보인다. 미국 증시가 여름 국면이면서 달러 강세 환경이 되면 미국 증시의 성과가 훨씬 좋다. 30대 후반 투자자들은 이런 환경에 매우 익숙해서 2000년대 미국 증시가 저조했던 역사를 간과하는 경향이 있다.

제3차 달러 강세는 2011년 하반기부터 2016년 상반기까지 진행되었고, 미국 증시 7기의 여름 국면은 2013년부터 시작되었다. 2012년은 미국이나 신흥국이나 비슷한 상승률을 보였으나, 2013년 미국 증시는

32% 상승하고 신흥국은 하락하면서 극심한 차별화가 시작된다. 미국 증시는 2014년 14%, 2015년 4%, 2016년 12% 상승하지만, 신흥국은 3년 연속 하락한다. 2016년 하반기에 달러 약세가 시작되면서 2017년 신흥국이 38% 상승하는 동안 미국은 하락하였다.

특히 이 시기에 신흥국 증시가 저조할 때는 필수 소비재나 경기 방어 업종이 개별적인 상승 추세를 보이고, 신흥국 증시가 좋을 때는 기술주 가 주도 업종이 된다는 것이 중요하다. 달러 약세가 진행된 2016년 하 반기부터 2017년까지 자본재 업종도 상승하긴 했지만, 반도체 등 기술 주의 상승이 훨씬 강했다.

트럼프 대통령의 미중 분쟁과 보호무역 기조로 2018~2019년 잠시 달러 강세가 다시 왔으나, 2020년부터 본래의 운명인 달러 약세로 진행 된다. 그렇다면 지난 7년간 미국 증시를 주도한 FATMANG 역시 달러 약세 구간 동안 상승이 정체될 가능성이 높다.

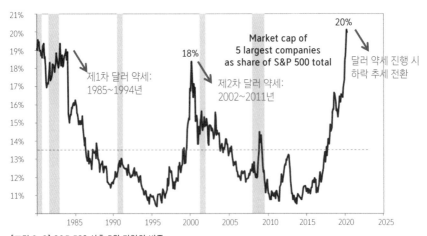

[그림 2-8] S&P 500 시총 5위 기업의 비중

그래프는 S&P 500에서 시총 5위까지 기업들의 시가총액 비중을 표시한 것이다. 정점을 기록한 자리는 모두 달러 강세가 극심했던 마지막 자리였다. 향후 5년 이상 달러 약세가 진행될 운명이므로 FATMANG의 비중이 감소하면서 주가 상승이 정체될 것이다.

미국 증시 6기도 같은 모습을 보였다. 제1차 달러 강세는 1980~1984년이며 미국 증시 6기는 1983년부터 여름 국면을 시작했다. 당시는 신흥국이라는 개념이 없었고 미국은 제외한 다른 모든 증시 지표인 non-US만 있었다고 말씀드렸다.

달러 약세가 시작된 1985년은 non-US는 56% 상승, 미국은 31% 상승했다. 1986년은 non-US는 69% 상승, 미국은 19% 상승했다. 1987년은 non-US는 25% 상승, 미국은 6% 상승했다. 1988년은 non-US는 28% 상승, 미국은 16% 상승하였다.

제2차 달러 약세는 1994년까지 지속된다. 신흥국의 강한 버블은 1989~1990년 진정되나, 다시 신흥국 증시의 차별화 장세가 시작된다. 1991년 신흥국이 60% 상승하는 동안 미국은 30% 상승에 그친다. 1992년은 비슷했으나, 1993년 신흥국이 75% 급등하는 동안 미국은 33% 상승에 그친다.

미국 증시가 여름 국면이면 기술주와 선택 소비재가 상승한다. 즉 반도체, 통신, 자동차 등의 업종이 증시를 주도한다. 이렇듯 미국 증시와 신흥국 증시의 등락은 미국 달러에 따라 주거니 받거니 순환주기를 형성한다. 미국 증시가 봄 국면이냐 여름-가을 국면이냐에 따라 자본재와 기술주가 주거니 받거니 증시 주도권을 가져간다.

지난 7년간 미국 증시의 차별적인 상승을 경험한 서학개미들은 앞으로 다가올 정반대의 상황에 대비해야 할 것이다. 미국 주식이 상대적으로 침체를 겪고 달러마저 약세가 되면 환차손으로 이중의 손실을 보기 때문이다.

현재 40대 초반 투자자는 2010년대 하반기의 미국 증시, 배당 성장주, 바이오 업종의 상승에 익숙할 것이다. 필자는 이를 초심자 편향이라 정의한다 말씀드렸다. 역사를 공부하고 순환주기를 이해해야 이러한 고정관념을 극복할 수 있을 것이다.

한국 증시는
어떻게 움직이는가

중기12국면 시나리오 모델 : 한국 증시

한국 증시의 중기12국면

필자가 '시나리오 투자법을 위한 한국 증시의 시나리오 모델'(이하 '시투 모델')을 분석하기 시작했을 때는 서브프라임 모기지 사태로 세계 증시가 폭락한 2008년 즈음이다. 1세대 시투 모델은 10국면으로 시작하였다. 당시는 매우 조악한 형태였으며 앞뒤가 맞지 않는 부분이 많았고 오류도 많았다.

그러나 필자는 맞든 틀리든 결과의 오류를 두려워하지 않고 일단 점을 찍기 시작했다. 시작이 반이라는 격언은 바로 이런 상황을 말하는 것이다. 시나리오 모델이 들어맞는 부분이 점점 많아지기 시작했다. 마치 고대 지도가 점차 형태를 갖추면서 현대의 정확한 지도로 진화하는 과정과 같다.

현재 정의한 국면이 맞는지 검증하기 위해 '전조현상'이라는 것을 도입하였다. 전조현상이 수십 개로 늘어나면서 검증의 폭과 정확도가 크게 개선되었다. 그렇게 시투 모델은 2세대로 진화하였다. 먼저 한국인이 직관적으로 이해하기 쉬운 개념인 4계절 12개월로 국면을 재정의하였다.

또한 전조현상을 더 세분화하였으며, 5대 자산과 상관관계를 연결하였다. 참고로 필자가 정의하는 5대 자산은 주식, 채권, 부동산, 상품 그리고 통화이다. 5대 자산을 중심으로 자산시장 전체를 금융 생태계라 정의하고, 거시경제 측면에서 상관관계를 끊임없이 연구하였다.

그러나 2010년대 들어 회사 생활에 전념하면서 연구 활동이 미진하였다. 이후 개인적인 시간이 다시 생기기 시작한 2017년부터 다시 작업을 시작해 2세대 시투 모델을 완성하고 2018년부터 블로그에 연재하기 시작하였다.

필자가 지금 제시하는 것은 3세대 시투 모델이다. 3세대의 특징은 미국 달러와 시투 모델을 100% 연동시켰다는 점이다. 그렇게 모델을 개선하여 애매한 상황을 제거할 수 있었다. 2019년부터 3세대 시투 모델을 완성해 강의에 사용하고 있다. 3세대 시투 모델은 블로그에 연재하지 않았다.

중기12국면은 앞서 설명한 중기4계절을 12개월로 도식화한 소국면으로 좀 더 세분화한 것이다. 봄 국면에 해당하는 자리는 3월~5월 국면이다. 마찬가지로 여름 국면은 6월~8월, 가을 국면은 9월~11월, 겨울 국면은 12월~2월이다. 중기12국면을 만든 이유는 직관적으로 대한민국의 4계절과 비슷하게 연상할 수 있도록 하기 위함이다.

다음은 한국 증시의 중기12국면 전체를 한 장으로 표현한 그림이다. 이 그림은 매우 중요하며 아래에서 설명할 순환주기와 각 국면별 특징을 반복적으로 보고 익혀야 한다.

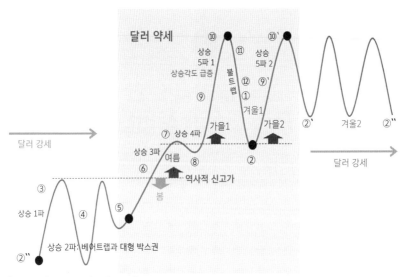

달러 약세

⑩ ⑩`

상승
5파 1   ⑪   상승
5파 2
상승각도 급증   불
트
랩   ⑫   ⑨`
⑨   ①
겨울1

⑦ 상승 4파   ②` 겨울2   ②``

상승 3파   가을1   가을2

⑥ 여름   ⑧   ②

③   역사적 신고가   달러 강세

상승 1파   ④   ⑤

봄

②``   상승 2파: 베어트랩과 대형 박스권

달러 강세

[그림 3-1] 중기12국면 - 한국 증시

미국 달러를 보면
한국 증시가 보인다

미국 달러와 한국 증시

한국 증시의 중기12국면을 구분할 때 가장 중요한 것은 달러와 금융위기이다. 봄 국면에 속하지만 실질적으로 마지막 바닥부터 시작하는 5월 국면은 달러 약세와 함께 시작하며, 겨울 국면은 달러 강세와 함께 시작한다. 겨울 국면의 달러 강세는 금융위기를 불러오며, 금융위기를 기준으로 한국 증시의 기수가 바뀐다.

봄 국면은 지루한 4~5년의 대형 박스권을 형성하면서 진행된다. 봄 국면을 마감하고 대세 상승 구간인 여름-가을 국면으로 진행되기 위해서 달러 약세라는 거시경제 측면의 강한 마중물이 필요하다.

금융 생태계에서 가장 중요한 미국 달러와 미국 금리는 별도의 책을 쓸 수 있을 정도로 내용이 방대하다. 특히 미국 달러는 한국 증시의 국면을 결정하는 결정적인 요인이다. 따라서 여기서는 중기12국면을 설명하는 보조 지표로 간단히 언급하도록 하겠다.

KOSPI(좌)   DXY(우)

2633.45
2,500

제2차 달러 강세: 7년
1995~2001년
군사/경제 역대 최강
클린턴의 강달러 정책

168

2,000

144

120

1,500

91.90

제1차 달러 강세: 5년
1980~1984년
폴 볼커 고금리 정책
레이건 패권 전쟁

1,000

72

제3차 달러 강세: 6년
2011~2016년
미국 경제 홀로 성장
트럼프 패권 전쟁

48

500

24

1980   1990   2000   2010   2020

[그림 3-2] 미국 달러 주기

  시투 모델을 잘 이해하기 위해서는 달러의 순환주기를 외워 두는 게
좋다. 아래 3차에 걸친 달러 강세는 이 책의 끝까지 반복해서 나오기 때
문이다. 당연히 달러 강세를 제외한 구간은 달러 약세 구간이다.

  · 제1차 달러 강세: 1980년~1984년

  · 제2차 달러 강세: 1995년~2001년

  · 제3차 달러 강세: 2011년~2016년

  · 제4차 달러 강세: 2027년 이후?

  달러 약세를 유발하는 금융 생태계의 원인은 여러 가지가 있다. 가
장 상관관계가 큰 요인은 유동성이 어느 쪽으로 기울어져 있는지다. 미
국이 다른 선진국보다 상대적으로 더 금리를 낮추고 양적완화와 재정
적자로 유동성을 투입하면 달러 약세 요인이 된다. 여기서 상대적이라
고 함은 다른 선진국, 즉 유럽과 일본을 의미한다.

유럽이 마이너스 금리지만, 상대적으로 고금리를 유지하던 미국이 제로 금리 정책을 펴면 유동성이 미국에서 더 커지는 효과가 난다. 유럽도 양적완화를 하지만, 미국이 더 큰 규모로 양적완화를 하면 마찬가지로 미국의 유동성이 더 크게 증가한다. 이러한 것을 상대적으로 보고 유동성 운동장이 어디로 기울어져 있는지 판단한다.

달러 약세는 유동성 외에도 미중 분쟁 등 국제적 불확실성의 정도, 세금 정책으로 형성되는 자금 흐름의 방향, 금융 제재 정도, 미국 정부의 사회주의 정책 등에 영향을 받는다. 그러나 신기하게도 모두 17년 +/- 1년 정도의 순환주기를 따른다. 17년 주기에서 크게 벗어나는 경우는 드물다.

달러 약세와 달러 강세가 한국 증시에 어떤 영향을 미쳤는지 살펴보자.

한국 증시 1기는 1981년 당시 주도 업종인 건설, 금융, 상사 즉 트로이카(troika, 러시아어로 3을 의미)를 통해 강력한 상승을 시작하며 봄 국면을 열었다. 1985년에 5월 국면을 마무리하는 역사적 신고가를 기록하면서 6월 국면에 진입하고 여름 국면이 시작된다. 이후 1989년 가을1 국면까지 역대급 대세 상승을 기록한다.

1990년부터 1992년 상반기까지 겨울1 국면을 보내고 1992년 하반기부터 1994년까지 가을2 국면 즉 2차 상승을 기록한다. 1995년부터 1998년 상반기까지 3년 반 동안 혹독한 겨울2 국면을 겪는다.

1985년 초부터 제1차 달러 약세가 시작되는데, 이는 정확히 한국 증시 1기의 5월, 6월 국면과 일치한다. 당시는 3저 즉 달러 약세, 저금리, 저유가로 신흥국 주가 상승에 유리한 최고의 금융 생태계였다. 한국 증시는 외국인의 자유로운 자금 유입이 곤란했음에도 10배 상승이라는 전무후무한 기록을 남겼다.

반면 1995년부터 제2차 달러 강세가 시작하는데 이는 정확히 한국 증시 1기 겨울 국면의 시작과 일치한다. 특히 한국은 1992년 외국인에게 처음으로 금융시장을 개방한 상태였으며 유사 이래 가장 저렴한 비용으로 외채를 조달할 수 있었다. 자본주의 성장기에서 반드시 한 번 겪는 외환위기는 이러한 금융 생태계에서 발생한다.

버블과 과열은 시장 스스로 자제하거나 치유하지 못한다. 한국도 그렇게 싼 단기 외채의 유혹에서 스스로 벗어나지 못하였고 결국 부실이 심화되었다. 단기 외채를 빌려서 장기 대출을 해주는 등 모럴 해저드 현상도 발생하였다. 이런 상황에서 시간이 흐르고 순환주기에 따라 때가 되면 반드시 죽음의 사자인 달러 강세가 찾아온다.

달러 강세가 시작되면 달러 캐리 트레이드로 신흥국 자산시장에 투자한 자금은 환차손을 겪는다. 점차 신흥국의 수익률도 정체되면 헤지펀드나 핫머니 투자자들이 신흥국에 더 이상 투자할 이유가 없어진다. 그래서 달러 자금은 점차 미국으로 회귀한다. 이러한 과정이 점차 가속화되며 신흥국 자산시장을 더욱 하락하게 만들고 달러를 더욱 강세로 만든다.

신흥국을 빠져나가는 핫머니의 매도 강도가 강해지자, 단기 외채 채권자들도 상황이 바뀐 것을 뒤늦게 파악하고 만기를 연장하지 않고 상환을 요구한다. 이러한 과정은 티핑포인트처럼 일시에 발생하며 당시 한국의 금융사들은 파산하거나 통째로 경영권을 잃었다.

결국 국가 부도 상황까지 도달하여 IMF로부터 굴욕적인 구제금융을 받게 된다. 변동환율제로 외환시장이 개편되면서 미국의 달러 질서에 강제로 편입된다. 이러한 과정을 통해 외환위기에 대한 내성이 생겼다.

한국 재무부는 단기 외채에 대한 트라우마를 가지게 되어 극도의 재정 건전성을 추구하게 된다.

IMF 외환위기라는 한국의 대공황 사태만 제외하면 한국 증시 2기도 비슷한 중기12국면을 형성한다. 1997~1998년 혹독한 IMF 외환위기를 겪고 뒤늦게 신흥국에 상륙한 미국 닷컴 버블의 영향으로 한국 증시는 4년간의 지긋지긋한 1기 겨울2 국면을 탈피하고, 1998년 하반기에 2기 봄 국면을 연다. 2기 봄 국면은 큰 등락을 두 번 겪는다.

2003년 한국 증시 2기 5월 국면의 마지막 바닥을 만들고, 2005년 역사적 신고가를 기록하면서 6월 여름 국면을 연다. 이후 2007년까지 3배 가까이 상승한다.

이후 2008년 미국의 서브프라임 모기지 사태가 글로벌 금융위기로 확산된다. 한국은 2008년 한 해만 급락을 겪고 1년 만에 겨울1 국면을 마무리한다. 그리고 2009년부터 2011년 상반기까지 가을2 국면으로 2차 상승을 한다. 2011년 하반기부터 2016년 상반기까지 급락도 급등도 없는 지루한 박스권인 겨울2 국면을 5년간 보낸다. 결국 박스피라는 오명을 가지게 된다.

한국 증시 1기와 마찬가지로 한국 증시 2기도 달러와 거의 정확히 연동된다. 제2차 달러 약세는 2002년에 시작되었으나 한국 증시 5월 국면은 2003년에 시작한다. 그 이유는 한국만의 문제였던 카드 사태 때문이다. 1년 후 결국 달러 약세의 중기 추세에 한국 증시도 순응하여 2007년까지 대세 상승한다. 당시 미국과 선진국의 증시도 상승하였으나 신흥국의 상승에 크게 미치지 못했다.

반면 달러가 다시 강세로 바뀐 2011년부터 겨울2 국면이 시작된다.

2011년부터 2016년까지 한국 경제는 그렇게 나쁘지 않았고 오히려 다른 신흥국 대비 좋았다. 그런데도 이상하리만큼 박스피를 벗어나지 못한다. 그 이유는 달러 강세로 촉발된 겨울2 국면이기 때문이다. 이처럼 순환주기는 보이지 않는 강력한 힘이 있다.

한국 증시 3기도 마찬가지다. 2016년 하반기부터 기술주와 제약바이오 업종의 주도로 상승해 2018년 1월 22일 역사적 신고가인 2574를 기록한다. 그러나 달러 강세의 영향에 따라 2020년 3월까지 등락을 반복한다.

한국 증시 3기의 시작과 끝은?

2020년 3~4월은 한국 증시 3기의 5월 국면으로 추정되는 위치에 있었다. 5월 국면은 봄 국면의 마지막 바닥이기 때문에 그 자리에 있을 때는 그 위치를 검증할 수 없다. 역사적 신고가를 기록한 6월 국면이 검증되어야 5월 국면이라는 것이 확인된다.

이전 고점인 코스피 2600을 훌쩍 뛰어넘는 자리가 곧 온다면 2020년 3~4월은 정확히 한국 증시 3기의 5월 국면을 시작한 것으로 정의될 수 있다. 반면 30% 이상의 하락이 한 번 더 나와준다면 그 자리가 5월 국면이 될 수도 있다. 그러나 당시 그 가능성은 매우 낮게 평가되었다.

그 이유는 이미 2020년 3월 플래시 크래시 이후 첫 번째 핵심지표(critical one)인 강력한 달러 약세가 시작되었고, 두 번째 핵심지표인 원화 등 신흥국 통화 강세까지 진행되었기 때문이다. 2002년 카드 사태와 같은 신용 경색이 현재 한국 금융시장에 없으므로 2020년 11월 현재 5월 국면이 심화되고 있다고 판단할 수 있다.

결국 필자가 블로그에서 계속 주장했던 대로 2020년 11월 24일 코스피 지수는 2617로 역사적 신고가를 기록하면서 6월 여름 국면을 열었다. 이로써 2020년 3월은 중기 5월 국면의 시작, 즉 봄 국면의 마지막 바닥임이 사후 검증되었다.

봄 국면을 다시 정리해 보자. 봄 국면에 등락이 한 번만 있었던 때는 한국 증시 1기였고, 한국 증시 3기도 크게 볼 때 등락이 한 번만 있었다. 반면 한국 증시 2기 봄 국면은 등락이 두 번 있었다. 큰 그림에서 모두 봄 국면이다.

필자가 글을 쓰는 동안 한국 증시 3기와 달러 약세가 진행되고 있고, 중기 6월 국면을 확인하면서 시나리오 모델을 검증할 수 있었다.

정리하면 제3차 달러 약세와 한국 증시 3기의 봄 국면은 2016년 하반기부터 시작되었고, 2018~2019년의 중기 4월 국면을 지나 2020년 11월 중기 5월 국면을 마무리하였다. 여름 국면, 즉 중기 6월 국면은 2020년 11월 24일부터 시작되었다.

2019년에 2020년을 전망할 때 우리는 두 가지 시나리오를 생각해 볼 수 있었다. 첫 번째 시나리오는 제3차 달러 약세가 오면서 5월 국면을 형성하고 여름을 바로 여는 것이다. 두 번째 시나리오는 달러 약세가 오진 않지만, 봄 국면이 박스권이기 때문에 전고점 근처까지 반등하고 한 번 더 반락할 수 있다는 것이다. 따라서 핵심지표는 바로 미국 달러이며, 이것을 빨리 파악하여 시나리오를 결정하면 되는 것이다.

2020년 초부터 바로 대세 상승으로 전환하지 못하고, 중기 5월 국면을 2020년 한 해 더 거쳐야 한다고 필자가 결론 내린 가장 큰 이유는 순환주기 때문이다. 2019년 8월경부터 채권이 하락하고 달러가 약세 움직임을 보였기 때문에 중기 5월 국면이 시작된 것으로 오인할 수 있었고, 필자도 당시에 확신할 수 없었다. 만일 2019년 8월에 중기 5월 국면이 시작되었다면 한국 증시 3기 봄 국면은 2016년 하반기 이후 3년에 불과하기 때문에 너무 짧다는 결론에 이른다.

결국 2020년 3월 한 달 동안 엄청난 플래시 크래시가 발생하였다. 필자도 2020년 3월의 플래시 크래시를 예상하지 못했다. 적당한 등락을 만들어 줄 가능성은 있지만 플래시 크래시 수준의 폭락이 나올 줄은 몰랐던 것이다. 정리하면 2019년 하반기부터 바로 대세 상승으로 진행되지 못했고, 이는 순환주기의 일반 법칙을 준수하게 만들어 주었다.

2020년 11월 24일 역사적 신고가를 기록하면서 첫 번째 시나리오로 진행되었음을 사후에 확인하였다. 중요한 점은 2020년에 달러 약세가 오지 않더라도 순환주기 측면에서 볼 때 2020년은 전고점까지 상승할 가능성이 매우 높은 자리였다는 것이다. 이처럼 시나리오 투자법을 통해 무모한 예측이 아니라 합리적으로 전망하고 발 빠르게 대응할 수 있다.

지금까지 시나리오 모델을 통해 시장을 어떻게 예측하고 대응하는지 하나의 예를 들었다. 이것이 바로 순환주기의 위력이다. 정확하지는 않지만 대충이나마 미래를 가늠해 보고 예측할 수 있다. 선문답처럼 보이지만 급등과 급락의 시점을 어느 정도 예측해 볼 수 있다. 특히 시나리오를 점검하며 빠르게 전망을 수정할 수도 있다.

다음 그림은 1세대와 2세대를 거쳐 3세대까지 발전한 한국 증시의 중기12국면 시투모델이다. 이미 모양에 대해서는 살펴보았다. 기간도 매우 유사함을 보인다. 봄 국면의 기간은 한국 증시 1기 5년, 2기 6년이다. 2020년 3월이 한국 증시 3기 5월 국면의 시작으로 판명 났기 때문

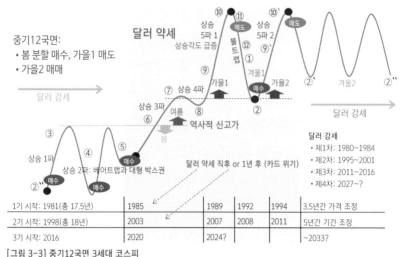

중기12국면:
• 봄 분할 매수, 가을1 매도
• 가을2 매매

달러 약세

상승 5파 1
상승각도 급증

상승 5파 2

매도 ⑩'

불트랩 ⑪

매도 ⑩

상승 4파 ⑦

상승 3파 ⑥

역사적 신고가

여름

봄

가을1

가을2

겨울1

매수 ②

달러 강세

달러 강세

겨울2

②' ②''

달러 강세
• 제1차: 1980~1984
• 제2차: 1995~2001
• 제3차: 2011~2016
• 제4차: 2027~?

상승 1파 ③

상승 2파: 베어트랩과 대형 박스권

매수 ⑤

매수 ④

매수 ②''

달러 약세 직후 or 1년 후 (카드 위기)

1기 시작: 1981(총 17.5년)	1985		1989	1992	1994	3.5년간 가격 조정
2기 시작: 1998(총 18년)	2003		2007	2008	2011	5년간 기간 조정
3기 시작: 2016	2020		2024?			~2033?

[그림 3-3] 중기12국면 3세대 코스피

에 한국 증시 3기 봄 국면은 4년 반 정도로 마무리된다.

대세 상승 기간, 즉 5월부터 가을1 국면까지 기간은 한국 증시 1기 5년, 2기도 5년이었다. 한국 증시 3기에서 5년이 재현된다면 이번 대세 상승은 2024~2025년까지 지속할 것이라 예상할 수 있다.

겨울1 국면은 한국 증시 1기에 2년 반, 2기에 1년 반 지속되었다. 3기는 어떻게 될지 장담할 수는 없으나 아마도 2025~2026년 사이에 진행될 것이다. 이후 진행되는 2차 상승, 즉 가을2 국면은 한국 증시 1기에 2년 반, 2기에 2년 반 동안 지속되었다. 그렇다면 한국 증시 3기의 2차 상승은 2027~2028년 정도까지 지속될 수 있다고 현시점에서 판단해 볼 수 있다.

마지막 기나긴 겨울2 국면을 보자. 한국 증시 1기는 3년 반 동안 지속되었으나 IMF 외환위기라는 대공황 때문에 매우 강하게 폭락하였다. 한국 증시 2기는 5년간 지속되었으나 상승도 하락도 없는 박스권, 즉 박스피가 진행되었다. 세상은 이처럼 공짜가 없다. 폭락이 과하면 회복도 빠른 법이고, 폭락이 지지부진하면 회복도 지지부진한 법이다.

한국 증시 3기는 2028~2029년 어딘가 겨울2 국면이 시작될 전망이고, 한국 증시 1기와 같은 급락보다는 한국 증시 2기와 같은 지지부진한 박스피 모습을 재현할 가능성이 크다고 보고 있다. 현재 한국은 1기 때처럼 허약한 경제 구조가 아니기 때문이다.

재미있는 것은 제4차 달러 강세로 전망되는 자리도 2027년 전후라는 점이다. 결국 한국 증시 3기의 겨울2 국면도 달러 강세가 촉발할 것이다. 아마 가을1 국면에서 달러 약세의 정점을 찍고 겨울1국면에서 전 세계 증시 폭락이 나오면 달러가 일시적으로 강세를 보일 것이다.

이후 달러가 다시 반락해 약세로 흐르지만 전 저점을 깨지는 못한다. 증시는 2차 상승을 보이지만 역시 전고점을 돌파하진 못할 것이다. 다시 달러는 강세로 중기 추세를 형성하고, 증시 역시 겨울2 국면으로 접어드는 시나리오가 될 가능성이 크다.

물론 이 시나리오는 앞으로 조금 달라질 수 있다. 2010년대의 강력한 양적완화로 인해 금융 생태계가 많이 왜곡되었기 때문이다. 미국 달러는 2016년과 2020년 두 번의 천장을 기록했는데, 이는 1차 달러 강세와 2차 달러 강세의 단일 천장과 비교하면 매우 이례적인 현상이었다.

따라서 2027년이 아니라 몇 년 후에 제4차 달러 강세가 시작될지도 모른다. 그러나 그것은 그때 보면서 적당히 대응하면 그만이다. 한국 증시는 가을1 국면과 가을 2 국면에 영향을 미치는 미국 달러의 모습이 약간 변할 뿐 중기 추세의 큰 변화는 없다고 할 수 있다.

전체 순환주기, 즉 봄-여름-가을1-겨울1-가을2-겨울2 6단계의 국면을 모두 통과하는 데 대략 17년이 소요된다. 순환주기 17년은 투자의 매직 넘버라고 여러 번 말씀드렸다. 한국 증시 1기는 17년 반 정도 걸렸고, 2기는 18년이 걸렸다. 같은 기간을 또 재현한다고 가정하면 한국 증시 3기는 2033년에 마감하고, 한국 증시 4기 봄 국면은 2034년에 새롭게 출발할 것이다.

이 모든 한국 증시의 중기 추세는 미국 증시, 미국 달러와 같이 움직일 것이다. 즉 한국 증시 3기의 기나긴 겨울2 국면이 시작되면 미국 증시의 가을 국면이 본격적으로 시작된다. 이때는 미국 증시로 투자처를 잠시 옮기면 될 것이다. 미국 증시는 달러 강세 전반부에 전 세계에서 홀로 상승세를 구축할 가능성이 크기 때문이다. 신흥국 증시는 엉망이 되고 미국 증시만 상승했던 1995~2000년, 2013~2016년 그리고 2018~2019년과 같은 장세가 2028년 이후 어딘가에서 재현될 것이다.

열심히 따라오신 분이라면 달러에 대해 한 가지 의구심이 드는 부분이 있을 것이다. 2018~2019년은 달러 강세가 심했던 자리인데 제3차 달러 약세 구간에 포함된다는 점이다. 그 이유는 2020년 3월 플래시 크래시 때 달러는 강세였지만 2016년 달러의 고점을 돌파하지 못했기 때문이다. 따라서 기술적으로 2017년부터 달러 약세 구간으로 정의한다.

트럼프 대통령이 미중 분쟁을 본격적으로 시작하고 보호무역 기조를 보임에 따라 2018~2019년 달러 강세가 강하게 진행되었다. 따라서 이때 달러 약세라고 주장하면 당연히 의문을 가져야 정상이다. 그러나 큰 추세로 볼 때 여기는 이미 제3차 달러 약세가 진행된 자리이고, 결국은 큰 추세에 순응하게 되어 있다.

실제로 2020년 3월 플래시 크래시 이후 본격적인 달러 약세가 진행되면서 신3저의 마지막 퍼즐은 완성되었다. 플래시 크래시 당시만 해도 달러 강세가 계속 지속될 것을 의심하는 의견은 거의 없었다. 국내 대부분의 전문가와 경제학자는 모두 달러 강세가 천년만년 지속될 것이기 때문에 미국 주식에 영원히 투자하라고 조언하였다. 심지어 달러 약세가 와도 일시적이라 더 싸게 달러를 살 기회라고 주장하기도 했다.

그러나 순환주기로 형성되는 메가 트렌드는 어딘가로 이끄는 보이지 않는 강력한 힘을 형성한다. 아마 2020년 11월 말 현재 아직도 달러 강세가 지속될 것으로 생각하는 투자자들이 훨씬 많을 것이다. 서학개미로 대표되는 일군의 투자자들이 그 좋은 예다.

달러 약세를 염두에 두었던 투자자라도 '이 정도 하락했다면 충분하지 않을까?'라고 생각할 것이다. 그러나 달러 약세는 통상 10년 정도 진행되기 때문에 2026년 전후까지 달러 약세가 지속될 것이다. 달러 강세의 확증 편향이 단단하게 형성된 시간만큼 투자자들을 괴롭히면서 달러 약세는 지속될 것이다.

2026년 전후로 달러 강세가 다시 찾아오면 그때는 과열을 보이던 극동아시아 어딘가에서 버블이 붕괴되며 금융위기가 발생할 가능성이 크다. 미국과 패권 전쟁 중인 중국이 다음 금융위기의 강력한 후보다. 미국의 달러는 2018년 이래 중국 시장에 지속 유입되고 있기 때문에 점점 위험이 커지고 있다. 그러나 2026년 전까지 버블은 지속될 것이다.

앞으로 10년 전후의 시장 흐름을 구체적인 연도와 함께 전망하니 마치 필자가 사이비 교주나 예언가처럼 보일지도 모르겠다. 그러나 전망 논리를 다 말씀드렸다. 필자는 한국 증시 1기와 2기의 순환주기를 한국 증시 3기에 동일하게 대입했을 뿐이다. 이렇게 과거 추세가 다시 반복될 것이라고 가정하는 예측 방법은 필자뿐만 아니라 연구기관도 많이 사용한다.

이것이 바로 순환주기를 이해하면 알게 되는 미래에 대한 통찰이다. 정확히 2026년이 아닐 수는 있다. 2025년이든 2027년이든 진행 과정을 정기적으로 살펴보면서 속도와 일정, 규모 등을 다시 가늠해 봐야 한다. 주기적으로 수정하면서 업데이트한다면 역사의 반복을 믿는 것도 그리 나쁜 접근법은 아니다.

그러나 이를 절대적으로 추종하여 묻지마 투자로 적용하면 곤란하다. 상황은 언제든지 바뀔 수 있다. 상대성이론처럼 현시점에서 전망한 것과 내년에 전망한 것은 당연히 다를 수밖에 없고, 다르지 않으면 뭔가 문제가 있는 것이다. 현실 세계가 진행되는 X축 속도, Y축 등락 진폭 및 전조현상을 감안하여 적절히 수정해 나가야 한다.

그러나 최소한 2020년이 강력한 버블 형성 과정의 초기 국면이라는 사실은 변하지 않는다. 이렇게 중기 추세의 시나리오 즉 천시(天時)를 알면, 맘 편한 투자, 느린 투자, 지속 가능한 투자를 할 수 있다.

이제 한국 증시 중기12국면의 각 국면별 특징을 살펴보도록 하자.

한국 증시 봄 국면,
비관과 회의의 시대

존 템플턴 경께서 이런 말씀을 하셨다. "시장은 절망에서 태어나, 회의를 먹고 성장하며, 낙관 속에서 꽃을 피우고, 도취 상태에서 죽어간다." 필자가 입문 투자자 시절에 마르고 닳도록 중얼거렸던 경구이다. 시나리오 투자법의 아이디어를 준 수많은 투자 구루(guru)와 선인이 계시지만 존 템플턴 경만큼 크게 영향을 미치지 못했다.

존 템플턴 경의 말씀에 중기 12국면과 중기 4계절의 기본 개념이 모두 녹아 있다. 봄 국면이 비관과 회의 시대이고, 여름 국면이 낙관과 희망의 시대이다. 가을 국면이 도취와 행복의 시대이며, 겨울 국면이 공포와 절망의 시대이다.

순환주기이기 때문에 끝이 처음과 연결되고 계속 돌고 돌면서 반복된다. 물론 그 모양은 조금씩 다르다. 그러나 수백 년의 역사를 지나도 그 리듬은 비슷하게 진행된다. 이처럼 보이지 않는 힘이 금융 생태계를 사로잡고 있다.

앞서 시나리오 투자법은 미국 달러와 금융위기에 따라 국면을 정의한다고 말씀드렸다. 한국 증시 여름과 겨울 국면의 시작은 미국 달러가 결정하고, 겨울 국면의 끝과 봄 국면의 모양은 금융위기가 결정한다.

한국 증시의 마지막 국면인 겨울 국면을 마감하는 소국면은 중기 2월 국면이다. 겨울 국면을 거치면서 한국 증시는 가격 조정 또는 기간 조정을 거친다. 중기 2월 국면은 미국 연준을 포함해 각국의 중앙은행과 행정부가 최후의 대부자(ultimate loaner) 역할을 하면서 바닥을 만드는 자리이다.

한국 증시 중기 3월 국면

중기 3월 국면은 영원히 침체할 것만 같은 조정 분위기를 벼락같이 깨면서 새로운 기수의 한국 증시 봄 국면을 여는 자리이다. 한국 증시 1기는 1981년에 시작했고, 한국 증시 2기는 1998년 하반기에 시작했고, 한국 증시 3기는 2016년 하반기에 시작했다.

중기 3월 국면은 강력한 상승을 통해 이전 한국 증시와 확실히 달라진 점을 보여준다. 한국 증시 1기와 3기처럼 강력한 상승을 통해 역사적 신고가를 기록하거나 한국 증시 2기와 같이 IMF 외환위기로 완전히 망가진 코스피 지수가 전고점까지 폭등한다. 엘리엇 파동 상승 1파에 해당한다.

그러나 중기 3월 국면의 급반등은 개인투자자들에게 큰 관심과 주목을 받지 못한다. 존 템플턴 경이 말씀하셨듯 비관과 회의의 시대이기 때문이다. 이미 그 전에 대부분 투매하고 저주를 퍼부으며 증시를 탈출하여 아무도 관심을 두지 않기 때문이다.

그래서 중기 3월 국면은 비교적 조용히 급등하며 바닥을 탈피한다. 이때는 금융위기를 완화하려고 조치한 유동성이 물밀듯이 밀려들어 오는 시점이라 주식과 채권이 모두 상승하는 팽창 효과를 관찰할 수 있다.

비관과 회의의 시대에 걸맞게 3월 국면의 상승은 그리 오래가지 못한다. 비자발적 장기 투자자들이 분노의 매도를 이어간다. 꽃샘추위와 비슷하며 통상 베어트랩이라 부른다. 3월 국면 이후 진행되는 박스권을 중기 4월 국면이라고 한다. 엘리엇 파동 상승 2파에 해당한다.

한국 증시 중기 4월 국면

중기 4월 국면은 한 번 또는 두 번의 상승과 하락을 반복한다. 한국 증시 1기 봄 국면은 한 번 등락하였고 2기는 두 번 등락하였다. 한국 증시 3기 봄 국면은 한 번의 등락으로 마무리되었다.

중기 4월 국면은 비관론자들의 "내 그럴 줄 알았지." 식의 사후 확증 편향이 가장 대접을 받는 시기이다. 이미 겨울 국면에서 충분히 하락 추세가 나왔음에도 불구하고 비관론자들은 퍼펙트 스톰, 더블딥, R의 공포, D의 공포 등의 선정적인 용어를 쓰면서 금융위기 공포팔이로 유무형의 이득을 취한다.

겁에 질린 개인들은 손해를 감수하고 매도를 지속하지만, 외국인과 스마트 머니는 조용히 매집한다. 경기 불황은 지속되고 개선의 조짐은 보이지 않는다. 저금리 환경이기 때문에 증시 상승보다 채권과 부동산의 상승 및 가계 부채 증가가 수반되는 구간이다.

중기 4월 국면은 겨울 국면만큼 달러 강세가 극심한 자리다. 미국 증시는 신흥국보다 먼저 여름 국면에 진입하며 신흥국 대비 초과 상승한다. 신흥국 대비 선진국의 PER이 높게 대접받고, 신흥국과 선진국 증시의 PER, PBR 격차가 최고조에 이른다. 그러나 미국 증시가 봄 국면이라면 미국 증시가 반드시 신흥국보다 초과 상승하지는 않는다.

신흥국의 밸류에이션이 워낙 저렴하기 때문에 가치투자자가 진입을 시작한다. 중기 4월 국면에서 간혹 경기 방어주나 필수소비재에서 상승 추세가 나오기는 한다. 하지만 통상 지루한 박스권 장세가 수년간 지속되기 때문에 추세 추종 전략을 쓰면 손실이 누적되는 구간이다.

따라서 중기 4월 국면은 자산 배분을 가장 보수적으로 해야 하는 국면이며, 채권과 부동산에 자산 배분을 늘려야 한다. 주식은 보수적으로 경기 방어주나 고배당주 등으로 분산해야 한다. 그러나 외국인들과 스마트 머니는 주도 업종에 미리 진입하는 경향이 있다.

한국 증시 중기 5월 국면

지루한 중기 4월 국면 끝자락에서 기다리던 달러 약세가 찾아온다. 달러 약세는 달러 유동성이 전 세계로 확산되는 것으로 PQC 중에서 Q가 확대되는 것과 같은 효과이다. PQC는 Price(가격), Quantity(시장 규모), Cost(제조 원가)의 약자를 의미하며, 기업의 비즈니스 경쟁력을 분석할 때 사용한다. 달러 유동성의 확산으로 Q, 즉 시장 규모가 확대되면 이를 중기 5월 국면이라고 한다. 봄 국면의 마지막 바닥이 형성되는 곳이 바로 중기 5월 국면이며 대세 상승의 시작이다. 엘리엇 상승 3파가 시작되는 곳이다.

중기 5월 국면은 달러가 약세로 전환되면서 구리 등 원자재 가격이 상승하기 시작한다. 미국의 상황이 좋다면 미국이 먼저 금리 인상에 대해 논의하기도 한다. 그러나 뉴스 기사나 전반적인 투자자의 심리는 하락에 무게가 실려 있다. 기업 설비 가동률도 아직 바닥권에 머무는 등 경기가 크게 개선되었다고 느끼지 못한다.

한국 증시, 신흥국 증시와 전 세계 증시가 모두 바닥을 탈출하기 시작한다. 다만 미국 증시의 국면에 따라 주도 국가는 조금씩 다르다. 미국 증시가 봄 국면이면 상품의 시대, 자본재와 원자재의 시대이다. 따라서 브라질, 러시아, 호주 등 상품에 특화된 신흥국이 먼저 바닥을 탈피하고 초과 상승한다. 이들 원자재에 특화된 신흥국 통화도 타 신흥국 대비하여 강세를 보인다.

반면 미국 증시가 여름 국면이면 기술주와 선택 소비재의 시대이다. 따라서 이런 자리에서 달러 약세가 진행되면 한중일 및 대만 등의 극동아시아 신흥국이 먼저 바닥을 탈피하고 증시와 통화가 초과 상승한다. 기술 업종에 특화된 지역이기 때문이다.

미국 증시가 가을 국면이나 겨울 국면이 되면 당연히 달러 약세가 발생할 수 없다. 따라서 신흥국의 중기 5월 국면도 발생할 수 없다. 이렇게 각국 증시와 금융 생태계는 국면과 순환주기에 따라 서로 긴밀히 연결되어 있다.

중기 5월 국면부터 실질적인 대세 상승이 시작되지만, 그 자리에 머물러 있는 동안 투자자들은 중기 5월 국면임을 인식할 수 없다. 시간이 한참 지난 후에, 그것도 순환주기에 대한 이해가 있는 투자자만이 역사적 신고가를 돌파하여 중기 6월 국면이 완성된 이후에 인식할 수 있다.

한국 증시 1기 5월 국면은 1985년에 시작했다. 제1차 달러 약세와 동시에 바로 진행되었고 5년간 대략 10배 정도 급등하였다. 1980년 코스피 지수가 100으로 정해진 이래 가장 강력한 상승을 기록한다. 이는 자본주의 성장기에서 볼 수 있는 랠리로 앞으로 이러한 급등을 다시 보기 힘들 것이다. 물론 자본주의 도입기 때는 이보다 더 강력한 급등이 나왔다. 한국도 1960~1970년대에 20배 넘게 급등하였다. 앞으로 미얀마나 북한 등이 그 대상이 될 수 있는데 일반 투자자의 영역은 아니다.

한국 증시 여름 국면,
낙관과 희망의 시대

한국 증시 중기 6월 국면

봄 국면의 마지막 바닥은 중기 5월 국면부터 출발하기 때문에 중기 5~7월 국면을 엘리엇 상승 3파로 구분할 수 있다. 하지만 명확히 따질 필요는 없다. 모양이 비슷하다고 생각하면 된다. 존 템플턴 경이 말씀하신 낙관과 희망의 시대로 이젠 좀 살 만하다, 이제는 진짜로 돈 좀 벌 수 있을까 희망을 품는 자리이다.

여름-가을 국면은 대세 상승 구간이다. 대세 상승이 시작되는 실질적인 바닥은 중기 5월 국면부터 시작하며 그 당시에는 알 수 없다고 말씀드렸다. 그러나 역사적 신고가는 발생 즉시 알 수 있다. 역사적 신고가를 기록한 시점부터 중기 6월 국면이라고 정의하고 여름 국면이 시작되었음을 논란 없이 선언할 수 있다. 중기 6월의 상승 추세는 중기 7월 국면까지 지속된다.

스마트 투자자는 여전히 공격적으로 투자하지만 개인투자자는 여전히 상승 추세에 대해서 회의적이다. 원래 투자에 관심이 많은 사람이 아니라면 모임에서 주식 얘기를 하는 경우는 아직 드물다. 대부분 부동산 얘기만 한다.

그러나 중기 6월 국면은 달러 약세가 진행된 지 1년 정도 되었기 때문에 한국 경제와 한국 기업 실적에 긍정적인 영향을 미치기 시작한다. 달러 약세로 실적이 좋아지고 원자재 가격이 상승하면서 물가 상승과 경기 과열에 대한 우려가 시작된다. 그리고 드디어 금리 인상이 시작된다. 미국이 금리 인상을 조금 먼저 하는 경향이 있다.

신흥국보다 미국이 먼저 금리를 올리는 경향이 있기 때문에 한미 금리 스프레드(한미 금리차)가 역전되기도 한다. 아직 전반적으로 하락 의견이 많은 뉴스 기사는 한미 금리 스프레드 역전 현상을 증시 하락의 신호로 간주한다. 금리가 올라도 부동산 과열은 지속된다.

> 📝 **한미 금리차 역전 현상**
> 일반적으로 한국 금리는 미국 금리보다 높다. 미국 금리가 한국 금리보다 높아질 때 필자는 '한미 금리차 역전 현상'이라고 정의한다.

달러 약세와 원화 강세는 더욱 심해진다. 뉴스 기사는 원/달러 환율 하락으로 인해 수출 기업에 큰 위기가 온다고 해석한다. 채권도 하락 추세가 명확해진다. 뉴스 기사는 인플레이션으로 기업의 원가 구조가 나빠진다고 해석한다. 주가 부양 목적으로 주식 배당률은 상승하지만, 금리는 이를 따라가지 못하면서 주식 배당 수익률이 국채 금리를 크게 초과한다.

한국 증시 중기 7월 국면

중기 7월 국면이 되면 증시는 제법 상승해 있다. 뉴스 기사는 점차 긍정적인 의견을 내지만, 부정적인 의견도 같이 배치하면서 양비론을 편다. 스마트 투자자는 보수적으로 투자하기 시작한다. 기업 매출이 크게 증가해 1등 기업은 공급 부족 현상이 나타나기 시작하고, 2등 기업은 뒤늦게 설비투자와 대규모 채용을 감행한다.

한국 증시 중기 8월 국면

중기 6~7월 국면의 상승을 잠시 멈추고 기간 조정에 들어가는 자리가 중기 8월 국면이다. 한국 증시 1기에서 중기 8월 국면은 없었고 바로 급등하였다. 한국 증시 2기의 중기 8월 국면은 2006년의 기간 조정이다. 즉 중기 8월 국면은 반드시 발생한다고 할 수 없다. 중기 8월 국면은 엘리엇 파동 상승 4파이다.

중기 8월 국면이 되면 다시 비관론자가 등장한다. 초단기적으로 달러 강세가 나타나며, 장단기 금리 스프레드(장단기 금리차)가 축소되기 시작한다. 원화 강세가 지속되고 코스피가 어느 정도 상승하였기 때문에 외국인과 스마트 투자자는 조금씩 이익 실현을 시작한다.

> 📝 **장단기 금리차 역전 현상**
> 일반적으로 장기 금리는 단기 금리보다 높다. 단기 금리가 장기 금리보다 높아질 때 필자는 '장단기 금리차 역전 현상'이라고 정의한다.

지난 중기 1~2월 겨울2 국면에 투매한 개인투자자와 중기 4월 국면에 분노의 매도로 시장을 빠져나간 개인투자자는 아직도 진입 시점에 대해 눈치를 보고 있다. 비교적 일찍 진입했다가 중기 6월 국면 정도에 이익 실현한 중급 투자자 역시 아직 증시에 복귀하지 않는 자리다.

한국 증시 가을 국면,
도취와 행복의 시대

한국 증시 중기 9월 국면

　중기 9월 국면부터 매우 중요한 자리이므로 정신을 똑바로 차려야 한다. 중기 5월 국면부터 국면에 신경 쓰지 않고 우직하게 중기 보유만 하면 되는 자리였다면, 중기 9월부터 점진적으로 시장을 빠져나가야 하므로 중요 지표를 정기적으로 부지런히 확인해야 한다.

　중기 9~11월은 증시 4계절상 가을 국면이며, 엘리엇 파동의 마지막 단계인 상승 5파이다. 증시 과열이 경기 과열을 추월하기 시작하는 자리이다. 중기 9월이 되면 천천히 가치투자자와 모멘텀 투자자가 만나기 시작한다. 가격도 비싸고 기술적으로도 과열이기 때문이다. 가치투자자와 모멘텀 투자자는 중기 5월 바닥권에서 한 번 만나고 각자 따로 놀다가 다시 중기 9~10월 천장권이 되면 다시 만난다. 극과 극은 서로 만나기 때문이다.

　9월 국면부터 개인투자자들이 본격적으로 증시에 뛰어든다. 드디어

지인들과 주식 얘기를 하기 시작하며 스스로 전문가 행세를 하는 사람도 많아진다. 주식 전문가들은 대형 운동장을 빌려 강연회를 한다. 증권사 광고가 많아지고 저녁 뉴스에 주식에 관한 주제가 많아진다.

가을 국면은 존 템플턴 경이 말씀하신 도취와 행복의 시대로 엄청난 수익률을 기록한 사람들이 나오기 시작한다. 봄 국면일 때 서점에 가면 부동산 책만 있다. 여름 국면이 되면 슬슬 주식 책이 나오기 시작하나 아직까지는 가치투자 종류가 많다.

그러나 가을 국면이 되면《나는 직장에서 퇴근하고 10억을 번다》식의 자극적인 제목을 가진 책이 나온다. 데이 트레이딩, 비트코인 등 초단기 투자에 쓰는 기술적 기법에 관한 책도 나오기 시작한다.

중기 9월 국면에 많이 나타나는 전조현상 5가지는 다음과 같다.

❶ 3대 금리 스프레드에 특이점이 발생한다. 장기 금리가 정체되면서 장단기 금리 스프레드가 마이너스로 전환된다(장단기 금리차 역전 현상). 부실기업이 생기면서 신용 금리 스프레드는 급등 조짐을 보인다. 미국이 금리 인상을 중단하거나 한국보다 먼저 금리를 인하하여 한미 금리차 역전 현상은 되려 정상화된다. 지표를 통해 객관적으로 확인할 수 있기 때문에 매주 부지런히 체크해야 한다.

❷ 개인투자자들이 본격적으로 시장에 진입한다. 코스피 상승 각도가 눈에 띄게 가팔라지며 엄청난 수익률을 기록한 투자자가 나오기 시작한다. 이러한 모습들이 잠재적인 개인투자자를 증시로 유혹한다. 반면 그간 완만하게 매도하던 외국인 투자자는 강하게 매도하기 시작한다.

❸ 기술적으로 가을 국면이 되면 버블이 커지면서 상승 각도가 크게 가팔라지는 경향이 많다. 상승 각도가 가팔라지는 것은 모든 버블 붕괴

의 전형적인 전조현상이다. 네덜란드 튤립 투기부터 1980년대 후반 일본과 최근 비트코인까지 버블의 마지막 모습은 거의 유사하다. 한국 증시 1기와 미국 증시 5기 가을 국면은 급등하지 않고 완만하게 상승을 지속하였다. 그러나 2007년 한국 증시 2기 가을 국면과 1995~2000년 미국 증시 6기 가을 국면은 전형적으로 가파른 상승을 보여주었다. 신용융자는 증시가 상승함에 따라 완만하게 동반 증가하는 경향을 보이나 가을 국면이 되면 몇 배 급증하는 현상을 보인다.

❹ 신흥국과 미국의 PER/PBR 등 밸류에이션 갭이 크게 축소되어 더 이상 신흥국이 미국보다 저렴하지 않다. 가치투자자는 매수할 만한 종목을 찾지 못한다. 경상 수지나 GDP 성장률 등이 둔화하기 시작하지만 뉴스 기사는 전과 달리 경고하지 않는다.

❺ 버블의 사회적 현상이 나타난다. 5가지로 정리해 볼 수 있다.

A. 주변 지인의 양떼 현상이 나타난다. 인간 지표라고 부르기도 한다. 평소에 주식 투자는 나쁜 것이라고 말하던 인간 지표들이 갑자기 종목을 추천해 달라고 부탁하기 시작한다.

B. 당시 유행어를 사명에 반영하기 시작한다. 1960년대 후반의 OO테크와 OO트로닉스, 1990년대 후반의 OO닷컴, 가까이는 2018년 블록체인, 바이오 등이 있다.

C. 비이성적인 전망이 나온다. 특히 주가지수나 가격을 터무니없이 높게 전망한다.

D. 비관론자들의 항복이 나온다. 특히 닥터 둠 같이 수년간 폭락과 디플레이션만 외치던 학자들이 "이번엔 다르다"라고 평가하고 주식 매수를 정당화한다.

E. 증시에 대한 정부 규제가 나온다. 부동산보다 그 강도는 낮지만 유무상 증자나 상장 조건을 강화하고 신용 대출 등을 규제하는 방식으로 증시에 경고한다.

특히 정부 관계자가 금리를 올리거나 증시 규제책을 발표할 때 과거의 소극적인 자세와 달리 증시 과열을 좌시하지 않겠다는 식으로 강력하게 경고하면서 립서비스를 한다. 개인투자자는 정부의 경고를 무시하고 상관없다는 식으로 대응한다. 현재 부동산 투자자들의 마인드와 유사하다.

한국 증시 중기 10월 국면

중기 10월 국면은 기술적으로 천장을 의미한다. 천장에 도달할 때까지의 마지막 상승 궤적을 중기 10월 국면이라고 하며 버블의 마지막 단계이다. 그러나 중기 5월 국면과 마찬가지로 중기 10월 국면도 그 당시에 바로 알 수 없다. 지나고 나서 기술적으로 천장이었다고 정의할 수 있을 뿐이다.

중기 10월 국면은 여전히 상승 각도가 가파르며, 간혹 갭 상승이 나오기도 하는 등 중기 9월 5가지 버블의 전조현상이 더욱 심화된다. 미국은 이미 시스템 위험을 감지하고 중기 9월 국면부터 금리 인하를 시작하는 경향이 있으나, 한국은 여전히 경기 과열을 우려해 금리 인상을 가속화한다.

신용 융자가 크게 증가하고 주가의 변동성(표준편차)이 크게 증가한다. 시장에 버블이 형성된다. 크게 붕괴하기 위해서 반드시 필요한 것은 레버리지다. 1929년 10월 대공황이 시작되기 전까지 미국 증시는 엄청난 레버리지 매매가 가능했다. 1928년부터 10% 증거금으로 주식 매수가 가능하였다. 이는 주가 10% 하락으로 바로 깡통이 된다는 것을 의미한다. 1980년대 후반 일본의 부동산 버블이 심각해진 이유 중 하나도 LTV(Loan To Value)를 120%씩 허용해 주었기 때문이다.

중기 10월 국면이 되면 정부는 레버리지가 큰 문제를 일으킬 조짐을 느낀다. 물론 한국과 같이 단기 외채 트라우마가 내성이 된 국가는 문제가 곪도록 방치하지 않는다. 미국과 일본도 더는 무모한 레버리지 매매를 허용하지 않는다. 그러나 중기 10월 국면이 지나면 그동안 지속했던 금융 완화 정책을 급격하게 규제로 전환하는 경향이 있다. 이렇게 급격한 금융 긴축 정책이 하락의 트리거가 되는 경향이 많다.

금리 인상도 하락 트리거의 강력한 후보다. 금리 인상에 대한 중앙은행의 태도는 여름 국면 초기와 가을 국면 후기에 크게 달라진다고 말씀드렸다. 금리 인상 초기에 정부는 우유부단해 보이는 부드러운 태도와 립서비스로 사후약방문식 또는 땜빵식으로 금리를 찔끔찔끔 인상한다.

그러나 중기 10월 국면에 경기와 시장이 과열되고 금리 인상이 심해지면 매우 거칠고 공격적인 립서비스가 나온다. 즉 증시 과열에 동참하면 책임지지 않겠다는 식으로 시장에 경고한다. 금리도 경쟁하듯 자주 인상한다. 물론 개인투자자들은 정부를 비웃고 과열에서 빠져나오지 않는다.

외국인의 매도 강도가 점점 강해지며 절정을 이룬다. 똑똑한 재무 담당자를 둔 기업은 유상 증자, IPO, 공모주 청약 등을 중기 10월 국면 전후에 집중시킨다. 천장에서 상장해야 가장 비싸게 주식을 팔아 자금을 많이 조달할 수 있기 때문이다.

주식 외 다른 5대 자산, 예를 들어 석유 등의 상품 시장과 주식 시장이 동반 급등하는 현상이 나타나기도 한다. 이러한 현상을 '팽창 현상'이라고 한다. 투기 자본이 레버리지를 총동원해 마지막 불꽃을 태워 매수하기 때문이다.

PER, PBR 등의 밸류에이션이 역사적 고점을 기록하고, '장중 조정'이라는 희한한 논리가 등장한다. 주식 대박 스토리 등이 뉴스 기사와 서점 매대를 완전히 장악한다. 각종 모임에서 개나 소나 모두 주식 전문가가 된다. 막연한 증시 전망이 아니고 주식 종목을 가지고 구체적으로 토론하거나 심지어 자기 종목이 더 좋다고 싸우기까지 한다.

한국 증시 중기 11월 국면

드디어 중기 11월 국면까지 왔다. 기술적으로 중기 11월 국면은 천장 박스권으로서 헤드 앤 숄더(head and shoulders) 패턴으로 두세 번 천장을 더 만들 수 있다. 물론 단일 천장만 기록하고 바로 하락세로 진행될 수도 있는데, 그럴 때 중기 11월 국면은 생략된다.

중기 11월 국면의 가장 큰 특징은 한국 증시의 상승 추세를 만든 달러 약세가 드디어 달러 강세로 바뀌는 자리라는 점이다. 엘리엇 파동 하락 1파에 해당된다. 다만 이 달러 강세는 추세적일 수도 있고 초단기적 흐름일 수도 있다.

겨울1 국면이 지나고 가을2 국면이 나타나면서 2차 상승이 온다. 가을2 국면에 다시 달러 약세가 나타나기 때문이다. 중기 11월 국면의 달러 강세는 증시에서 탈출해 달러 채권으로 피신해야 하는 명확한 전조 현상이다. 그러나 이 자리부터 추세적으로 달러 강세가 진행될지는 가을2 국면의 2차 상승 모습을 지켜봐야 알 수 있다.

아무튼 개인투자자는 중기 11월 국면을 마치 중기 8월 국면과 같은 상승 중 조정으로 인식한다. 주식 보유를 너무나 행복해하며, 하락할 수도 있다는 생각을 전혀 하지 않는다. 또한 봄 국면에서 비관적이던 경제

학자와 사회 저명인사들이 드디어 비이성적인 상승 전망을 내기 시작한다. 예를 들어 1929년 어빙 피셔의 영원한 고원, 1973년 니프티 피프티의 One Decision Stock(한 번 사서 영원히 보유하면 높은 배당 수익과 주가 상승이 보장되는 주식이라는 뜻), 다우지수 10만 포인트 같은 선정적인 주장이다.

새로운 패러다임이 도래하여 "이번에는 다르다."는 주장이 또 나온다. 가치 평가나 회계 기준 측면에서 새로운 방법론이 등장해 비싼 밸류에이션을 정당화하려는 시도를 보인다. 원유는 더욱 급등해 팽창 현상은 가속화되고 기업의 원가구조는 악화된다.

미국은 이미 금리를 인하하였고, 다른 선진국도 신흥국보다 먼저 금리 인하를 논의하기 시작한다. 그간 경기, 통화, 증시의 초과 상승을 경험한 한국을 포함한 신흥국들은 여전히 금리를 인하할 생각조차 하지 않는다. 그러나 시장 금리는 먼저 반응하여 하락하기 시작하며, 정크 본드(junk bond, 신용등급이 낮은 기업이 발행하는 고위험·고수익 채권)는 오히려 금리가 급등하는 이상한 금융 현상이 발생한다.

시장이 급등을 멈추고 천장 박스권을 형성하자 비관론자들과 인간 지표들이 드디어 주식 종목을 물어보기 시작한다는 점도 중기 11월 국면의 특징이다. 경상 수지가 악화되는 경향이 있고, 외인들의 매도가 더욱 공격적으로 바뀌고, 캐리 트레이딩 자금이 본국으로 복귀하면서 원화도 약세로 접어들려는 움직임을 보인다.

한국 증시 겨울 국면,
공포와 절망의 시대

한국 증시 중기 12월 국면

중기 12월 국면은 중기 11월 국면에서 형성된 천장 박스권의 하단을 하향 이탈하면서 하락 추세가 최종 검증되는 자리다. 중기 12월 국면은 발생과 동시에 인식이 가능하며, 중기 12월 국면이 확인되어야 천장이었던 중기 11월 국면도 최종 확정된다. 중기 12월 국면은 미국 및 선진국이 앞다퉈 금리를 인하하는 자리다.

한국 증시 중기 1월 국면

하락 추세가 본격적으로 심화되는 시기가 중기 1월 국면이다. 가장 처참하게 폭락한다. 실제로 우리 겨울 날씨도 12월보다 1월이 훨씬 더 춥지 않은가? 이렇게 증시가 망가진 이후에 신흥국 정부도 금리 인하에 동참한다. 금리 인하에 따라 채권 가격은 중기 12~1월 국면부터 상승 추세로 전환된다.

중기 1월 국면은 일시적 반등이 있을 수 있다. 하락하다가 다시 이전 천장 박스권의 하단 근처까지 반등하기도 하는데, 이를 불트랩이라고 부른다. 그러나 천장 박스권의 하단을 상향 돌파하지 못하고 하락 추세가 본격적으로 진행된다. 중기 2월 국면으로 진행되면서 겨울 국면의 대미를 장식한다. 엘리엇 파동의 기본 원칙을 비교적 지키면서 하락 추세가 진행된다.

불트랩은 발생할 수도 있고 발생하지 않을 수도 있다. 만일 불트랩이 발생하면 대규모 거래량이 폭발한다. 부화뇌동 초단기 개인투자자들이 중기 8월 국면처럼 상승 중 조정이 끝나고 다시 상승 추세로 전환되었다고 오해하여 대규모로 매수하기 때문이다. 이들은 불난 영화관에서 끝까지 빠져나오지 못한 마지막 희생자다.

중기 1월 국면에서 가장 많은 희생자가 나온다. 한국 증시 2기에 과열 양상을 보인 주식형 펀드의 수탁고가 감소하기 시작한 때는 증시 천장인 중기 11월 국면이 아니고 중기 1월 국면이었다. 이 사실은 많은 것을 이야기해 준다. 불트랩 이후 폭락의 진수가 시작되면 아비규환이 된다. 공포로 인해 투매와 마진 콜(margin call)이 속출하고 오히려 거래량은 급감한다. 투자자들의 자살과 기업 파산 등 안타까운 일이 많이 발생한다.

한국 증시 중기 2월 국면

중기 1월 국면의 타작 정리가 끝나고 포연이 자욱한 중기 2월 국면이 찾아온다. 이렇게 한국 증시 순환주기의 한 기수를 마무리한다. 겨울 국면을 만드는 원인인 금융위기는 자산시장을 지배하는 순환주기의 시작점이자 끝점으로 수학의 0과 비견될 정도로 매우 중요하다. 중기 2월 국면을 정확히 인식하기 위해서는 금융위기와 전조현상에 대한 이해가 높아야 한다.

중기 2월 국면은 미국 연준을 포함해 각국 중앙은행과 행정부가 최후의 대부자 역할을 하면서 바닥을 만드는 자리이다. 바닥이 형성되기 위해 가장 중요한 두 가지 조치는 첫째, 양적질적완화, 재정적자, 금리 인하 등 연준의 대규모 유동성 투입이고, 둘째, 주요국과 달러 스왑 협정이다. 유동성 투입과 달러 스왑 협정이 신속히 집행되면 시장은 대부분 안정되는 것을 관찰할 수 있다. 시장의 안정 여부는 마이너스 2~3%에 이르는 폭락이 상당 기간 나타나지 않는 것을 확인해야 한다.

2008년 이후 미국 연준은 역사상 처음으로 양적완화를 3차례에 걸쳐 진행하였다. 미국 연준은 금리를 빠르게 인하하여 초단기적 유동성을 투여하는 방법을 쓰고, 행정부는 재정적자를 유발하여 신용 경색의 확산을 막는다. 이는 미국 금융 역사상 처음 취한 조치였다.

2020년 3월 미국 연준은 양적완화를 넘어서 질적완화까지 집행하였다. 양적완화는 담보로 잡을 수 없는 장기 우량 채권으로 미국 달러를 발행하는 것이다. 질적완화는 장기 채권보다 더 위험한 장기 불량 채권과 주식까지 담보로 잡겠다는 것이다. 한술 더 떠서 아예 담보도 잡지 않고 마구잡이로 달러를 발행하겠다는 것이 MMT(Modern Monetary Theory, 현대통화이론)인데, 아직 그 단계까지 도달하지는 않았다.

중기 2월 국면은 워런 버핏과 같은 정성적 기본투자자(가치투자자)들이 좋은 조건으로 증시에 진입하는 시점이기도 하다. 2008년 말 버핏은 전환 우선주 옵션이 포함된 고금리 배당 조건으로 금융기업이나 대형기업에 대형 자금을 투자하여 꿩 먹고 알 먹는 무위험 차익거래로 큰 수익을 얻었다. 그러나 2020년 3월의 플래시 크래시 당시 워런 버핏은 최후의 대부자 역할을 하지 않았다. 따라서 앞으로 이것을 바닥의 전조 현상으로 보기는 어렵다.

미국 연준은 시장을 안정시키기 위해 금리를 빠르게 인하하여 제로 금리 또는 마이너스 금리 환경을 조성한다. 따라서 장단기 금리차 역전 현상은 강제로 정상화된다. 신용 금리 스프레드는 중기 2월 국면에서 천장을 기록하는데, 유동성 투입으로 신용 경색이 해소되면 점차 하락하여 안정화된다.

신용 금리 스프레드
채권의 금리 격차를 의미한다. 즉 신용등급이 다른 채권 간 금리차를 말한다.

그러나 중앙은행과 행정부의 강력한 조치에도 투자자를 포함한 국민들은 국가가 망할지도 모르겠다며 막연한 공포를 느끼는 자리가 중기 2월 국면이다. 대부분 투매하고 마음의 평안을 찾는 편을 택한다.

경기 불황으로 대중교통, 서적 판매, 편의점, 병원과 의약품 등의 매출이 증가하는 현상이 나타난다. 기업의 구조조정과 대량 해고가 시작된다. 중기12국면에서 가장 기간이 긴 봄 국면, 즉 비관과 회의의 시대로 다시 돌아간다.

주도 업종을 잡아라

한국 증시의 주도 업종을 찾는 방법

한국 증시의 주도 업종은
어떻게 형성되는가?

서문에서 언급한 대로 필자는 천지인(天地人) 투자철학을 투자의 기본 원칙으로 정의하고 있다. 천시(天時)는 투자 시점을 가늠하는 통찰력을 의미한다. 필자는 중기12국면과 금융 생태계와 같은 시나리오 모델을 활용하여 천시를 본다.

지리(地利)는 투자에 성공할 확률이 높은 투자 대상의 종류와 최종 대상을 선정하는 능력이다. 주식 시장으로 범위를 좁히면 주도 업종과 주도 업종 내 상승할 가능성이 큰 우량 기업을 선택하는 것이다. 지리는 천시보다 더 중요한 역량이다.

주식에서 말하는 주도 업종은 산업에 대한 분류처럼 보이지만, 편의상 그렇게 부르는 것이다. 업종은 기본적으로 산업에 대한 분류를 포함한다. 각 세부 업종뿐만 아니라, 대형주와 소형주, 성장주와 가치주, 경기 민감주와 경기 방어주, 투자 전략에 대한 분류도 모두 주도 업종을 분류할 때 사용된다.

5대 자산 전체로 보면 주도 업종의 범위는 훨씬 넓어진다. 주식을 포함하여 채권, 상품, 통화, 부동산도 주도 자산이 모두 다르다. 예를 들어 부동산은 지역에 따라 서울권, 지방 광역시, 지방 소도시 등으로 나눌 수 있다. 부동산 종류에 따라 대형 아파트와 소형 아파트, 빌라, 다세대 복합주택, 주상복합, 오피스텔, 빌딩, 토지 등으로 나눌 수도 있다. 투자 전략에 따라서 또 나눌 수 있다.

아무리 지리와 천시를 안다 하더라도 투자 원칙을 확고하게 지키지 않으면 수익이 나지 않는다. 따라서 인화(人和)는 가장 중요한 능력이다. 초단기적 공포와 탐욕, 각종 심리 편향, 통섭적 접근이 아닌 단편적이고 일차적인 지식, 패턴의 오류 등이 인화를 방해하는 원인이다.

필자는 지리에 대하여 책 한 권 이상이 나올 정도로 방대한 연구를 진행하였다. 그러나 이 책은 천시에 관련된 책이므로 지면상 지리는 간단히 살펴보겠다. 지리는 주도 업종을 알아보고 주도 업종 내 탁월한 종목을 선택하는 역량이다. 주도 업종만 잘 선택해도 투자에 큰 무리는 없다고 할 수 있다. 주도 업종은 여러 가지 요인에 의해 형성되는데 3가지만 보도록 하겠다.

주도 업종의 형성 조건은 다음과 같다.

❶ 시대적, 역사적 요구에 의해 발생

❷ 금융 생태계 측면에서 자연스럽게 형성

❸ P와 Q가 성장하는 탁월한 시장에서 탄생

시대적, 역사적 요구로
탄생하는 주도 업종

시대적 또는 역사적 요구로 탄생하는 주도 업종은 해당 국가의 자본주의 발전 단계에 따라 정해지기도 하고, 전 세계적인 유행, 트렌드, 자연 현상, 전쟁 등에 영향을 받기도 하며, 산업혁명이 진행되는 방향에 의존하기도 한다.

자본주의 발전 단계

자본주의 발전 단계는 도입기, 성장기, 성숙기로 대략 구분해 볼 수 있다. 각 단계마다 보이는 특징은 국가별로 유사하다. 자본주의 도입기 국가는 국가의 형태를 막 갖추고 독재 형태의 의사결정 체계와 보호무역주의를 강하게 펼치는 경향이 있다. 그러나 아직 해외 국가들과 교류하지 않고 금융이란 개념이 아직 형성되지 않는다.

자본주의 성장기로 접어들면 더는 독재국가를 유지하기 어려운 환경이 된다. 경제가 발전하면서 대외 교역이 증가한다. 올림픽, 아시안게임,

엑스포 등 국제적 행사도 많이 유치한다. 해외 언론에 국내 문제가 자주 이슈화되기도 한다. 신용카드를 쓰기 시작하며 자동차 보급률이 급증한다. 부동산 가격 등락이 중산층의 삶에 영향을 미치기 시작한다. 부가가치가 낮은 경공업을 하청 생산하다가 점차 부가가치가 높은 산업으로 이동한다. 외주 생산 위주에서 직접 생산 비중이 조금씩 늘어난다.

자본주의 성장기에 겪는 경제 발전 및 국제 교역 증가는 결국 금융시장 개방으로 이어진다. 외국인들이 증시에 들어오면서 PER, PBR 등의 가장 기초적인 밸류에이션(valuation)을 기업 평가에 활용한다. 우량 공기업이 민영화되어 주식을 상장한다. 이 시기에 관련 업종은 반드시 주도 업종으로 등극한다. 따라서 한국 증시 1기 때 저PER주, 자산주, 블루칩(수익성, 성장성, 안정성이 높은 대형 우량주) 등이 주도 업종으로 등극한 것은 자연스럽고 당연한 일이다.

미국 달러 체계에 한 발 들어선다. 여기서부터 문제가 발생한다. 국가 설립 이래 이렇게 조달 금리가 낮은 단기 외채를 받은 적이 없다. 달콤한 유혹에 방만하게 단기 외채를 유치하고, 심지어 중장기 목적의 자금 조달에 단기 외채를 사용하기까지 한다. 그러다가 언젠가 달러 강세가 찾아온다. 달러 강세는 죽음의 사신이다.

국제 교역에서 급격한 신용 경색이 발생하며 결국 기업 부도와 모라토리엄 등의 국가 부도까지 이어진다. 이때쯤 IMF가 등장해 구제 금융을 제시하며 국내 알짜 금융기관과 우량 기업을 인수한다. 이것은 자본주의 성장기에서 반드시 겪는 단계다. 한국 및 아시아 국가들은 제2차 달러 강세에서 완전히 털렸으나 중국과 홍콩은 살아남았다. 결국 변동환율제로 바뀌면서 미국 달러 체계로 완전히 편입된다.

이렇게 필연적인 국제 교역의 신용 경색을 겪고 변동환율 체제로 편입된 후 얼마나 역경을 잘 극복하느냐에 따라 자본주의 성숙기에 들어갈 수 있는 티켓을 얻는다. 이에 성공한 국가는 매우 드문데 한국은 거기에 속한다.

자본주의 성숙기에 속한 국가는 증시와 민주주의적 의사결정 체계가 매우 효율적이고 정보 비대칭도 최소화되어 있다. 투자자는 주식의 밸류에이션을 더욱 면밀히 보기 시작한다. 국내 토종 기관투자자들이 더욱 발전하고, 스튜어드십 코드(Stewardship Code) 등 주주 자본주의 활동이 나타나기 시작한다. 자본주의 성숙기 끝에 속한 국가는 미국, 일본, 서유럽 국가 등이다. 한국은 성숙기에 막 진입한 상태다.

> 📝 스튜어드십 코드(Stewardship Code)
> 기관투자자들의 의결권 행사를 적극적으로 유도하기 위한 자율 지침이다. 기관투자자들이 투자 기업의 의사결정에 적극 참여해 주주와 기업의 이익 추구, 성장, 투명한 경영 등을 이끌어 내는 것을 목적으로 한다.

한국 증시 1기 – 트로이카(troika)의 시대

시대적, 역사적 요구에 의해 한국 증시에 어떤 주도 업종이 형성되었는지 하나씩 살펴보자.

1970년대는 유가 급등과 인플레이션이 키워드였다. 중동 개발 및 베트남 전쟁이 세계 경제에 큰 영향을 미쳤다. 한국은 오일 달러 유입으로 중화학 산업 육성과 중산층의 초기 형성이 이루어졌다. 한국은 자본주의 성장기 초기였기 때문에 기반 산업이 별로 없었다. 따라서 할 수 있는 일은 땅을 파고 나무를 베서 건물을 올리거나 외국에서 물건을 수입해 마진을 붙여서 파는 정도였으며, 이런 일을 대규모로 하기 위한 대출이 있었다.

초기 산업이 부흥할 때는 건설을 기초 산업으로 삼아 자본주의가 발전한다. 경제가 성장함에 따라 주택과 사회 기반시설이 필요하기 때문이다. 국내에서 건설 기술이 축적되면서 중동 등 다른 나라의 건설 용역을 맡아 수출까지 하게 된다.

이러한 건설, 상사, 금융 활동은 1980년대까지 이어졌으며, 투자자들은 이를 트로이카(troika)라 부르기 시작한다. 트로이카는 한국 증시 1기의 가장 강력한 주도 업종이었다. 위에서 설명한 대로 시대적, 역사적 요구에 의해 형성된 주도 업종이다.

자본주의 성장기에 국가 경제는 발전했지만 여전히 자국 내에서 생산하는 물품은 부족하다. 세계적으로 유행하는 물건은 더욱 그럴 수밖에 없다. 따라서 중계무역이 중요한 비즈니스 모델이 된다. 대규모 건설사업과 무역사업은 나중에 대금을 결제하므로 금융기관의 지급 보증과 대출이 필요하다. 금융 업종도 덩달아 호황을 누린다.

한국 증시 1기는 아직 고금리의 충격에서 완전히 벗어나지 못한 시절이다. 물론 금리는 점차 낮아지는 추세였지만 예대마진이 높았던 시절이다. 은행, 증권, 보험 등의 금융 업종은 영업이익 구조가 좋을 수밖에 없었다. 지금과는 정반대의 금융 환경이었다. 지금 금융 업종이 주도주가 되지 못하는 이유는 바로 저금리와 디플레이션 환경 때문이다.

게다가 증시가 5년간 폭등하자 증권 업종의 매매 수수료 수익이 엄청나게 증가한다. 당시 최고의 직장은 증권 업종이었다. 외국에서 박사학위를 받고 전공과 무관한 증권회사에 취직하던 시대였다. 당시 증권 업종은 모두 수십 배 급등한다.

아무리 달러 약세가 진행되고 경상 수지가 급증했다 하더라도 증시의 급등은 언제나 가장 강력한 매도 신호가 된다. 1990~1992년을 지나며 10.10 깡통 사태 등 숱한 노이즈가 발생하였고, 증시는 하락 추세로 접어든다. 그러나 달러 약세가 아직 끝나지 않았기 때문에 2차 상승이 다시 찾아올 운명이다. 그러나 주도 업종에 약간의 변화가 생긴다.

> 📝 10.10 깡통 사태
> 당시 신용과 미수 매매는 일반적이었고, 미수금이 1조 원이 넘었다. 그러자 정부는 1990년 10.10 조치를 통해 일시에 깡통계좌를 일괄 정리하였다. 이 조치로 자살자가 속출했다.

한국 증시 1기 – 가치주(저PER, 저PBR, 자산주)의 시대

1992년부터 달라진 시대적 상황은 바로 외국인에게 한국 증시를 개방했다는 점이다. 외국의 가치투자자가 한 국가에 본격적으로 진입하고, 가장 먼저 보는 것이 바로 PER, PBR 그리고 보유 자산이다. 이는 이전에 한국 증시에서 절대 보지 못했던 저PER, 저PBR, 자산주 열풍을 일으켰다. 그러나 금융 생태계상 기술주가 주도하기도 하는 장세이기 때문에 기존 기술주와 새롭게 가세한 통신주 등도 상승 장세를 주도한다.

1990년대 2차 상승이 끝나고 1995년이 되자 주도 업종은 블루칩을 마지막으로 힘을 잃기 시작한다. 부실주 투기와 작전주, 주식 사기가 판을 친다. 1995년부터 달러 강세가 시작되면서 한국 증시 1기는 겨울 국면에 돌입한다. 외국인은 주식을 팔고 한국을 떠났으며 해외 채권자들은 한국이 무분별하게 남발하던 단기 외채의 상환을 요구한다.

1990년대 후반기의 가장 강력한 키워드는 IMF 외환위기이다. IMF

외환위기 하나만 다뤄도 책 한 권을 쓸 수 있을 정도로 방대하기 때문에 지면상 간단하게 넘어가는 것을 이해하기 바란다. 한국 증시의 유일한 대공황이 바로 전무후무한 IMF 외환위기다. 한국 증시 1기는 IMF 외환위기로 막을 내린다.

한국 증시 2기 – 닷컴의 시대

한국 증시 2기 봄 국면은 닷컴 버블로 인한 강력한 증시 급등과 함께 시작된다. 한국 증시 1기 겨울 국면은 IMF 외환위기 때문에 주도 업종이 형성될 자리가 아니었다. 한국 증시 1기 겨울 국면이 지나고 IMF 외환위기가 마무리되지 않았지만, 희망이 보였던 1998년 하반기에 다시 한국 증시 2기가 시작된다.

이때의 시대적 요구는 바로 미국의 닷컴 버블이었다. 아직 한국은 자본주의 성장기 단계였고, 당시 유행은 단연코 닷컴으로 대표되는 미국발 기술주 버블이었다. 신경제, 닷컴, 팍스아메리카나 등이 시대적, 역사적 요구에 해당하는 키워드였다.

IMF 외환위기로 아시아 신흥국이 모조리 폭락을 겪고 있었지만, 정작 미국은 닷컴 기술주 버블이 6년간 진행되고 있었다. 조금 늦긴 했지만 한국 증시도 코스닥이라는 새로운 증시를 활용해 새롬기술 등의 벤처 열풍이 불기 시작한다. 코스닥 주식은 닷컴 버블 바람을 타고 당시 SKT, 삼성전자 등 코스피 대형주보다 더 큰 폭으로 상승한다.

1998년 하반기부터 한국 경제는 다시 살아난다. 김대중 정부의 벤처 기업 육성책과 당시 미국에서 초급등세를 구가하던 닷컴 버블이 맞물려 강력한 증시 상승이 나온다. 1998년 하반기부터 1999년 말까지 기록한 상승률은 한국 증시 사상 전무후무한 기록이다.

1999년 한국도 뒤늦게 닷컴 버블의 영향권으로 들어선다. 필자도 천당과 지옥을 맛보게 해준 새롬기술을 보유하고 있었다. 당시 새롬기술의 시가총액은 엔간한 대형주를 초과하였고 밸류에이션은 말도 안 될 정도로 높은 수준이었다. 문제는 이러한 말도 안 되는 급등이 1년 넘게 지속되었다는 점이다. 단기 측면의 틈새 주도 업종이었다 평가할 수 있다.

한국 증시 2기 3월 국면은 새롬기술 등의 벤처 열풍으로 2000년에 마무리된다. 4월 국면은 2003년 초까지 진행되는데, 이때는 태평양 등의 가치주와 필수소비재 중 일부 개별 종목이 반짝 주도한다.

그러나 2000년대는 한국 증시 2기로 새롭게 정의될 수 있을 정도로 한국 증시 1기와 매우 다른 시대적, 역사적 요구가 있었다. 1999년에 뒤늦게 찾아온 닷컴 기술주 버블은 한국 증시 전반적인 주도 업종으로 이어지지 못하고, 네이버와 다음 등 일부 인터넷 기업에 국한된다.

반면 중국의 자본재 생산이 엄청난 버블을 만들어 낸다. 자본재와 원자재는 미국 증시가 봄 국면일 때 주도 업종으로 등극한다. 금융 생태계 측면에서 볼 때 이는 자연스러운 현상이다.

한국 증시 2기는 2002년 시작된 달러 약세와 함께 2003년에 중기 5월 국면을 시작한다. 자본재와 원자재 업종이 주도하였고, 그 외 네이버라는 걸출한 주도주가 탄생한다. 닷컴 버블 붕괴 이후 한국에서 인터넷 플랫폼을 비즈니스 모델로 삼은 기업들의 경쟁 끝에 마지막까지 살아남은 결과이다. 이미 미국은 1990년대 후반에 유행을 마감하였으나 한국 등의 신흥국은 몇 년 지나서 옮겨온 것으로 해석할 수 있다.

한국 증시 2기 – 지주회사의 시대

2000년대 트렌드는 중국의 자본재 버블과 미국 닷컴 버블의 일부 계승이라 말씀드렸다. 그뿐만 아니라 2000년대는 스튜어드십 코드의 태동기였다. 자본주의 성숙기로 진입할 때 기업의 지배구조와 기업 총수의 문제점을 지적하는 사회적 목소리가 커진다. 이에 1단계로 지주회사라는 방식이 등장해 기업의 지배구조를 일단 투명하게 하려는 시도가 시작된다. 재벌들은 지주회사를 중심으로 재편하는 데 회사의 역량을 집중하였고 주가 급등을 이끌어냈다.

이러한 초기 단계의 스튜어드십 코드는 바로 2000년대의 시대적, 역사적 요구가 만든 주도 업종이다. LG, SK 등이 당시 주도주였다. 삼성그룹은 이 시기에 적절히 기업 지배 구조를 재편하지 못해 지금까지 고생하고 있다고 할 수 있다.

한국 증시 2기 – 차화정의 시대

한국 증시 2기 2차 상승은 '차화정' 업종의 주도로 시작되었다. '차화정'은 자동차, 화학, 정유 업종을 줄여서 만든 신조어다. '차화정'은 여름-가을1 국면의 자본재 업종을 계승하였다. 자동차 업종이 새롭게 등장한 이유는 바로 엔고 환경이 만들어졌기 때문이다.

2010년대는 다시 증시 침체로 접어든다. 정확히 2011년 하반기부터 한국 증시 2기는 겨울 국면에 진입하기 시작한다. 2016년 상반기까지 진행된 한국 증시 2기 겨울 국면은 상승도 하락도 하지 않는 박스권을 5년이나 지속하였다. 박스피라는 신조어가 만들어지기도 하였다.

한국 증시 2기 - 바카라의 시대

암울한 겨울 국면에도 주도 업종은 탄생한다. 중국 소비재와 제약바이오 업종 그리고 필수 소비재가 제한적 랠리를 보였다. 통상 금융 생태계 측면에서 볼 때 겨울 국면은 필수 소비재와 제약바이오 등의 경기 방어주가 증시를 제한적으로 주도한다.

이를 재미있게 표현한 용어가 바로 '바카라'이다. 이 시기의 시대적, 역사적 요구는 중국 소비와 고령화라 할 수 있다. 2000년대는 중국 자본재 랠리였다면 2010년대 상반기는 중국 소비재 랠리라 할 수 있다.

'바카라'라는 신조어는 바이오, 카지노, 딴따라의 첫 글자만 따서 재미있게 유행했던 용어로 기억한다. 바이오는 제약, 바이오 및 화장품을 포함한다. 카지노는 카지노와 국내 호텔 및 면세점을 포함한다. 딴따라는 놀자 업종으로 게임, 한류 엔터테인먼트 등을 지칭한다. 한마디로 중국 관련 소비재 업종을 의미한다.

겨울 국면은 경기 방어주나 소비재 업종이 주도 업종이 된다. 특히 제약바이오는 경기 방어주나 소비재에도 해당되지만, 고령화와 바이오시밀러는 시대적 요구에 맞는 업종으로 겨울 국면에 특이하게 강한 상승세를 보인 주도 업종으로 등극한다.

한국 증시 3기 - 기술주와 제약바이오의 시대

2010년대 후반기에 달러 강세가 마무리되면서 다시 상황이 바뀐다. 2016년 하반기부터 시작된 반도체와 제약바이오 랠리로 코스피 지수가 역사적 신고가를 경신하면서 한국 증시 3기를 연다. 통상 역사적 신고가 경신은 6월 국면에 발생한다. 하지만 한국 증시 2기 겨울 국면의 하락이 그렇게 깊지 않고 박스피를 유지했기 때문에 한국 증시 3기 봄 국면이 시작될 때 역사적 신고가를 기록한 것으로 해석한다.

한국 증시 3기 – 기술주, 제약바이오에 이어 언택트 등 선택 소비재도 합류

2020년대 들어 기존 주도 업종이었던 기술주와 제약바이오에 이어 코로나19가 촉발한 언택트가 주도 업종에 합류한다. 이 추세가 2020년 3월 코로나19 발생 이후 1년 만에 사그라들지, 아니면 최소한 2020년대 상반기 전체를 장악할지는 진행 상황을 보면서 결정해야 할 것이다. 최소한 2020년은 언택트로 인해 큰 주도 업종이 형성되었다.

언택트는 점진적으로 디지털로 바뀌어 가던 인류의 생활 방식을 단 한 달 만에 10년을 앞당겨 놓은 메가트렌드다. 화상통화와 재택근무, 클라우드의 확산과 영화관 몰락은 언택트가 없었다면 그렇게 빠르게 진행되지 않았을 것이다. 물론 시간이 지날수록 그 방향으로 진화하는 것을 피할 수는 없지만 문제는 그 속도다.

언택트 추세에 따라 미국의 FATMANG, 즉 페이스북, 애플, 테슬라, 마이크로소프트, 아마존, 넷플릭스, 구글은 더 큰 상승을 보였다. 한국 증시도 네이버, 카카오, 및 모바일 결제, 게임, 인터넷 쇼핑, 스트리밍 서비스, 클라우드 등이 주도 업종으로 급부상하였다.

제약바이오도 코로나19로 다시 주도 업종으로 등극하였다. 코로나19 가 없었더라도 이미 고령화 트렌드는 있었다. 문제는 한국의 제약바이오 기업은 빅3를 제외하면 대부분 영세하고 세계적인 기업이 없다는 데 있다. 반도체, 2차 전지 등과 다른 상황이다. 따라서 제약바이오 업종은 경쟁력 있는 대형주를 제외하면 주도 업종으로 보기에 다소 무리가 있다.

반도체와 2차 전지는 기술 업종으로서 금융 생태계 측면에서 본 주도 업종과도 겹친다. 언택트 추세에 따라 데이터 센터와 모바일 기기 및 PC/노트북 수요가 증가하므로 반도체 수요는 중기적 측면에서 증가할 수밖에 없다. 게다가 반도체는 빅3가 과점하는 시장으로 탈바꿈하였기 때문에 공급이 제한적일 수밖에 없다.

2차 전지는 바이든이 미국 대통령으로 당선되면서 더욱 힘을 받을 것이다. 신재생 에너지는 ESS(Energy Storage System)로 저장해야 하며 이 에너지는 전기차에서 사용될 것이다. 전기차와 ESS는 2020년대 전체를 관통하는 플랫폼으로 수많은 파생 수요를 이끌어낼 것이다. 수소차는 아직 태동 단계로 전기차만큼 증시에 영향을 미치지 못할 것으로 전망한다.

주도 업종 흐름 정리

지금까지 주도 업종을 형성하는 첫 번째 조건인 시대적, 역사적 요구를 살펴보았다. 아래 그림으로 1차 정리를 하자.

[그림 4-1] 한국 증시 주도 업종 역사

금융 생태계로 자연스럽게
형성되는 주도 업종

금융 생태계와 주도 업종

금융 생태계로 인하여 자연스럽게 형성되는 주도 업종을 살펴보겠다. 이 내용도 앞의 그림(p175)에서 찾아볼 수 있다.

금융 생태계는 5대 자산 및 미국 증시의 흐름과 움직임에 의해 결정되며, 이러한 금융 생태계가 상당 부분 주도 업종의 운명을 결정한다. 마치 애덤 스미스의 '보이지 않는 손'처럼 금융 생태계는 5대 자산, 증시 국면, 주도 업종 등에 막강한 영향력을 행사한다.

5대 자산은 주식, 채권, 부동산, 상품, 통화이다. 전 세계 경제, 정치, 군사를 좌지우지하는 미국이 가장 중요하기 때문에 미국 주식, 미국 채권, 미국 부동산, 미국 달러가 가장 중요한 지표다. 이 중에서 미국 달러와 미국 금리가 가장 중요하다. 이 두 가지만 잘 파악한다면 거시 경제를 대변하는 5대 자산의 절반 이상을 이해할 수 있다.

미국 달러는 17년 순환주기를 가지고 있다. 한국을 포함한 신흥국 증시는 달러 약세로 대세 상승을 시작해 달러 강세로 마감한다. 그러나 신흥국의 대세 상승기에 미국 증시는 봄 국면일 수도 있고, 여름 국면일 수도 있다. 미국 증시의 중기4계절 국면에 따라 주도 업종은 엄청나게 다른 운명을 맞는다. 미국 증시는 34년 전후의 순환주기에 의해 움직이며 2020년 11월 현재 7기 여름 국면이 진행 중이다.

정리하면, 신흥국이 달러 약세로 대세 상승이 진행될 때
❶ 미국 증시가 여름 국면이면 기술주와 선택 소비재가 주도 업종이 된다.
❷ 미국 증시가 봄 국면이면 자본재와 원자재가 주도 업종이 된다.

주도 업종을 조금 더 자세히 쪼개서 정의해 볼 수 있다.
❶ 미국 증시 여름 국면은 기술주와 선택 소비재의 시대일 뿐만 아니라, 대형 성장주의 시대이며, 무형 자산의 시대이며, SW의 시대이며, 연구 개발의 시대이며, 증권의 시대라 정의할 수 있다.
❷ 미국 증시 봄 국면은 자본재와 원자재의 시대일 뿐만 아니라, 소형 가치주의 시대이며, 유형 자산의 시대이며, HW의 시대이며, 대량 양산의 시대이며, 상품의 시대라고 정의할 수 있다.

이 개념은 주도 업종을 파악할 때 매우 중요하니 암기할 것을 권유드린다. 미국 증시가 봄 국면 또는 여름 국면인지에 따라 '보이지 않는 손'처럼 주도 업종을 지배한다. 단 미국 증시가 가을 국면일 때는 달러 약세가 발생하기 어렵고, 신흥국 주식 시장도 상승하기 어렵기 때문에 신흥국의 주도 업종은 다루지 않았다. 또한 미국 증시 여름 국면과 가을 국면의 주도 업종은 동일하다.

미국 달러와 한국 증시 주도 업종 비교

앞에서 설명한 미국 달러와 비교하면서 한국 증시의 주도 업종을 설명해 보겠다. 한국 증시 1기는 정확히 제1차 달러 약세 시기와 일치한다. 제1차 달러 약세는 1985년부터 1994년까지 지속된다. 한국 증시 1기의 여름-가을1 국면은 1985년에 시작해 1989년에 끝난다. 2차 상승인 가을2 국면은 1992년에 시작해 1994년에 마무리된다.

한국 증시 1기 주도 업종은 트로이카와 기술주 그리고 자동차, 화장품 등 선택 소비재이다. 2차 상승인 가을2 국면에서 자산주와 블루칩, 통신주 등이 추가되었다. 1기 전체 기간 동안 주식시장 시가총액에 영향력을 행사한 대장주는 삼성화재로 평가할 수 있다.

한국 증시 2기도 제2차 달러 약세 시기와 일치하지만 돌발적인 신용카드 위기 때문에 1년 늦게 시작되었다. 제2차 달러 약세는 2002년에 시작해 2011년에 마감한다. 한국 증시 2기의 여름-가을1 국면은 2003년에 시작해 2007년에 천장을 기록하였다. 2차 상승인 가을2 국면은 2009년에 시작해 2011년 상반기까지 이어졌다.

미국 달러 등 금융 생태계로 형성된 주도 업종과 시대적, 역사적 요구에 의해 형성된 주도 업종은 서로 비슷할 수도 있고, 완전히 다를 수도 있다. 가을 2국면의 2차 상승으로 금융 생태계에 변화가 발생할 수 있으며, 이는 주도 업종에 약간의 변화를 줄 수 있다. 규모는 작지만 겨울 국면에도 주도 업종이 존재한다.

주도 업종의 이중적인 발생 원인과 주도 업종이 희석되고 변화하는 현상을 잘 이해해야 주도 업종의 흐름을 파악할 수 있다. 이 부분을 좀 더 살펴보도록 하자.

한국 증시 2기 주도 업종은 자본재와 에너지 그리고 네이버와 다음 등의 닷컴 기업이었다. 2차 상승인 가을2 국면에 자동차 업종이 추가되면서 차화정 장세가 펼쳐졌다. 2기 전체 기간 동안 주식시장 시가총액에 영향력을 행사한 대장주는 현대중공업과 네이버로 볼 수 있다.

위에서 언급한 대로 시대적, 역사적 요구로 발생한 주도 업종과 금융 생태계로 발생한 주도 업종은 서로 다를 수 있다. 한국 증시 1기의 트로이카로 대표되는 증권주, 은행주, 건설주, 상사주 등 트로이카는 기술주는 아니지만 시대적, 역사적 요구에 부합한 업종에 속하면서 주도 업종이 되었다. 건설 업종 외 자본재 업종은 금융 생태계로 발생한 기술주, 자동차, 선택 소비재 대비 초과 상승하지 못했다.

한국 증시 1기 2차 상승 때 저PER주, 자산주, 블루칩 등이 시대적 역사적 요구에 의해 주도 업종이 되었다. 그러나 여전히 삼성화재와 삼성전자, 기아차, 통신주 등의 기술 업종도 주도 업종에 포함된다. 다만 이렇게 2차 상승을 하면 주도 업종에 희석 현상이 발생하며, 기존 주도주는 1차 상승만큼 상승하진 못한다. 코스피 2기 때도 같은 현상이 나타난다. 엔고로 자동차 업종의 실적이 급증하자 차화정 장세가 나타났기 때문이다.

이를 '주도 업종 희석 현상'이라 필자는 정의한다. 가을2 국면, 즉 2차 상승의 주도 업종은 여름-가을1 국면을 비교적 계승하나 시대적 요구에 의한 주도 업종이 중간에 추가로 들어오면서 희석된다.

한국 증시 1기의 2차 상승인 가을2 국면은 1992년부터 1994년인데 자산주와 블루칩이 추가된다. 이에 기존 주도 업종인 트로이카, 기술주, 선택 소비재의 상승 탄력이 약화된다. 한국 증시 2기의 2차 상승인 가을2 국면은 2009년부터 2011년인데, 이때는 엔고라는 강력한 재료로 자동차 업종이 주도 업종에 추가된다. 그래서 차화정이라는 용어가 탄생하였다.

그렇다면 겨울-봄 국면에서는 주도 업종이 탄생하지 않는가? 그렇지는 않다. 대세 상승 시기의 상승률에 미치지는 못하지만, 소소한 주도 업종들이 또 풀뿌리처럼 태어나고 스러진다. 겨울-봄 국면은 경기 방어주, 고배당, 필수 소비재 등의 성격을 가진 종목들이 주도 업종으로 등극한다. 역시 시대적 요구에 의한 주도 업종과 섞여 있기 때문에 뒤에서 같이 설명하겠다.

대세 상승 구간인 여름-가을1 국면으로 다시 돌아가자. 한국 증시 1기와 2기는 각각 미국 증시의 국면과 다르다. 코스피 1기 대세 상승 시점은 미국 증시 6기의 여름 국면이었으며, 코스피 2기 대세 상승 시점은 미국 증시 7기의 봄 국면이었다. 따라서 코스피 1기 주도 업종은 삼성전자 등의 기술주와 현대차와 태평양 등의 선택 소비재 업종이었다. 반면 코스피 2기 주도 업종은 현대중공업과 호남석유 등의 자본재와 고려아연과 포스코 등의 원자재 업종이었다.

기술주와 자본재는 모두 경기 민감 업종이지만, 완전히 다르다

기술주와 자본재는 둘 다 경기 민감 업종에 속하지만 완전히 다르다. 순환주기의 사이클을 잘못 타면 수익률에서 큰 차이가 난다. 봄 국면에서 손실이 누적되고, 여름-가을 국면에서 주도 업종 대비 별로 수익이 나지 않는 고통스러운 결과를 낳는다.

이러한 차별화는 코스피 3기에서 정확히 반대로 형성된다. 코스피 3

기 봄 국면은 2016년 하반기 달러 약세와 함께 시작된다. 삼성전자 등 반도체 업종과 셀트리온 등 제약바이오 업종이 코스피 3기 주도 업종으로 등극한다.

그러나 트럼프의 미중 분쟁과 미국 연준의 유동성 축소 등으로 인해 다시 달러 강세가 진행되면서, 중기 4월 국면은 2018년부터 2020년 3월 코로나19 사태가 심화될 때까지 지속된다.

코로나19 사태 이후 다시 달러 약세가 시나리오에 따라 재개되었다. 필자가 글을 쓰고 있는 2020년 11월은 코스피 3기의 중기 6월 국면으로 정의되었다. 주도 업종은 반도체, 2차전지, 언택트, 제약바이오, 자동차로 규정할 수 있다.

반도체와 2차전지는 기술 업종이다. 언택트와 자동차는 선택 소비재다. 제약바이오는 필수 소비재로도 또는 선택 소비재로도 구분될 수 있다. 제약바이오는 금융 생태계 측면에선 약간 박쥐 같은 존재지만 시대의 요구에 의해 주도 업종이라 정의할 수 있다.

자본재, 에너지, 필수소비재 업종은 주도 업종이 주춤할 때 키 맞추기 측면에서 간헐적 상승이 나오긴 하나, 주도 업종보다 초과 상승할 수 없는 운명이다. 2018년부터 주가 상승률을 비교해 보면 쉽게 확인해 볼 수 있다. 2019년 자본재 업종에서 반토막 난 종목이 속출하였으나, 삼성전자와 SK하이닉스는 2019년 50% 이상의 수익률을 기록한다.

초심자 편향을 버려라

이런 모습은 한국 증시 2기와 완전히 정반대이다. 한국 증시 2기 때 증시에 활발하게 참여했던 현재 40~50대 투자자는 이런 분위기에 적응하지 못할 것이다. 그 당시 현대미포조선과 태웅이 100배 넘게 폭등하고, 그 무거운 현대중공업과 두산중공업도 50배 가까이 상승하였다. 그때 추억에 젖은 투자자는 자본재 업종이 다시 상승할 그 날만 기다린다.

그러나 2020년대는 2000년대와 같은 모습이 나타나지 않을 것이다. 주도 업종은 17년 순환주기로 바뀌기 때문이다. 1~2년 정도 존버하면 되는 수준의 기간이 아니라는 점이 중요하다. 자본재와 에너지 장세가 다시 돌아오려면 2030년대까지 기다려야 할 것이다.

이것은 필자가 정의한 '초심자 편향' 때문에 발생한다고 할 수 있다. 막 시작한 입문 투자자는 당시 증시를 주도한 업종이나 기업을 잊지 못한다. 초심자 때 급등의 추억은 투자자 평생을 따라다니는 고정관념이 된다. 이것을 '초심자 편향'이라고 정의한다. 필자 역시 새롬기술이라는 초심자 편향이 있다.

이는 나이대와 밀접한 상관관계가 있다. 30대에 트로이카를 경험한 70대 투자자는 최고의 종목으로 주저 없이 증권사와 은행, 건설사를 꼽는다. 그러나 트로이카로 한 시대를 풍미했던 대다수 기업은 지금 상장폐지되어 흔적도 찾을 수 없다.

30대에 자산주와 블루칩을 경험한 현재 60대 투자자는 추세가 완전히 꺾인 한국전력, KT, 삼성생명 등을 최고로 친다. 물론 기술주를 최고로 치기도 한다. 1999년 말 SKT 최고점에서 물리고 20년이 지난 지금까지 보유하면서 자포자기한 투자자가 많다.

필자와 비슷한 나이대인 50대는 1999년의 닷컴 버블을 잊지 못한다. 이 나이대의 투자자에게 제일 먼저 떠오르는 종목은 언제나 기술주다. 그러나 2000년대 굴뚝 산업이라 폄하하던 자본재, 에너지 종목이 수십 배 또는 100배 넘게 급등하자 이들은 좌절하고 만다.

20~30대에 중국 자본재 버블을 경험한 현재 40~50대 투자자는 여전히 현대중공업, 두산중공업, 고려아연 등을 최고로 생각한다. 미국 주식보다 당연히 한국 등 신흥국 주식이 언제나 초과 상승한다는 고정관념에 갇혀 있다. 2000년대 미국 주식은 형편없었기 때문이다.

그러나 2010년대 들어 상황은 또 바뀐다. 2010년대 상반기에 소비재 제약바이오 등의 소버블을 경험한 현재 30~40대 투자자는 바이오 종목과 미국 주식, 배당 성장주 등을 최고의 종목으로 여긴다. 이들은 한국 주식에 투자하는 것을 꺼리고 미국 주식과 미국 달러는 영원히 상승할 것이라 여긴다.

2020년대 상황은 또 완전히 바뀔 것이다. 미국 증시보다 신흥국 특히 극동아시아 증시가 초과 상승하는 진풍경을 보여줄 것이다. 영원히 상승할 줄 알았던 미국 달러는 처참하게 폭락할 것이다. 한국 증시 2기 주도주였던 자본재와 에너지는 기술주와 선택 소비재보다 초과 상승하지 않을 것이다. 배당 성장주는 상승률이 매우 저조할 것이다.

초심자 편향을 극복하지 못하면 이렇게 엄청난 결과로 이어진다. 중기12국면 시나리오 모델을 역사적 사실과 함께 공부하고 그 의미를 알아야 이러한 변화에 순응할 수 있다. 결국 초심자 편향은 역사를 공부하지 않으면 극복하기 어렵고, 평생 투자자의 고정관념으로 따라다닌다.

P와 Q가 동시에 성장하는
탁월한 시장에 속하는 주도 업종

역사적 요구, 금융 생태계와 상관없는 주도 업종도 있다

마지막으로 시대가 요구하는 주도 업종과 순환주기로 돌고 도는 금융 생태계와 무관하게 '매우 우수한 시장'이 탄생할 수 있다. 필자는 이를 P(Price)와 Q(Quantity)가 동시에 성장하는 탁월한 시장이라고 해석한다. 이것은 산업에 대한 높은 이해에 바탕을 두어야 한다.

입문 투자자로 시작해 좌충우돌 경험을 쌓으며 생존하면 초급 투자자가 된다. 순환주기를 두 번 이상 겪고 생존하여 더욱 내공이 올라가면 중급 투자자가 된다. 우리가 존경하는 투자 구루는 고급 투자자에 속한다. 초급에서 중급 투자자로 넘어갈수록 금융 지식보다 기술과 산업 그리고 통계에 대한 지식을 더욱 전문적으로 쌓는 경향이 있다.

기술도 인간의 삶과 마찬가지로 생애 주기가 있다. 신제품 또는 신기술은 PLC(Product Life Cycle)를 거쳐 일생을 완성한다. 초기에 신기술, 신제품, 신규 비즈니스 모델은 시장에서 큰 잠재력을 인정받아 시장의 기대를 높이고, 많은 벤처 기업이 너도나도 뛰어든다. 곧 이 기술은 하이프 커브(Hype curve) 정점에 도달한다. 하이프 커브는 시장의 기대를 그래프로 나타낸 것으로, 시장에 기술이 본격적으로 도입되기 전에 그 정점을 이루는 특징을 보인다. 정점을 기록한 이후 경쟁력을 갖춘 두어 개 기업을 제외하고 파산하면서 캐즘(chasm)에 빠진다.

> 📝 캐즘(chasm)
> 시장이 폭발적으로 성장할 것으로 기대되었으나, 어느 순간 더 이상 성장하지 못하고 깊은 수렁에 빠진 것처럼 정체하면서 관련 기업들이 파산한다. 그러한 시기를 캐즘이라고 한다.

이후 시장이 신제품을 본격적으로 채용할 때까지 1년이 걸릴 수도 있고, 수십 년이 걸릴 수도 있다. 블루투스처럼 인텔의 도움으로 1~2년 만에 시장에 자리잡는 경우도 있다. 그러나 이더넷(Ethernet, 근거리통신망) 기술은 수십 년의 잠복기를 거쳤다. 신기술 채용 속도는 현대에 오면서 점점 빨라지는 경향을 보인다.

신기술이 시장에 도입되기 시작하면 S곡선(S curve)을 그리는 경향이 있다. 시장에 10% 이상 도입되면 80% 이상까지 급속도로 점유율이 올라간다. 이후 점유율이 정체되면서 다시 성숙기를 거치게 된다. 여기서 신기술로 새롭게 태어나 진화하지 않으면 서서히 시장에서 소멸하는 과정을 거친다.

이런 과정은 인간의 생애와 매우 유사하다. 투자자가 신기술에 관심을 가져야 할 때는 바로 S곡선의 기울기가 급속도로 증가하기 시작하는 20% 수준에 도달할 때다. 즉 신기술 시장이 20대 청년일 때부터 관심을 가지고 지켜봐야 한다. 초기 기술이 어떻게 시장에 진입하고, 어떻게 정체되고, 어떻게 다시 성장할지 가늠하는 능력은 낭패를 피하는 중요한 통찰이다.

산업혁명은 미국 증시의 여름 국면을 형성하는 중요한 재료라고 말씀드렸다. 제4차 산업혁명의 핵심 키워드는 '인공지능'과 '전기차' 등이다.

인공지능을 구현하기 위해서 필요한 것은 강력한 연산 능력을 갖춘 프로세서와 빅데이터이다. 프로세서는 스마트폰과 데이터 센터 서버에 필요하다. 스마트폰은 5G 통신과 쿼드러플(quadruple) 카메라가 대중화되었다. 과거와 비교할 수 없이 방대한 데이터를 고속으로 처리해야 한다. 이때 문제는 프로세싱 능력과 발열이다. 데이터 센터 서버는 스마트폰을 포함한 각종 기기에서 수집된 데이터를 딥러닝(deep learning) 하기 위해 뉴럴(neural) 네트워킹 연산을 해야 한다. 마찬가지로 프로세싱 능력과 발열이 문제가 된다.

이 문제를 해결하기 위해 초미세 공정을 활용한 반도체 공정이 필요하다. 5nm 이하 반도체 미세 공정을 가능하게 한 EUV(Extreme UltraViolet) 노광 공정으로 이 문제를 해결해 나가고 있다. 강력한 프로세서와 지난 20년간 비약적으로 축적된 빅데이터를 이용해 임계치를 능가하는 인공지능 연산이 가능하게 되면서, 인공지능은 점차 인간의 통찰력을 대신하기 시작한다.

전기차는 100년 넘은 내연기관의 패러다임을 벗어났다. 단지 자동차에 그치지 않고, 빅데이터 기반 자율주행, 신재생 에너지와 연결된 ESS(Energy Storage System) 인프라 그리고 드론 등의 비행체까지 연결된다.

초기 시장에 속한 기업은 아직 재무적으로 조금 부족하고, 실적도 주도 업종으로 충분하지 않다. 기술 영역은 금융 생태계로 감지하기 어려

우므로, 기술과 시장 그 자체로 주도 업종 여부를 판단해야 한다. 따라서 기술 영역의 주도 업종은 어떤 이론이나 법칙 등을 통해 선택하기 어렵다. 기술에 대한 끊임없는 학습을 통해 습득할 수밖에 없다.

반도체가 주도 업종인 이유

PQC에서 P는 price, 즉 가격을 의미한다. Q는 quantity, 즉 시장 규모를 의미한다. C는 cost, 즉 제조기업의 원가 경쟁력을 의미한다. 통상 시장과 기업을 단순화하여 도식적으로 분석할 때 PQC 모델을 많이 사용한다. 가격(P)은 경쟁 구도에서 형성되기 때문에 competitor(경쟁자)를 의미한다. 시장 규모(Q)는 기술을 둘러싼 여러 환경에 의해 형성되므로 circumstance(시장 환경)를 의미한다. 원가 경쟁력(C)은 company(기업 경쟁력)를 의미한다. 이렇게 PQC는 3C 분석 툴과 같은 의미가 된다.

신시장이 형성될 때 가격이 하락하면서 비로소 시장이 대규모 채용을 시작하고 시장 규모가 커진다. 2차 전지가 좋은 예로 배터리 셀 가격이 하락하면서 2018년부터 본격적으로 채용되고 있다. 반면 가격이 너무 높거나 한 기업이 독점하면 시장 규모가 폭발적으로 증가하기 어렵다. 2018년 이전까지의 OLED(Organic Light Emitting Diodes) 시장이 좋은 예이다.

따라서 P와 Q가 동시에 증가하는 것은 일반적으로 시장 법칙에 벗어난다. 가격(P)이 오르거나 일정 수준으로 유지하면서, 시장 규모(Q)가 늘어나는 것은 시장의 수요가 너무 높다는 뜻이다. 한두 업체가 과점하여 가격 협상이 어려운 기술이나 제품임에도 꼭 필요해서 비싼 가격을 감수하고 많이 쓴다는 것이다.

이런 시장이 간혹 나타난다. 예를 들어 10nm 이하의 파운드리

(foundry, 반도체 위탁 생산) 시장이 좋은 예다. 특히 5nm 이하의 미세 공정은 EUV 노광 장비를 사용하여야 멀티 패터닝(multi patterning) 등을 하지 않고 반도체를 만들 수 있다. EUV 노광 장비는 아주 미세한 패턴을 만들 수 있기 때문에 포토 공정을 한 번에 진행할 수 있다. EUV 공정이 없었을 때는 포토 공정을 여러 번 진행하여 미세 공정에 가깝게 패턴을 만들었다. 이를 멀티 패터닝이라고 하며 이때는 원가가 크게 증가한다.

5nm 이하의 정밀한 공정은 멀티 패터닝을 사용하여도 원하는 미세 패턴을 얻을 수 없다. 그러나 EUV 장비는 대당 2,000억 원에 육박할 정도로 초고가 장비다. 통상 한 라인에 EUV 장비 30대 설치하려면 장비 비용만 6조 원 이상 필요하다는 얘기다. 아무나 할 수 있는 일이 아니다. 현재 10nm 이하의 파운드리를 제공할 수 있는 기업은 TSMC와 삼성전자 두 기업밖에 없다.

5G를 구현하는 데 필수인 반도체는 베이스밴드 연산칩, RF 수신기, RF 송신기 등이 있다. 2019년까지만 해도 칩 크기가 너무 커서 AP(Application Processor)와 원칩(one chip)으로 구현할 수 없었다. 칩 크기보다 더 큰 문제는 발열이 너무 심각하다는 점이다. 발열 때문에 원하는 성능에 필요한 속도까지 올리지 못하였다. 그러나 7nm 이하에서 EUV를 사용해 반도체를 만들면서 칩 크기와 발열 문제를 동시에 해결하였다.

데이터 센터도 마찬가지다. 인공지능 연산이 폭증하면서 반도체 성능 향상이 크게 필요하다. 메모리 반도체에 DDR5(Double Data Rate 5)가 채용되면서 앞으로 더욱 많은 발열이 우려된다. 그러나 7nm 이하 EUV 공정으로 발열을 크게 개선하면서 성능을 올리고 있다.

이렇게 7nm 이하 EUV 공정은 5G 구현과 데이터 센터에 필수적이다.

비싸도 쓸 수밖에 없다. 따라서 퀄컴, 애플, 미디어텍, 인텔, AMD, 엔비디아, IBM 등은 7nm 이하 EUV 공정을 제공할 수 있는 파운드리 업체를 확보하는 데 혈안이다. 겨우 시장 요구치를 맞추는 상황이며 언제 공급 부족 상황이 발생해도 이상하지 않은 것이 현재 EUV 시장이다.

현재 10nm 이하 파운드리 시장은 가격(P)이 점점 올라가면서 시장 규모(Q)도 점점 커지고 있다. 그야말로 황금알을 낳는 시장이다. 이러한 황금 시장은 자연스럽게 주도 업종이 될 수밖에 없다.

메모리 시장은 이미 수년 전에 이러한 황금 시장 영역에 진입하였다. DRAM은 삼성전자, SK하이닉스, 마이크론 등 3개 업체가 과점한다. 메모리 시장의 특성상 재고에 대한 변동성 때문에 가격 변동성이 여전히 크다. 그러나 예전만큼 심각하게 폭락하지 않고 있다. 또 세 업체가 공급을 폭발적으로 늘리지 못한다. 중기적으로 볼 때 메모리 가격과 메모리 시장 규모는 동시에 증가하고 있다.

국내 시장만 본다면 인터넷 플랫폼 시장도 황금 시장의 영역이다. 이 시장은 네이버와 카카오가 과점하고 있다. 과점하고 있기 때문에 가격 하락은 거의 없으며, 기존 시장에 공격적으로 진입하면서 스스로 시장 규모를 키우고 있다. 인터넷 쇼핑, 인터넷 커머스, 인터넷 뱅킹, 웹툰 등의 시장 점유율이 이 두 기업으로 집중되고 있다.

시대적, 역사적 요구에 의해 형성되는 주도 업종과 금융 생태계가 자연스럽게 만들어 주는 주도 업종뿐 아니라, 이렇게 P와 Q가 동시에 증가하는 황금 시장도 주도 업종으로 평가하여 투자에 활용할 수 있다.

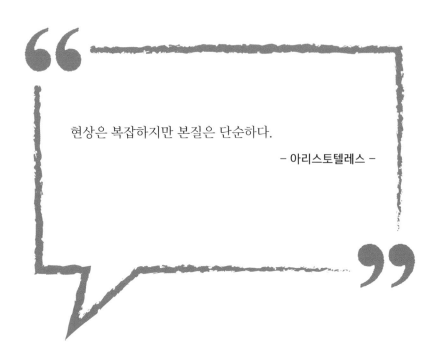

현상은 복잡하지만 본질은 단순하다.

– 아리스토텔레스 –

시장의 움직임을 읽어라

거시 경제와 전조현상

지금까지 시나리오 모델이라는 지도를 말씀드렸다. 중기 추세의 국면을 설명한 중기12국면과 중기4계절을 정의하고, 미국 증시와 한국 증시에 적용하여 34년과 17년의 순환주기를 정의하였다. 이제 이 지도로 내가 지금 어디에 있으며, 앞으로 어떤 일이 발생할 가능성이 큰지 알아볼 수 있는 시계와 나침반에 대해 논의하겠다.

필자는 이러한 시계와 나침반을 전조현상으로 정의한다. 전조현상의 범위는 제한이 없다. 기술적 분석은 움직이는 모든 것을 대상으로 삼을 수 있으므로 대상은 무한대이다. 중요한 포인트에 집중하려면 단순화해야 한다.

이에 필자는 전조현상을 크게 5가지로 분류한다.
❶ 거시 경제
❷ 수급
❸ 기본적 분석
❹ 기술적 분석
❺ 투자 심리

이 5가지 대분류는 기술 투자자가 매일 단련해야 하는 투자 무기다. 가능한 한 많은 지표를 주기적으로 관찰하며 그 유사성과 의외성 등 상관관계를 학습해야 한다. 일정 수준에 올라가면 수많은 지표 중 현재 국면에서 가장 중요한 핵심지표(Critical One)에 집중하게 된다. 하나씩 살펴보자.

전조현상 1
거시 경제와 5대 자산

거시 경제는 5대 자산을 주로 의미한다. 5대 자산은 통화, 주식, 채권, 상품, 부동산이다. 각 자산은 대분류, 중분류, 소분류로 또 나눠진다.

통화는 미국 달러, 유로화, 원화, 위안화, 엔화, 스위스 프랑, 영국 파운드 등이 있다. 통화는 가장 자산 규모가 크다.

주식은 미국 주식과 한국 주식 그리고 다른 국가별 주식으로 나눌 수 있다. 미국 주식은 나스닥과 다우지수, S&P 500, 러셀 등으로 시장을 또 나눌 수 있으며, 한국 주식도 코스피와 코스닥으로 분류한다. 주식은 하위 자산으로 나눌 종류가 가장 많은 편이다. 요즘은 ETF로 간편하게 선택할 수 있다. 그뿐만 아니라 대형주와 소형주, 성장주와 가치주, 산업과 업종, 스타일 등 투자 전략에 따라 나눌 수 있다. 중기12국면에 따라 각광받는 주식 종류가 바뀌고 유행은 돌고 돈다.

미국 증시가 여름-가을 국면이면 기술주와 선택 소비재가 주도 업종으로 등극하며, 대형 성장주가 초과 상승하고, 추세 추종 전략이 효과가 있다. 반면 상승 추세 중간에 조정이 올 때마다 비주도 업종과 소형 가치주가 반등하며, 박스권 매매 전략이 잠시 효과가 있다.

필자가 글을 쓰는 2020년 11월 미국 증시는 확실한 여름 국면이며, 한국 증시는 2020년 11월 24일 6월 국면을 완성하고 2020년 3월부터 5월 국면이 시작된 것으로 사후 검증되었다. 달러 약세와 원화 강세가 진행되고 있으며 한국 주식이 미국 주식보다 초과 상승할 가능성이 크다.

한국 주식을 선택했다면 다음으로 한국 주식의 하위 자산(업종)을 선택해야 한다. 이때 어떤 업종을 선택할 것인가에 대한 문제는 바로 '주도 업종'이다. 주도 업종은 대분류, 중분류, 소분류가 가장 잘 나눠진다. 현재 미국 증시는 여름 국면이므로 한국 증시 3기는 기술주와 선택 소비재가 주도 업종이다.

기술주를 예로 들어 보자. 기술주의 대분류는 반도체, 2차 전지, 5G, 스마트폰, SW 등 다양하다. 대분류 중 반도체를 선택해 보자. 반도체의 중분류는 메모리, 시스템 반도체, 아날로그 반도체, 파운드리 등이다.

반도체 중분류 중 파운드리를 선택해 보자. 소분류는 공정에 사용되는 소재, 장비, 부품(줄여서 '소부장'으로 부르기도 한다), SW 등이다. 소분류 이하는 EUV, 전공정, 후공정 등 구체적인 기술과 연결된다.

업종 분류에 어떤 법칙이 있는 것은 아니다. 얼마든지 필자와 다른 분류 방법을 쓸 수 있다. 따라서 코스닥의 EUV 소재 회사에 투자한다면 다음과 같은 5단계의 의사 결정이 필요하다.

❶ 2020년부터 미국 주식보다 한국 주식 선택

❷ 한국 증시 3기의 주도 업종인 기술주 선택

❸ 기술주 중에서 반도체 대분류 선택

❹ 반도체 중에서 파운드리 중분류 선택

❺ 파운드리 중에서 EUV 소재 소분류 선택

채권은 잔존가치로 분류하면 장기채, 단기채, 물가연동채 등으로 나눌 수 있다. 장기채, 단기채는 연도별로 더 세분화되어 있다. 신용 등급에 따라 투자 등급인 우량 채권과 투기 등급인 하이일드(high yield) 채권으로 구분되기도 한다.

국가별로 분류하면 미국 채권, 한국 채권, 신흥국 채권 등 대부분의 국가로 나눌 수 있다. 즉 채권 선택의 예를 들면 다음과 같다.

❶ 미국 채권 중에서

❷ 장기채 10년물 중에서

❸ 투자 등급 우량 채권 선택

상품은 원자재와 에너지, 농산물과 귀금속 등으로 나눠진다. 원자재도 깊게 세분화되는데, 철강 금속과 아연 등의 비철 금속 그리고 시멘트 같은 비금속으로 나눠진다. 귀금속은 금, 은, 플래티넘 등으로 나눠진다. 에너지는 원유, 천연가스, 가솔린, 난방유 등 다양하다. 에탄올이나 나프타 등 화학 물질도 상품으로 취급된다.

농산물은 밀, 쌀, 콩 등의 곡물 및 치즈, 팜유, 우유, 고무, 카카오, 차, 커피, 오렌지 쥬스, 면화 등이 있으며 상품시장에서 거래된다. 축산물은 소고기, 돼지고기, 양고기 등이 있다. 발틱 운임 지수(Baltic Dry Index)는 상품시장에서 중시하는 지표다.

부동산도 세부적으로 분류하면 복잡하다. 지역에 따라 서울권 부동산, 지방 광역시 및 지방 소도시 등으로 나눌 수 있다. 부동산 종류에 따라 대형 아파트, 소형 아파트, 빌라, 다세대주택, 주상복합, 오피스텔, 토지 등으로 나눌 수 있다. 투자 전략에 따라 갭투자, 분양권, 재건축과 재개발, 경공매, 상가, 리모델링, 수익 사업과 연결 등으로 또 나눌 수 있다.

다시 거시 경제를 극단순화한 5대 자산으로 돌아가자. 이처럼 하위 자산이 많기 때문에 자칫하면 집중하지 못하고 큰 그림을 놓칠 수 있다. 따라서 국면별로 가장 중요한 핵심지표(Critical One)를 잘 선택해야 한다. 수백 가지가 넘는 하위 자산 중에서 가장 중요한 것만 고르자면 세계 경제를 좌지우지하는 미국 달러와 미국 금리, 미국 주식과 미국 부동산이 될 것이다. 미국 증시와 미국 부동산은 2부에서 다뤘고, 미국 달러는 3부에서 다뤘으니, 미국 금리 위주로 거시 경제를 설명하겠다.

1. 미국 달러

미국 달러는 17년 중기 추세를 결정하는 가장 중요한 지표다. 미국 달러는 미국 증시, 미국 부동산, 한국 증시, 신흥국과 선진국 증시, 상품의 상대적 강세를 결정하는 궁극의 지표다. 달러 약세는 한국 증시의 5월 국면을 결정하며, 달러 강세는 한국 증시의 11월 국면을 완성한다.

달러 약세는 신흥국 증시와 상품시장에 좋은 환경이다. 따라서 달러 약세가 추세적으로 진행되면 한국 증시에 집중 투자해야 한다. 반면 달러 강세는 신흥국의 금융위기를 유발한다. 그러므로 한국 증시를 모두 정리하고 미국 증시로 이동해야 한다.

달러 약세를 만드는 금융 생태계는 이미 말씀드렸으니 간단히 언급하겠다. 달러 약세와 가장 상관관계가 큰 요인은 유동성이다. 미국이 유럽과 일본보다 금리를 더 낮추고 유동성을 더 투입하면 달러 약세가 진행된다. 여기에 예외는 없다. 다만 절대값이 아닌 상대적 차이로 판단해야 한다.

유동성 외에 국제적 불확실성의 해소, 금융 규제 완화, 미국 정치권의 사회주의 정책 증가 등도 달러 약세를 더욱 강화하는 원인이다. 그리고 모든 자산의 움직임에 방향과 압력을 기본적으로 주는 순환주기가 있다. 17년이 임박하면(1~2년 정도의 오차는 있을지라도) 중력에 순응하듯이 추세는 결국 전환되고 만다.

2. 미국 금리: 채권과 주식은 역관계

2000년대 들어 채권과 주식은 비교적 역관계를 보인다. 이는 디플레이션 시대의 특징이다. 주식 시장의 리스크가 점차 증가하면 채권은 안전자산으로 헤징(hedging)을 넘어 큰 수익까지 주었다. 2010년대는 주식과 채권의 시대라 할 수 있다.

따라서 시장 금리가 하락 추세, 즉 채권 가격이 상승하면 주식 시장은 하락한다. 아래는 미국 국채 10년물과 코스피를 비교한 것이다. 미국의 시장 금리인 '미국 국채 10년물'의 금리가 상승하거나 최소한 강보합을 보이면 주식 시장이 상승한다.

[그림 5-1] 미국 국채 10년물과 코스피

1986~1987년 미국의 시장 금리가 상승하였고, 그 자리는 한국 증시 1기의 대세 상승기인 1985~1989년의 중간 지점이다. 1994년 미국 연준의 기습적인 기준 금리 인상과 채권 대학살(Great Bond Massacre)로 채권 시장이 붕괴되면서 시장 금리도 상승하였다. 그 자리는 한국 증시 1기의 가을2 국면인 1993~1994년의 중간 지점이다.

📝 **채권 대학살(Great Bond Massacre)**
1994년 연준이 기준 금리를 급등시킴에 따라 미국 채권 가격이 급락한 사건을 말한다.

1998년 미국의 시장 금리 인상기를 지나 1999년 한국 증시 2기의 급등이 나왔다. 2003~2007년은 미국 시장 금리가 강보합을 보인 자리인데 한국 증시 2기 대세 상승 구간과 정확히 일치한다. 2009년 시장 금리는 보합권이었고 2009~2011년 한국 증시 2기의 가을2 국면의 2차 상승이 있었던 자리이다. 반면 2012년 미국의 시장 금리가 상승했음에도 불구하고 코스피는 반응을 보이지 않고 박스권을 형성한다. 이는 한국 증시 2기의 겨울 국면이었기 때문이다.

미국 연준이 2015년 12월부터 기준 금리를 올리기 시작하여 2016~2017년에 미국 시장 금리 상승이 있었다. 그 자리는 한국 증시 3기 봄 국면과 정확히 일치한다. 필자는 2012년, 2016년, 2019년 3번이나 형성된 미국 시장 금리의 바닥이 지켜질 것으로 전망했으나, 2020년 3월 플래시 크래시로 결국 미국 연준도 기준 금리를 제로까지 떨어뜨린다.

그러나 이는 역설적으로 연준이 유동성을 마음 놓고 투입할 수 있는 여건을 조성했다. 그동안 확실한 추세로 보기에 다소 부족했던 달러 약세는 이를 계기로 확실한 추세로 자리잡고, 극동아시아의 통화와 증시를 초과 상승하게 하였다. 역사의 수레바퀴는 이렇게 제3차 달러 약세 시대를 열고, 2020년대에 걸쳐 미국 증시와 미국 채권 중심의 자산시장을 송두리째 뒤집을 것이다.

3. 미국 금리: 연준의 립서비스

미국의 시장 금리는 3~4년 단기 추세를 결정하는 가장 중요한 지표다. 미국 대통령 임기가 4년인 점과 무관하지 않다. 제조업 경기 순환이 3년에서 4년이기 때문이다. 특히 미국 연준과 미국 재무부의 역할이 중요하다. 만일 공황이 발생했을 때 미국이 유동성을 투여해 조기에 불길을 잡지 못하면 언더슈트가 강하게 일어나 경기 침체가 생각보다 강하고 길게 진행될 수 있다.

이처럼 과도한 언더슈트가 발생하면 단기 추세가 형성되는 것을 방해한다. 그러나 연준은 인디언 기우제처럼 공황이 멈출 때까지 유동성 투입을 멈추지 않는다. 따라서 반드시 공황은 조기에 진압된다. 3~4년 단기 추세는 이렇게 인위적으로 과도한 언더슈트를 막는 과정에서 형성된다.

미국 대통령도 단기 추세 형성에 일조한다. 미국 대선이 있는 해에 경제가 좋지 않으면 미국 대통령 재선에 매우 악영향을 미친다. 따라서 임기 4년 차가 되면 미국 대통령은 무리한 정책을 고집하지 않고 경제에 유리한 정책을 펼친다. 트윗을 통해 무리한 립서비스로 전 세계의 조롱을 받던 트럼프 대통령도 2020년에는 비교적 트윗을 줄이고 중국에 대한 무리한 립서비스도 자제하였다.

미국 금리의 절대적 수준은 장기 추세인 물가와 인플레이션/디플레이션 시대를 결정한다. 그러나 단기 추세는 미국 금리의 절대적 수준이 아니라 방향성을 보는 과정에서 파악된다. 위에서 언급한 대로 공황이 발생하면 미국은 연준의 양적완화와 금리 인하 그리고 재무부의 재정 적자를 통해 유동성을 투입한다. 당연히 기준 금리 폭락이 수반된다.

그러나 경기가 살아나고 증시가 상승을 시작하면 시장 금리는 증시의 흐름에 따라 상승하기 시작한다. 그러다 가을 국면이 되면 연준 등 중앙 은행은 기준 금리 인상을 매우 공격적으로 진행하면서 경기 과열을 경고 한다. 금리 상승 초기에 중앙은행은 수동적이고 모호한 립서비스를 보여 주나, 금리 상승 후기가 되면 매우 공격적이고 명확한 경고를 보낸다.

어떤 시스템 위기가 발생하면 연준은 이를 시장에 공개하기 어렵다. 시장의 급락을 초래하고 온갖 정치적 비난에 직면하기 때문이다. 따라 서 연준은 조용히 기준 금리 정책을 바꿀 뿐이다. 증시가 아직 과열을 멈추지 않은 상태에서 연준은 갑자기 기준 금리 상승을 멈춘다. 연준은 약간의 시차를 두고 내리거나 즉시 기준 금리를 내린다. 이는 중기 추세 전환을 의미하는 강력한 전조현상이다.

이런 전조현상은 여러 자리에서 관측된다. 1929년 대공황 전에도 이 러한 모습이 있었다. 미국 증시 4기 대세 상승이 지나치게 과열되자 연 준은 1928년 초 4%였던 금리를 1929년 초반까지 무려 10%까지 올렸 다. 당시 연준은 무분별한 신용 매수를 경고하였다. 그러나 1929년 초 이후 증시 과열과 신용 매수가 멈추지 않았는데도 금리 인상을 중단하 고 소극적으로 바뀐다. 결국 1929년 10월부터 폭락이 시작된다.

2007~2008년도 비슷한 모습이 관측된다. 연준은 2004년 6월부터 금리 인상을 시작하였으나 2006년 말에 금리 인상을 중단한다. 그리고 2007년 7월부터 금리를 인하하기 시작한다. 증시 과열은 2007년 끝까

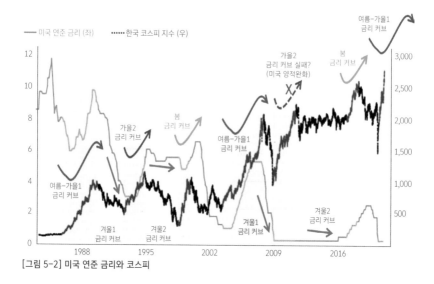

[그림 5-2] 미국 연준 금리와 코스피

지 진행되었는데 연준은 이해할 수 없는 금리 정책을 폈다. 결국 2008년부터 글로벌 금융위기가 시작되었다.

이렇게 연준의 립서비스와 금리 정책에 대한 태도를 보고 시스템 위기의 전조현상을 어느 정도 감지할 수 있다. 위 그림은 필자가 정의한 것으로 연준의 금리 정책을 금리 커브의 특성으로 표현하였다.

먼저 금리 커브의 상관관계를 먼저 정의하자. 봄 국면은 나이키 형태, 여름-가을1 국면은 옷걸이 형태, 겨울1은 하락, 가을2는 다시 나이키 형태, 겨울2는 변동성 없는 형태이다.

봄 국면은 바로 증시가 하락해도 시스템에 별로 문제가 없기 때문에 관성적으로 금리 상승을 지속한다. 이렇게 금리가 증시를 실시간으로 추종하지 않는 과정을 통해 오른쪽 커브가 떨어지지 않는 나이키 형태가 나온다.

반면 여름-가을1 국면은 이미 말씀드린 대로 뭔가 시스템 위기가 닥쳐오고 있기 때문에 연준은 금리 인상을 중단하거나 먼저 금리 인하를 단행한다. 증시 과열이 아직 지속되고 있는 상태에서 연준이 기준 금리를 먼저 내리는 과정을 통해 오른쪽 커브가 떨어지는 옷걸이 형태가 나온다.

겨울1 국면은 당연히 연준이 금리를 폭락시키면서 공황을 벗어나려고 시도한다. 가을2 국면은 다시 시스템 위기 없이 증시가 때가 되어 하락하기 때문에 다시 나이키 형태를 보인다. 겨울2는 이미 금리 수준이 낮은 상태라 폭락보다는 기존 수준을 유지하는 정도에 머무른다.

4. 미국 금리: 3대 금리 스프레드

금리의 방향성만큼 금리 스프레드도 중요하다. 필자가 정의하는 3대 금리 스프레드는 장단기 금리 스프레드, 신용 금리 스프레드, 한미 금리 스프레드다.

장단기 금리 스프레드

장단기 금리차 역전 현상은 장단기 금리 스프레드가 마이너스가 되는 현상으로 장기 금리가 단기 금리보다 낮아지는 현상을 말한다. 제조업의 비즈니스 모델은 원가보다 비싼 판매 가격으로 얻는 영업이익이다. 은행의 영업이익은 예대마진이다. 단기로 저렴하게 자금을 조달하여 장기로 비싸게 대출해 주는 것이다. 장단기 금리차 역전 현상이 발생하면 예대마진이 마이너스라는 말이다. 즉 영업 적자를 보는 상태다.

은행이 대출 영업을 할 이유가 없어진다. 따라서 신규 대출을 매우 깐깐하게 심사하고 기존 대출은 만기 연장을 하지 않고 회수한다. 이 과정에서 유동성이 감소한다. 은행이 대출을 거두어들이면 본원 통화의 통화승수가 낮아지고 유동성이 줄면서 신용 경색이 서서히 진행된다.

그러나 이러한 신용 경색은 단기간에 발생하지 않는다. 숙성되는 시간이 필요하며, 깐깐한 대출 심사의 정도가 높을 때가 있고 낮을 때도 있다. 미국 금융 시장 기준으로 미국 증시 여름 국면에 신용 경색이 발생할 때보다 가을 국면에 발생할 때 은행 대출 심사가 훨씬 보수적으로 바뀐다. 이는 중공황급 금융위기가 발생하는 원인이 된다.

장단기 금리차 역전 현상은 1980년대 이후 6번 발생하였다. 장단기 금리차 역전 현상은 다음 4가지 단계적 금리 시나리오 과정의 3번째 단계이다. ❶ 금리 인상이 발생하고 ❷ 소공황이 따라오며 ❸ 장단기 금리차 역전 현상이 발생하고 ❹ 마지막으로 소공황 또는 중공황이 발생한다. 이러한 금리 시나리오는 여름 국면에 한 번 발생하고 가을 국면에 또 한 번 발생한다.

[그림 5-3] 미국 국채 장단기 금리차

이처럼 금리 시나리오의 한 과정으로 장단기 금리 스프레드는 중요한 단계를 책임진다. 이러한 금리 시나리오의 진행 과정과 다른 5대 자산의 금융 생태계를 교차 검증하면서 천시에 대한 예측력을 키울 수 있다.

1970년대 후반 경제 침체가 진행되면서 미국 금융 시장은 장단기 금리차 역전 현상이 다반사로 발생한다. 필자는 이를 모두 첫 번째 장단기 금리차 역전으로 묶는다.

1983년 미국 증시는 역사적 신고가를 기록하면서 6기 여름 국면으로 접어든다. 증시가 과열되자 1986년 10월 연준은 기준 금리를 인상하기 시작한다. 그리고 1987년 10월 플래시 크래시가 발생한다.

플래시 크래시는 여름 국면 중간에 특별한 논리적 근거가 부족한 상태에서 갑자기 발생한다. 2020년 3월 플래시 크래시도 미국 증시 7기 여름 국면의 한복판에서 발생하였다.

이후 1988년 12월 2번째 장단기 금리차 역전 현상이 발생한다. 그리고 1990년 제법 강한 소공황이 나타난다. 이렇게 금리 시나리오 한 사이클이 여름 국면에 한 번 발생한다. 같은 현상이 가을 국면에 또 한 번 반복되며, 그 끝은 더욱 강력한 중공황으로 마무리된다.

연준은 1994년 1월부터 금리를 인상한다. 이때 그 유명한 채권 대학살이 발생한다. 1994년 가벼운 기간 조정과 1998년 굵고 짧은 조정을 겪는다. 증시 과열이 심각했음에도 장단기 금리차 역전 현상은 1998년 3번째, 2000년 4번째 등 다반사로 발생하며, 금융 경색이 점차 심화된다. 결국 2000년부터 2002년까지 혹독한 겨울 국면을 겪으면서 미국 증시 6기를 마감한다.

이런 현상은 미국 증시 7기에서 또 반복되고 있다. 2004년 6월 연준은 금리 인상을 시작한다. 2005년 미국에서 가벼운 기간 조정이 발생하고 2005년 12월 5번째 장단기 금리차 역전 현상이 발생한다. 2008년 중공황으로 미국 증시 7기 봄 국면의 대미를 장식한다.

미국 증시 7기 여름 국면은 2013년 역사적 신고가를 기록하며 시작된다. 2015년 12월 연준은 기준 금리를 인상하기 시작하고, 2015년과 2018년 소공황이 출현한다. 2019년 8월 6번째 장단기 금리차 역전 현상이 발생한다. 결국 2020년 3월 플래시 크래시가 발생하면서 소공황이 나왔다. 이것으로 미국 증시 7기 여름 국면에 금리 시나리오의 한 사이클이 완성되었다.

2020년대 역시 이러한 과정을 한 번 더 반복할 것이다. 필자가 자산시장의 운명은 이미 결정되어 있다고 주장하는 근거는 무궁무진하다. 2020년 11월 현재 코로나19의 확산이 아직 진행 중이고 경기 침체가 아직 마무리되지 않아, 연준이 영원히 제로 금리를 유지하거나 심지어 마이너스 금리나 MMT(Modern Monetary Theory, 현대통화이론)를 시행할 것만 같다.

그러나 2022년 이후부터 연준은 강력한 금리 상승 압력을 받을 것이다. 이후 가벼운 소공황이 한 번 나오고 7번째 (또는 8번째도) 장단기 금리차 역전 현상이 발생하면서 신용 경색과 증시 과열이 같이 발생할 것이다. 그 끝은 중공황급 금융위기가 될 것이며 그것으로 미국 증시 7기를 마감할 것이다.

신용 금리 스프레드

장단기 금리차 역전 현상이 '금리 시나리오'의 3번째 단계로서 대세 상승 때 두 차례 반복되는 것과 달리 국고채와 회사채 간 금리차인 신용 스프레드는 신용 경색이 매우 심각해지면 급등하는 경향이 있다. 신용 스프레드가 급등하면 '5분 대기조'처럼 빠르게 리스크를 관리해야 한다. 신용 스프레드는 전조현상 TOP 9에서 더 자세히 설명하겠다.

한미 금리 스프레드

한미 금리 스프레드는 한국과 미국의 금리차를 말한다. 통상 미국의 국력이 더 강하기 때문에 금리가 더 낮아야 정상이다. 그러나 한국 경제가 상대적으로 좋아지는 자리에서 한국 금리가 더 낮아지는 현상이 발생한다. 필자는 이를 한미 금리차 역전 현상이라 정의한다.

한미 금리차 역전 현상은 한국 증시의 봄 국면에 한 번, 여름 국면 초기에 한 번 발생하는 경향이 있다. 한미 금리차 역전 현상이 발생하면 뉴스 기사는 달러 자본이 유출될 가능성이 있다며 하락을 주장한다. 그러나 뉴스 기사와 정반대로 한미 금리차 역전 현상은 중기 6월 국면, 즉 강력한 대세 상승 초기에 발생한다.

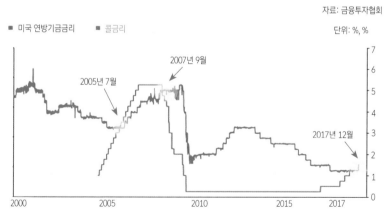

[그림 5-4] 한미 금리차 역전

지난 20년간 한미 금리차 역전 현상은 한국 증시에서 단 3번 발생했다. 1999년 6월, 2005년 7월, 2017년 12월이다. 1999년과 2017년은 한국 증시 2기와 3기의 봄 국면이며, 2005년은 한국 증시 2기의 여름 국면이다. 이러한 추세를 재현한다면 다음 한미 금리차 역전 현상은 미국이 다시 금리 인상을 시작하는 2022~2023년에 발생할 가능성이 있다.

한미 금리차 역전 현상으로 달러 자본이 유출된다는 우려가 기우인 이유는 다음과 같다.

첫째, 중기 6월 국면은 달러 약세와 원화 강세 자리이기 때문에 외국인은 달러보다 원화를 보유해야 환차익을 얻을 수 있다. 이것이 가장 큰 이유이다.

둘째, 달러를 받는 Receiver는 리보 금리를 달러로 지불하고, 원화를 받는 Payer는 통화 스왑(CRS, Currency Rate Swap) 금리를 원화로 지불해야 한다. 안전자산 프리미엄이 높아 달러 강세가 지배하는 봄 국면은 통화 스왑(CRS) 금리가 낮다. 이 경우 달러를 빌린 국내 금융기관은 차입 비용이 증가하고, 반대로 달러를 빌려준 외국 금융기관은 비용이 낮아진다. 여름 국면 초기에 달러 약세가 시작된 지 얼마 되지 않아 통화스왑 금리가 아직 높지 않다. 따라서 한미 금리차가 마이너스로 역전된다 해도 달러 차입 비용을 감안하면 달러 자본이 유출될 가능성은 낮다.

셋째, 환차익과 실질 금리차는 플러스이기 때문에 달러 자본은 유출이 아니라 대규모 유입이 될 가능성이 크다. 게다가 신흥국 자산시장은 미국 시장 대비 초과 상승하기 때문에 시세 차익까지 덤으로 얻을 수 있다.

5. 물가 장기 추세

물가는 인플레이션과 디플레이션 등 60년 전후의 장기 추세를 형성한다. 그러나 오차가 10년 이상 발생하기도 하여 실제 투자에 활용하기 어렵다. 2020년 현재 아직도 디플레이션의 시대인데, 장기 추세상 2010년대 후반 어딘가에서 인플레이션 시대로 들어섰어야 했다. 물가 장기 추세는 그 방향성이 확실히 결정된 이후 투자에 활용하여야 한다.

물가 장기 추세는 주로 주도 업종과 주도 자산을 결정할 때 일반 원칙을 제시한다. 지금과 같은 디플레이션 시대는 주식과 채권에 집중 투자해야 하는 시대이다. 중간중간 미국 증시 봄 국면과 달러 약세가 중첩되면 상품이 상대적으로 강세를 보이기도 하지만, 전반적으로 주식과 채권이 주거니 받거니 하면서 상승 추세를 양분한다.

반면 인플레이션 시대가 되면 주도 자산은 상품과 부동산으로 바뀐다. 주식도 국면에 따라 상승 추세가 생기나 그 상승 규모는 디플레이션 시대와 비교하면 떨어진다. 인플레이션 시대와 달러 약세가 중첩되면 상품은 최고의 상승률을 보인다. 2030년대에 이런 시대가 찾아올 가능성이 있다. 그때는 상품 트레이더가 최고의 주가를 기록할 것이다.

부동산은 저금리인 디플레이션 시대에 상승이 크게 나올 수도 있다. 특히 신흥국은 선진국보다 상승률이 높다. 그러나 인플레이션 시대에 부동산 상승률이 전반적으로 더 높다. 반면 채권은 인플레이션 시대에 장기 하락 추세로 접어들고 단기 투자자는 실종된다. 금리가 급등해 예적금이 다시 증가한다.

유동성이 과도하게 풀리면 달러 약세가 되며, 달러 약세의 임계점을 지나면 물가 상승으로 이어진다. 미국은 2008년 글로벌 금융위기 이후 유동성을 과도하게 풀었다. 따라서 2010년대 후반 어딘가에서 인플레이션 시대가 시작될 수 있다는 기대를 가지게 하였다. 그러나 2010년대에 인플레이션 시대는 발생하지 않았다. 심지어 2020년 3월 미국의 제로 금리 정책에 따라 실질 금리 마이너스 시대가 되었다. 따라서 섣불리 인플레이션 시대를 예단해서는 안 된다.

그러나 인플레이션은 시간문제다. 장기 추세상 물가가 상승으로 전환된 시기는 1940년대 하반기다. 1929~1933년 대공황과 제2차 세계대전을 통해 미국은 전무후무한 유동성을 투입하였다. 양적완화를 하진 않았으나 뉴딜 정책 등 재정 적자 정책과 금리 인하 등으로 유동성이 급증하였다. 그리고 1940년대 후반부터 달러 약세와 물가 상승이 완만하게 진행되면서 1970년대에 결국 인플레이션 시대의 꽃을 피웠다.

2010년대에 인플레이션이 오진 않았지만, 2020년 3월 준전시 상황과 유사한 코로나19 사태를 거치면서 1930~1940년대와 비교도 할 수 없을 규모의 달러 유동성이 투입되었고, 지금도 계속 투입되고 있다. 2008년 장기채권을 담보로 달러를 발행한 양적완화를 넘어 2020년 투기등급 장기채권과 주식까지 담보로 달러를 발행하는 질적완화까지 진행하였다.

조 바이든 민주당 후보가 대통령에 당선됨에 따라 담보 없이 무한대 달러 유동성을 살포할 수 있는 MMT(Modern Monetary Theory)가 실시될 것인지 우려되는 상황이다. 2020년대에 인플레이션 시대가 도래할 것이라는 기대감을 주는 금융 생태계가 조성되고 있다.

전조현상 2
수요와 공급

전조현상 2번째 대분류로 수급을 들 수 있다. 수급에 해당하는 전조현상은 신용융자, 반대매매, 통화 유동성, VIX, TED, CDS 등 파생지표, 외국인 수급, 유무상 증자와 IPO 등이 있다. 이 중 가장 강력한 전조현상은 '신용융자'와 '통화 유동성'이다. 단기적 수급의 위험성을 보여주는 지표로 VIX, TED, CDS 등이 유용하다. 이들은 전조현상 TOP 9에서 자세히 설명하겠다.

2020년 들어 수급 측면에서 가장 중요한 사건은 동학개미로 대표되는 개인 투자자의 강력한 매수다. 이는 투자자 예탁금으로 나타난다. 2020년 들어 예탁금이 눈에 띄게 급증하였다. 이는 국내 유동성 규모를 잘 드러내고 있다. 국내의 부동자금이 부동산 규제로 인해 갈 곳을 잃어 결국 위험자산인 증시로 흘러들어오고 있는 것이다.

출처: 금융투자협회 단위: 백만 원

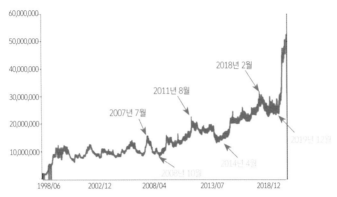

[그림 5-5] 투자자 예탁금

　외국인 매수 동향도 수급을 중기적 호흡으로 살펴볼 수 있는 전조현
상이다. 지난 한국 증시 2기의 역사를 살펴보면 봄 국면 내내 외국인이
지속적으로 매수하였다. 특히 2000~2003년 4년간 외국인의 매수는 폭
발적이었다. IMF 외환위기 이후 기업 구조조정이 혹독하게 진행되면서
역설적으로 재정 건전성이 크게 개선되었고, 달러 약세로 신흥국 투자
가 유리했기 때문이다.

　그러나 2004년부터 외국인은 돌연 주식 매수를 중단하였다. 오히려
조금씩 매도하기 시작하였다. 매도 강도는 완만했지만 2006년까지 지
속된다. 너무 과도한 비중을 가지고 있었고, 코스피 상승 추세를 훼손하
지 않는 선에서 조금씩 수익을 확정했기 때문이다.

　한국 증시 2기 겨울 국면인 2012~2015년 외국인은 주식을 매도하지
않았지만 폭발적으로 매수하지도 않았다. 그러다 2016년 하반기부터 외
국인의 매수 강도가 강해지기 시작했다. 결국 주가 상승을 유발하면서
한국 증시 3기 봄 국면을 형성하였다. 금융투자협회 기준으로 외국인 비

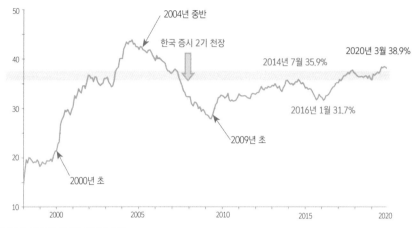

[그림 5-6] 한국 증시의 외국인 비중

중의 역사적 평균은 35%다. 2020년 3월 기준으로 39% 정도 된다.

2020년 3월 코로나19 사태 이후 외국인은 매도를 지속하였고, 빈자리를 개인 투자자들이 메웠다. 그러나 달러 약세가 원화 강세로 이어진 이후 외국인은 2020년 9월부터 다시 한국 증시를 매수하기 시작하였다. 2020년 11월 24일 한국 증시 3기의 중기 6월 국면이 시작되었기 때문에 외국인 매수는 당분간 지속될 것으로 전망된다. 이처럼 외국인 수급 상황을 볼 때, 2021년 코스피 주가 상승 폭은 예상치를 크게 뛰어넘을 가능성이 크다.

2005년 이후 한국 증시의 최고 수급 주체는 기관투자자였다. 주식형 펀드의 열풍 속에 개인의 펀드 가입은 기관투자자의 주식 매수로 이어진다. 2007년 미래에셋증권의 인사이트 펀드가 그 정점을 이룬다. 이와 같은 현상은 1999년 말 현대증권의 바이코리아 펀드에서도 발견된다. 강도는 낮았지만, 2018년 증권사들의 미국 주식 계좌 판촉 활동도 비슷한 경우라 할 수 있다.

1929년 대공황 전의 증시 과열에 힘입어 유행한 미국의 폐쇄형 뮤추얼 펀드도 가을 국면에 출현하는 수급 과열의 좋은 예다. 당시 미국의 폐쇄형 펀드는 중도 해지나 추가 불입이 불가능한 펀드였다. 1929년에 보통 50%의 프리미엄을 얹어 판매되었다. 골드만삭스는 100%까지 프리미엄을 얹어 판매했다는 기록도 있다. 증권사 직원을 통하거나 HTS/MTS로 간편하게 매수할 수 있는 현대인은 이해할 수 없는 환경이었다. 당시 주식 매매의 비대칭성이 이러한 폐쇄형 펀드를 유행하게 만들었다.

2007년 외국인의 엄청난 매도는 기관투자자와 개인투자자들의 엄청난 매수가 있었기 때문에 가능하였다. 주가 폭락이 시작된 2008년 중반까지 주식형 펀드의 매수는 계속되고, 심지어 2008년 말 폭락이 마무리되었음에도 주식형 펀드 설정액은 그대로 유지하고 있었다. 이는 폭락을 그대로 맞았다는 뜻이다.

이후 개인의 끝없는 환매가 지금까지 이어지고 있다. 개인 투자자는 더 이상 기관을 신뢰하지 않고, 2019년 하반기부터 직접 투자로 전환하여 동학개미와 서학개미 열풍을 만들어 낸다.

과연 2024~2025년까지 지속될 것으로 전망되는 한국 증시 3기 여름-가을 국면의 대세 상승에 누가 주력 수급 주체가 될지 궁금하다. 최소한 여름 국면까지 외국인이 주력 매수자로 시장을 상승으로 이끌 가능성이 크다.

그러나 주식형 펀드와 기관투자자가 이미 몰락한 현 상황에서 가을 1 국면을 개인 투자자가 이끌어 갈지 아니면 제3의 주체가 나타날지 현 시점에서 예측하기 곤란하다.

굳이 전망하자면 연기금이 그 대상이 될 수 있다. 현재 주식 비중이 지나치게 낮은 연기금은 한국 증시의 상승에 따라 법을 고쳐 주식 비중을 늘릴 가능성도 있다. 만일 그렇다면 연기금은 한국 증시 2기의 기관 투자자에 버금가는 강력한 수급 주체로 활약할 가능성도 있다.

누가 수급 주체가 되든 증시가 가을 국면으로 갈수록 유무상 증자와 대형 상장은 점점 늘어날 것이다. 주가 천장권에서 유무상 증자와 IPO에 성공하여 회사 주식을 최고로 비싼 가격에 파는 것이 기업 재무 담당자의 업무이기 때문이다.

아래 차트를 보면 가을 국면이었던 2007년, 2차 상승이 있었던 2010~2011년 그리고 증시가 다시 상승하기 시작하는 초기 봄 국면인 2003년과 2016년에 유상증자가 크게 증가한 것을 볼 수 있다.

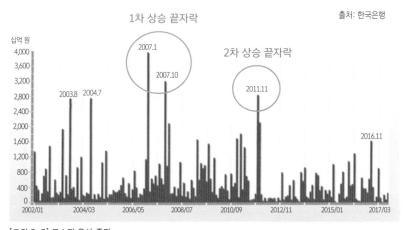

[그림 5-7] 코스피 유상 증자

전조현상 3
기본적 분석

주가는 실적보다 먼저 반응한다

투자자는 기업 실적과 주가 간에 시차가 있음을 간과하는 경우가 많다. "지금 실적이 부진하므로 향후 주가가 하락하지 않을까요?"라는 질문은 논리적 근거가 없다. 주가는 6개월에서 1년 이후의 실적을 반영한다. 현재 실적이 좋은데도 불구하고 주가가 부진하다면, 그것은 투자자들이 향후 6개월에서 1년 이후에 실적이 좋지 않을 것이라고 전망하기 때문이다. 반대로 현재 실적이 별로 좋지 않아도 주가가 상승 추세로 전환한다면 그것은 투자자들이 향후 6개월에서 1년 이후에 실적이 호전될 것이라고 전망하기 때문이다.

아래 수출 증가율 그래프를 자세히 관찰하면 수출 증가율이 바닥권일 때는 바닥권 중간에서 이미 주가는 상승으로 전환하는 것을 볼 수 있다. 즉, 수출 증가율보다 주가가 먼저 상승 전환한다. 2002년, 2009

한국 수출 증가율(좌)　　　　　　　　　　　　　　　　코스피 지수(우)

외환위기　Y2K 쇼크　　　　　리먼 사태　　　　　유가 쇼크　　무역 분쟁

수출 악화 중간에서 주가 회복

[그림 5-8] 실적과 증시 불일치

년, 2016년, 2019년에도 같은 현상을 관찰할 수 있다. 반대로 수출 증가율이 천장권일 때는 주가가 아직 상승 추세를 유지하고 있음에도 수출 증가율이 먼저 하락하기 시작한다.

　지금 주가가 좋지 않은 것은 6개월 전에 투자자들이 실적이 나빠질 것을 예상한 결과이다. 지금 실적이 좋지 않다고 해서 향후 6개월에서 1년 이후 주가가 여전히 나쁠 것이라는 보장이 없다. 순환주기를 따르는 주도 업종이라면 바닥권에서 공포심을 가지지 않고 분할 매수를 시작할 수 있는 이유다.

　기본적 분석에서 전조현상의 일반 법칙은 "펀더멘털과 증시의 불일치는 추세 변화를 유발한다."라고 정의할 수 있다. 펀더멘털은 거시 경제에서 설명한 ISM 제조업 지수가 될 수도 있고, 경상 수지도 될 수 있고, 수출 증가율이 될 수도 있고, PER/PBR/OPM/ROE 등이 될 수도 있고, 개별 기업의 실적이 될 수도 있다.

실적을 절대값으로 판단하기보다 경향성과 상대적 움직임으로 판단할 때 더 큰 통찰을 준다. 미국 증시의 PER은 전통적으로 바닥권에서 10, 천장권에서 18을 유지하였다. 4기와 5기에서 잘 유지되던 PER 박스권 추세는 6기에서 완전히 깨진다. 닷컴 버블이 과열되면서 PER이 무려 29까지 치솟으며 천장권을 형성하였기 때문이다.

[그림 5-9] 미국 증시와 PER

역사적으로 발생한 실적을 절대값으로 여기고 투자에 적용하면 성공하기 어렵다. 현재 미국 증시의 PER은 대략 16 정도이다. 우리는 과거 18이나 최고 기록 29에 얽매일 이유가 없다. PER은 참고만 하면 된다.

버블을 정당화하는 새로운 회계 기준

실적 관련한 버블의 전조현상으로 중기12국면의 가을 국면에 나타나는 재미있는 현상이 있다. 바로 버블을 정당화하는 새로운 회계 기준이 나온다는 점이다. 가을 국면이 되면 주가 급등을 설명하는 각종 이론과 모델이 유행에 따라 모습을 바꿔가며 나타난다.

애널리스트는 반드시 밸류에이션을 하고 매수와 매도 의견을 내야 한다. 의견을 내기 싫다고 안 낼 수 없다. 따라서 어떤 방식이든 자신의 의견을 정당화하는 회계 기준이 어느 순간에 필요하다. 자신이 맡은 섹터와 업종에 부정적인 의견을 내기도 어렵다. 주가가 급등하는 가을 국면에 실적으로 주가 상승을 설명할 수 없다며 매도 의견을 용감하게 내는 것은 거의 불가능하다.

버블을 정당화하는 회계 기준에 어떤 것들이 있었는지 살펴보자.

1967년 '복합기업(複合企業)'이라는 개념이 나왔다. 기업과 기업을 합병하면 2가 아니라 3 이상의 효과를 본다는 주장이었다. 당시는 EPS(Earning Per Share, 주당순이익)가 주가를 결정하던 시대였다. 주가가 과도하게 상승하자 인수합병을 통해 주가를 정당화하였다.

조작의 핵심은 PER 높은 기업과 PER 낮은 기업의 주식 교환 비율에 있었다. 이를 통해 기업 실적과 성장성이 없어도 인수 합병을 통해 EPS를 개선하고 주가를 정당화한 것이다. 이미 미국 증시 5기는 1966~1968년에 마무리되고, 겨울 국면에 접어드는 초기였다.

1970년대 초에는 '베타교(Beta教)'라는 개념이 나왔다. 당시 새롭게 등장한 CAPM(Capital Asset Pricing Model, 자본자산 가격결정 모형)의 주장에 의하면 비체계적 위험이 높은 포트폴리오가 비체계적인 위험이 낮은 포트폴리오보다 장기 수익률이 더 높다. 비체계적 위험이 높으면 베타가 높다고 표현하기 때문에 베타교라는 닉네임이 붙은 것이다.

그러나 1990년대에 이 주장은 폐기처분된다. 여러 연구에 의해 베타와 장기 수익률 사이에 아무런 상관관계가 없다는 사실을 확인했기 때문이다. 필자가 "투자자가 계산하려 들면 완전히 틀릴 수 있다."라고 조언하는 이유다.

1989년 일본 증시에서도 발견할 수 있다. 당시 일본 증시는 10년 넘게 급등하였다. 일본 증시는 전 세계 시가총액의 45%를 차지하여 1위였고, 미국 증시 시총의 1.5배에 육박하였다. 일본 증시 전체 PER은 무려 60, PBR은 5에 육박하였다. 당시 미국 증시는 PER 15, 영국은 12에 불과했다. 이렇게 덩치가 큰 증시가 급등하였기 때문에 증시 역사상 최대 버블이라 할 수 있다.

당시 일본 금융계는 일본 증시가 미국 증시보다 저평가라 주장하였다. 그 근거로 자회사의 이익과 부동산 자산 상승분을 반영하지 않았고, 감가상각을 과대 계상했기 때문이라고 하였다. 배당이 낮은 것은 저금리 때문이고, PBR이 지나치게 높은 이유는 일본 기업의 부동산 급등을 반영하지 않았기 때문이라 주장하였다.

일본 정부는 1980년대 후반 금융 규제를 완화하여 기업이 재테크라는 합법적인 명분으로 각종 증권 거래를 가능하게 하였고, 기업의 보유자산인 부동산 등의 가치를 회계처리할 수 있게 허용하였다. 적자가 쌓여가는 기업이라 할지라도 토지를 많이 보유하고 있으면 건실한 기업으로 포장하는 것을 정부가 보증한 것이다. 결국 문제가 심각해지자 일본 정부는 대출 규제와 금리 인상을 서둘러 집행했다.

그러나 그 이후 어떻게 되었는지는 우리 모두 잘 안다. 일본 증시는 연착륙하지 않고 63%나 폭락하였다. 1989년 12월 31일 닛케이지수 40,000이 1992년 8월 14,300 수준까지 떨어졌다. 30여 년이 지난 2018년에도 21,000 수준에 불과하다. 2020년 들어 많이 회복하고 있다.

다음 차례는 다시 미국이다. 1998년 미국은 '신경제(new economy)'라는 이름으로 "이번엔 다르다."라는 주장이 팽배하였다. 인플레이션 없이 영원히 연 15~25%의 미래 수익률을 달성할 것이라는 신경제의 환상 속에 세 자릿수 PER을 정당화하였다. 당시 닷컴 버블과 신경제를 인정하지 않으면, 영국 산업혁명 초기의 기계 파괴 운동을 주도한 러다이트(Luddite) 같은 이단아 취급을 하기에 이른다.

시스코(Cisco)는 PER이 수백 배지만, 연 15% 이익을 지속한다고 가정하면 PER과 주가 급등이 설명된다는 식이다. 이런 식으로 25년이 지나면 시스코 시총이 미국 경제 규모를 넘어서는 말도 안 되는 계산법이었지만 투자자는 이를 받아들였다.

1990년대 후반기 미국은 신경제 등을 거론할 정도로 경제가 좋았다. 제2차 달러 강세가 극심했고 팍스 아메리카나 시대였다. 그러나 중기 12국면은 항상 끝과 시작이 있다. 영원히 상승하는 것은 없다.

필자가 매우 좋아하는 켄 피셔(Kenneth Fisher)는 PER보다 PSR(Price-Sales Ratio, 주가매출비율) 지표로 주가 급등을 설명하려고 하였다. 순이익이 잘 나오지 않아 PER로 주가 급등을 설명하지 못하자 매출로 주가 급등을 설명하려 들었다. 실적이 주가 급등을 설명하지 못하자, 당시 유행했던 닷컴 기업은 웹페이지 방문자 수나 관심 점유율(mind share), 지하에 매설된 광섬유 길이 등으로 주가를 정당화하려 하였다.

물론 우리는 그 결과를 잘 알고 있다. 텔레콤 기업들이 지구를 1,500 바퀴 감을 정도로 광섬유를 설치하고 주가 급등을 정당화하였으나 월 드컴은 2002년 파산하였다. 특히 월드컴은 광섬유 투자를 통신비 인상 으로 바꿔 매출을 과대 계상하고, 이익에서 빼야 할 비용도 자본 투자로 잡아 분식회계 처리하였다.

당시 기라성 같던 루슨트, 노텔 등 통신 장비 기업은 모두 몰락하여 흔적도 없다. 노텔 주식은 닷컴 버블 붕괴 전에 1,000달러 이상이었으 나 2002년 3달러까지 폭락하였다. 당시 최고 수익률을 자랑하던 시스 코와 노키아는 아직 몰락하지 않았으나 성장성을 상실한 평범한 기업 으로 전락하였다.

엔론은 기업 재무상태를 복잡하게 만들어 부채를 이익으로 조작하 기도 하였다. 엔론은 블록버스터와 합작회사를 설립해 온라인 영화 대 여 비즈니스를 추진하였으나 몇 달 만에 실패하였다. 그러자 엔론은 캐 나다 은행과 은밀하게 거래해 회사의 미래 이익을 나누는 조건으로 1 억 1,500만 불을 대출하고 이 대출을 이익으로 분식회계 처리하였다. 회계법인 아서앤더슨은 이를 거짓으로 인증해 주었다. 결국 모두 부도 처리되었다.

2006~2007년은 부동산 버블로 무대를 바꾼다. MBS(Mortgage Backed Securities, 주택저당증권)로 담보 대출을 묶어 이자와 상환 원금을 증권화한 것이다. MBS는 부실 담보까지 AAA 등급을 받게 하는 금융 연금술로 각광받았다. 여기까지는 나쁘지 않았다. 그러나 점차 은행과 대부업체

의 대출 기준이 허술해져 증빙자료도 요구하지 않는 NINJA Loan(No Income, No Job and No Asset Loan)이 유행하기에 이른다. NINJA Loan은 소득, 직장, 자산 없이도 대출받을 수 있었다.

그러나 1차 파생상품 MBS가 2차 파생상품인 CDS(Credit Default Swap)와 연결되면서 극히 위험한 상품이 된다. 쉽게 말하면 CDS는 파생상품의 파생상품이다. CDS를 통해 MBS 부도 가능성을 증권화하여 기초 자산의 10배 이상으로 규모가 팽창한다. 한 군데서 문제가 생기면 연쇄적으로 대출 상환이 이뤄지는 대량 살상 무기가 되었다. 세상에 공짜란 없는 법이다.

최근에 PDR(Price to Dream Ratio)라는 재미있는 개념이 등장하였다. 한국투자증권이 특허청에 상표등록 출원까지 신청하였다. 10년 후 해당 시장의 총규모(TAM, Total Addressable Market)에 기업 예상 시장점유율을 곱한 값과 현재 시총을 비교한 개념이다. PER이 지나치게 높은 BBIG(바이오, 배터리, 인터넷, 게임) 같은 대형 성장주의 주가 상승을 정당화하기 위한 일종의 회계 기준이다.

그러나 PDR은 시대적 흐름이라기보다 장난기 있는 해프닝에 불과하다. 따라서 아직 버블을 정당화하는 새로운 회계 기준이라 보기엔 무리가 있다. 무엇보다 먼저 아직 버블이 형성되지 않았기 때문이다. 버블이 충분히 과열된 이후 과거에 나왔던 것들과 유사한 형태로 투자자를 또 현혹할 것이다.

전조현상 4
기술적 분석

필자는 기술적 분석을 제한적으로 활용한다. 중기12국면의 여름 국면을 정의하는 역사적 신고가, 버블이 가속화되어 나타나는 상승 각도 급증, 중기4계절의 각 계절이 바뀔 때 관찰되는 거래량 급증 정도다. 앞서 말했듯 필자는 지지선-저항선, 기술적 패턴 및 차트 분석을 통해 투자 시점을 결정하지 않는다.

상승 각도 급증은 가을 국면의 대표적인 전조현상이므로 '전조현상 TOP 9'에서 자세히 설명하겠다. 거래량은 중기4계절인 3월, 6월, 9월, 1월 국면에 급증하는 경향이 있다. 아래 차트를 보면 한국 증시 2기 여름 국면이 시작된 2005년, 가을 국면이 시작된 2007년, 겨울 국면이 시작된 2012년, 한국 증시 3기 봄 국면이 시작된 2016년 등에서 거래량 급증을 관찰할 수 있다.

[그림 5-10] 거래량과 국면 전환

기술적 차트 분석은 오류가 많다. 대표적인 차트 패턴인 헤드 앤 숄더 형태를 예로 들자. 2020년 10월 코스닥에서 전형적인 헤드 앤 숄더 위험신호가 발생하였다. 2020년 3월 이후 2배 이상 급등한 이후 헤드 앤 숄더 패턴이 출현하고 오른쪽 어깨의 지지선을 하향 돌파하였다. 기

[그림 5-11] 헤드 앤 숄더 패턴 실패: 코스닥

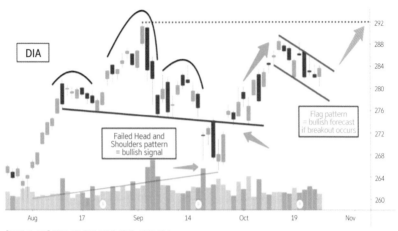

[그림 5-12] 헤드 앤 숄더 패턴 실패: 다우 지수

술적 분석으로 보면 강력하게 매도해야 하는 자리다. 그러나 하락은 발생하지 않았다.

다우 지수도 2020년 9월에 헤드 앤 숄더 패턴이 발생하였으나 맞지 않았고, 시장은 다시 상승을 이어갔다. 이렇게 기술적 분석이 맞지 않는 경우는 무궁무진하게 관찰된다. 이런 패턴을 믿고 섣불리 매도하면 곤란하다.

필자는 차트 분석을 중요하게 여기지 않는다. 대신 주봉이나 월봉으로 보는 중기 추세, 역사적 신고가를 돌파한 업종 대표주인 대형주, 상승률로 분석하는 주도 업종 등 다른 방식으로 기술적 분석을 사용하는 편이다.

전조현상 5
투자 심리

중기12국면의 전조현상으로 거시 경제와 수요와 공급, 기본적 분석 그리고 기술적 분석을 살펴보았다. 모두 꽤 오랫동안 공부하고 수련해야 경지에 오를 수 있는 비교적 어려운 주제라 할 수 있다.

그러나 투자를 오래 하신 분들 중에 경제와 금융, 산업과 기술을 잘 모르지만 투자에 성공하신 분도 많다. 그분들은 일상의 변화와 지인들의 태도 변화 등을 통해 뭔가 패턴을 발견한 것이다. 이처럼 주변 환경을 통해 투자 아이디어를 내는 방법도 경우에 따라 요긴할 때가 많다. 최소한 검증을 강화하는 보조지표로 활용할 수 있다.

뉴스 기사가 팩트를 어떻게 해석하는지도 투자 심리를 엿볼 수 있는 좋은 도구다. 뉴스 기사를 작성하는 기자도 투자자일 가능성이 크다. 기자는 그들의 고객인 대중이 듣고 싶어하는 기사를 써야 한다. 그래서 대다수의 개인 투자자가 취한 포지션에 부합하는 내용이 기사화되는 경우가 많다. 결국 뉴스 기사는 개인 투자자의 심리를 많이 반영한다.

봄 국면에 뉴스 기사는 1년에도 서너 번씩 금융위기가 온다고 경고한다. 미국 증시 120년 동안 금융위기라 부를 만한 자리는 1929년, 2008년, 1973년, 2001년 이렇게 네 군데밖에 없다고 필자가 이미 말씀드렸다. 그러나 판매 부수와 광고 수입이 중요한 언론사는 자극적으로 헤드라인을 잡고 과장되게 해석하며 비관론자를 주로 인터뷰한다.

봄 국면은 외국인 위주의 장기 투자자와 스마트 투자자들 외에는 주식을 가지고 있지 않다. 지난 겨울 국면에 대부분 투매했기 때문이다. 주식을 가지고 있지 않기 때문에 더 떨어지길 원하거나 아예 관심이 없다. 그런 상황이 뉴스 기사에 고스란히 반영된다.

그러나 여름 국면이 되면 기조가 조금 바뀐다. 양비론, 즉 상승론자와 하락론자의 의견을 비슷한 비중으로 인터뷰한다. 장세에 대한 해석도 중립적이다. 발 빠르고 경험 많은 중급 투자자는 여름 국면 초기에 주식을 매수하기 때문이다. 그러나 그 숫자가 절반을 넘지 않기 때문에 이미 증시는 대세 상승으로 접어들었음에도 뉴스 기조는 양비론에 맞춰진다.

가을 국면이 되면 이제 비관론의 비중이 현저하게 줄어든다. 개인 투자자의 주식 보유 비중이 크게 증가했기 때문이다. 봄 국면에서 금융위기가 온다고 호들갑을 떨었던 수준의 사건이 터져도 무덤덤하다. 반면 별로 중요하지 않은 호재에 과민 반응을 한다. 뉴스를 보는 대다수 개인 투자자는 많든 적든 주식을 보유하고 있기 때문에 비관적인 기사를 쓸 수 없다.

주식을 보유한 개인 투자자는 주식이 영원히 상승하기를 원한다. 그래서 이제는 반대로 지나치게 낙관적이고 자극적인 헤드라인이 등장한다. 지상파 방송의 첫 뉴스로 주식 뉴스가 나오기 시작한다. 이때는 주식 투자를 죄악시하던 주변의 인간지표들도 종목을 물어본다.

겨울 국면이 되어도 뉴스 기사의 낙관론은 줄지 않는다. 아직 개인 투자자들은 주식이 상승할 것에 대해 의심을 하지 않고 계속 보유하거나 뒤늦게 뛰어들기 때문이다. 주식의 전망이 좋다는 얘기를 듣고 싶은 대중이 아직 더 많다. 금융위기가 본격적으로 시작되기 직전까지 뉴스 기사는 봄 국면에서 그렇게 금융위기를 경고했던 것만큼 경고하지 않는다.

투자 심리에서 찾을 수 있는 유력한 전조현상을 4가지만 살펴보자.

1. 증권사 연간 전망

애널리스트는 회사와 데스크 그리고 리더의 권위에 영향받을 수밖에 없다. 또 동료 애널리스트의 정보와 투자 전략, 시황 의견을 공유한다. 애널리스트 집단이 집단 지성을 제대로 발현하는 곳이라면 매수 의견 수만큼 매도 의견도 있어야 할 것이다. 하지만 현실은 다르다. 자신이 맡은 섹터에 대해 부정적인 의견을 내기 어렵다. 애널리스트의 전망이 시장에 영향을 미칠 수도 있기 때문이다. 이를 재귀효과라고 한다.

펀드매니저도 마찬가지다. 동료 펀드매니저들이 좋다고 평가하고 많이 보유한 기업을 외면할 수 없다. 나만의 통찰로 인기 없는 기업을 독자적인 판단으로 비중을 높일 수도 없다. 증시 폭락이 왔을 때 모든 펀드매니저들이 좋다고 한 기업의 손실은 시장 핑계를 댈 수 있지만, 나 혼자 좋다고 비중을 높인 기업의 손실은 용납되지 않기 때문이다.

이런 업계 사정을 간파한 켄 피셔는 미국 증권사들의 연간 전망을 조사하고, 1년 동안 증권사의 전망과 실제 결과를 집요하게 추적하였다. 미스터 마켓(Mr. Market)을 '모욕의 달인'이라고 묘사하면서 증권사 전망이 최대로 틀리는 지점에서 연말 종가가 형성됨을 증명하였다. 미국 시장이 점점 정보 비대칭이 감소하는 효율적 시장이 됨에 따라 최근엔 증권사 전망이 맞을 때도 많다는 점도 같이 지적하였다.

필자는 켄 피셔의 아이디어를 한국 증시에 적용해 보았다. 이 글은 2018년 상반기 필자의 블로그에 올린 글을 기초로 작성하였다. 아마 필자가 국내 최초로 시도한 분석일 것이다. 필자는 이를 '최대 다수의 최대 모욕'이라 정의하였다. 구글링을 통해서 데이터를 얻다 보니 2010~2012년의 데이터는 찾을 수 없어 완벽하지는 않지만, 매우 적중도가 높다. 단순하게 보기 위해 최고점의 분포만 분석하였다.

2007년 전망치를 보자. 먼저 2006년 말에 증권사가 전망한 2007년 최고점은 1650 근처에 몰려 있다. 1650~1700 구간은 5개 증권사가 전망하였고, 1700~1750은 2개사, 1550~1650은 1개사, 1750~1800은 1개사가 있었다. 그러나 결과는 2085로 단 한 군데도 맞히지 못했다.

2007년 증권사 상단 전망치

이번엔 2008년 전망치다. 2007년에 크게 당했기 때문에 이번엔 전망치를 크게 높였다. 2300부터 2500까지 12개 증권사가 전망하였다. 그렇게 상승하긴 어렵고 2100 정도일 것이라고 주장한 증권사는 두 군데였다. 그러나 글로벌 금융위기가 터지면서 결과는 1901로 완전히 틀렸다.

2008년 증권사 상단 전망치

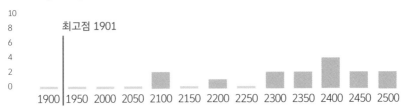

글로벌 금융위기로 혼이 난 증권사는 2009년에 전망치를 크게 낮춘다. 11개 증권사가 1300~1400 사이로 전망하였으나 결과는 1718까지 크게 반등하였다. 그래도 증권사 한 곳이 적중하였다.

2009년 증권사 상단 전망치

2013년 증권사 전망치는 2200부터 2550까지 넓게 퍼져 있었다. 이런 분포는 증권사도 잘 모르겠다는 것을 암시한다. 역시 2063으로 연말 최고점을 마감하면서 모두 틀리는 모욕을 겪는다.

2013년 증권사 상단 전망치

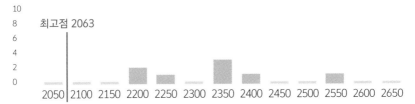

2014년은 2250에서 2300에 15개 증권사가 모여 있을 정도로 어느 정도 컨센서스가 있었다. 그러나 2093에 머무르면서 모두 틀렸다.

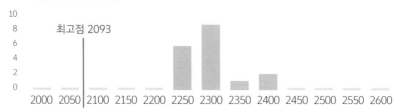

2015년은 유일하게 적중한 해로 기록된다. 최고점은 2189로 마감했는데 5개 증권사가 적중하였다.

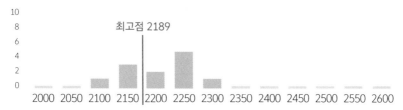

2016년 다시 어긋나기 시작한다. 전망을 좋게 본 16개 증권사가 2150부터 2300까지 전망하였다. 그러나 최고점은 2073으로 다시 모욕을 겪는다.

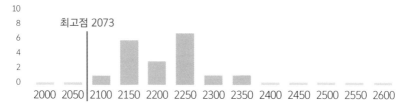

2017년은 이제 증권사들이 포기하고, 다시 별로 상승하지 않을 것으로 전망한다. 2100부터 2400까지 다양하게 분포했다. 증권사도 잘 모르겠다는 의미다. 결과는 크게 상승하여 2561을 기록하고 모조리 틀리게 만든다.

2017년 증권사 상단 전망치

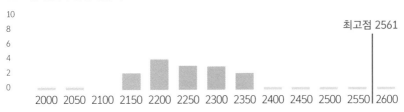

필자는 이 글을 2018년 3월에 블로그에 올렸다. 당시 2018년 최고점 결과는 알 수 없었다. 그러나 증권사 전망이 2800에서 2900에 많이 분포된 것을 보고, 2600 아래 또는 아예 3300까지 상승할 가능성을 블로그에 남겼다. 결과는 2018년 1월의 2607이 최고점이 되면서 역시 모두 틀리게 만들었다.

2018년 증권사 상단 전망치

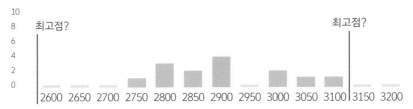

2019년도 마찬가지다. 증권사의 2019년 최고점 전망은 대략 2350에서 2550에 분포하였다. 그러나 2019년 고점은 2252로 역시 모두 틀렸다.

2019년 증권사 상단 전망치

최고점 2252

2019년 말에 증권사가 전망한 2020년 지수는 대략 2300에서 2500 사이에 분포한다. 필자가 글을 쓰고 있는 2020년 11월 말, 이미 역사적 신고가인 2607을 상향 돌파하면서 중기 6월 국면을 맞이하였다. 12월 한 달간 더 상승할 가능성이 크기 때문에 2020년 역시 모든 증권사 애널리스트를 골탕 먹일 가능성이 높다.

2. 기술 유행어 따라하기

가을 국면에 나타나는 현상이 있다. 시대적 유행어를 사명으로 정하거나 개명하여 사업보고서에 명시하는 일이 눈에 띄게 많아진다. 중기 12국면이나 경제 지표를 볼 줄 몰라도 이런 호들갑을 보면 버블의 끝이 멀지 않았다고 판단할 수 있다.

1940년대 후반부터 미국 경제가 회복되기 시작하면서 1950년을 중기12국면의 여름 국면으로 정의하였다고 말씀드렸다. 1950년대는 제3차 산업혁명인 IT 혁명의 전반기이며, 반도체와 이를 활용한 전자제품 그리고 항공과 의학 기술이 본격적으로 발전한 시대였다.

1947년 윌리엄 쇼클리, 존 바딘, 월터 브래튼이 벨 연구소에서 최초의 반도체를 발명하고 1948년 특허 출원을 하였다. 진공관 18,000개로 만든 대형 컴퓨터 에니악(ENIAC)은 무게가 27톤이었고, 라디오는 18kg에 달하였다. 진공관 220분의 1 크기인 반도체를 활용하여 개발된 대형 컴퓨터 트래딕(TRADIC)은 에니악 300분의 1 크기로 획기적으로 줄어든다. 트랜지스터 라디오도 340g으로 축소되면서 들고 다닐 수 있게 되었다.

최초의 반도체는 게르마늄을 사용한 접합형 BJT(Bipolar Junction Transistor, 양극성 접합 트랜지스터)였다. 1954년 TI(Texas Instrument)가 최초로 실리콘을 사용한 트랜지스터를 개발하였다. 1958년 페어차일드(Fairchild)는 산화막을 형성하고, 포토-에칭 공정 후 인-붕소 등 불순물을 확산하는 방식으로 반도체 공정을 개발하여 고주파와 잡음 특성을 획기적으로 개선하였다. TI의 실리콘 트랜지스터와 페어차일드의 반도체 제조공정은 현대 반도체의 기초가 되었다.

반도체를 활용한 전자제품은 산업의 지형도를 바꾼다. 대형 컴퓨터 트래딕과 트랜지스터 라디오의 크기가 줄어들자, 혁신은 TV와 오디오 제품 등 다른 전자제품에 전파된다. 라디오와 TV를 들고 다닐 수 있게 되면서 워크맨 등의 비즈니스 모델까지 혁신이 확산된다.

그러자 1960년대 초에 ~트로닉스, ~실리콘, ~스페이스, ~피직스, ~시스템즈 등이 유행하기 시작하였다. Shoelaces라는 40년 업력의 구두끈 제조 회사는 Electronics and Silicon Furth-Burners라는 정체불명의 이름으로 상장하였다. 이처럼 아무도 이해하지 못할 단어를 사용하면 더욱 가격이 올라갔다. Mathers Cookie라는 쿠키 회사는 Mothertron's Cookitronics라고 속 보이게 대놓고 트로닉스를 사용하여 상장하였다.

그러나 1966~1968년 미국 증시 5기 대세 상승을 마감하면서 트로닉스 버블은 꺼진다. 그러나 미국 증시 5기의 버블은 4기와 6기 대비 과도

한 편이 아니었기 때문에 상대적으로 조용히 버블 붕괴가 나타났다.

1980년대는 제3차 산업혁명인 IT 혁명 후반기로 통신과 인터넷이 꽃을 피운 시대이다. 1983년부터 미국 증시 6기의 여름 국면이 시작되었고, 5기의 반도체와 전자제품, 항공과 의학 기술이 더욱 발전하였다. 반도체를 활용한 전자제품을 넘어서 통신 장비까지 소형화된다. 작아진 통신 장비를 활용해 미국에 인터넷 네트워크가 확산되기 시작하면서 인터넷 닷컴 버블이 시작된다.

1980년대는 생명과학, 마이크로, 일렉트로닉스를 사명에 추가하는 경향을 보였다. 1990년대 후반기는 유명한 닷컴 버블이 나왔다. 1998년 설립된 Pets.com은 닷컴 기술과 무관한 반려동물 회사였으나 슈퍼볼 광고에 등장하고, 2000년 2월 시가총액이 무려 1억 달러까지 폭등하였다. 그러나 그해 10월 상장폐지 되었다.

2017년에 유행한 기술 유행어는 비트코인과 바이오였다. 2017년 10월 미국 회사 Croe가 사명을 Crypto Company로 바꾸자, 아무런 이유 없이 두 달간 주가가 28배 폭등한다. 미국 음료 회사 Long Island Iced Tea가 사명을 Long Blockchain으로 개명하자 하루 만에 주가가 6배 폭등한다. 과일 주스 회사 SkyPeople Fruit Juice가 사명을 Future FinTech로 바꾸자 주가는 3배 급등한다. 한국의 필룩스가 미국 신약 회사를 인수하자 2018년에 4개월 동안 무려 555% 폭등한다. 보안회사 닉스테크가 회사명을 바이오닉스진으로 바꾸자 400% 이상 폭등한다.

3. 대통령의 펀드 가입 권유

역대 대통령은 공황이 오고 경기 침체가 심해지면 증시 부양을 위해 주식 펀드를 홍보하는 경향이 있다. 대통령이 투자 감각이 있어서 적절한 시점을 감지한다고 할 수는 없다. 투자자들은 공황이 발생하면 마치 시장이 영원히 하락하고 시장과 국가가 붕괴할 것처럼 공포심을 가진다. 그러나 우려한 것보다 훨씬 더 빠르게 공황은 회복된다.

공포 심리가 가장 심각한 공황 막바지가 되면 누가 홍보해도 대충 그 지점이 바닥이 된다. 그러나 대통령이 홍보한 펀드는 기록에 남기 때문에 전조현상으로 활용하기에 적절하다.

김대중 대통령은 IMF 외환위기가 터지고 한국 경제가 심하게 망가진 후에 대통령에 취임하였다. 김대중 대통령은 김종필, 고건 등과 함께 1998년 2월 현대투신의 '경제 살리기 주식 1호' 펀드를 홍보하였다. 1998년 하반기부터 시장이 급반등하여 2000년 초까지 코스피는 역대 최단기간 최대 상승 기록을 세운다.

노무현 대통령은 부동산 버블 세븐 등으로 골치를 썩었다. 증시는 부동산 대비 상대적으로 부진하였다. 지금과 비슷한 상황이었다. 노무현 대통령은 증시 부양 목적으로 2005년 7월 코스닥 주식형 펀드에 8,000만 원을 투자하며 부동산 시장의 자금을 자본 시장으로 돌리자고 홍보하였다. 2005년은 이미 한국 증시 2기의 여름 국면에 진입한 상태였으며 이후 2년 반 동안 대세 상승을 하였다.

이명박 대통령은 취임과 동시에 미국발 글로벌 금융위기를 맞이하였다. 2008년 12월에 적립식 인덱스 펀드에 투자하며 증시를 살리자고 홍보하였다. 그때가 정확히 바닥이었다.

박근혜 대통령은 청년 실업 문제로 골치를 앓았기 때문에 2015년 청년희망펀드 1호에 가입하며 홍보하였다. 그러나 역대 유일하게 펀드 가입이 큰 효과가 없었던 대통령이 되었다. 이때는 한국 증시 2기 겨울 국면이기 때문에 뭘 해도 좋지 않을 수밖에 없었다.

문재인 대통령 취임 후 일본의 수출 규제가 있었다. 대통령은 2019년 8월 27일 '필승 코리아 소부장 펀드'에 5,000만 원을 투자하면서 한국 증시에 투자하자고 홍보하였다. 그때가 정확히 코스피 바닥은 아니었다. 이후 2020년 3월 플래시 크래시가 발생했기 때문이다. 그러나 이후 상승 추세로 전환하고 2020년 11월 여름 국면을 열 정도로 코스피는 크게 상승하였다. 꾸준히 보유했다면 큰 수익이 났을 것이다.

4. 가을 국면의 사회적 현상

가을 국면이 되면 크게 7가지 정도의 사회적 현상이 나타난다. 대중의 양떼 현상(herding effect), 기술 유행어 따라하기, 비이성적 전망, 비관론자의 항복, 정부 규제, 황당한 기술, 과도한 정보 잡지 출현 등이 있다. 기술 유행어 따라하기는 이미 별도로 설명하였으니 다른 현상을 좀 더 보자.

대중의 양떼 현상은 과거 증권사 객장에서 볼 수 있었다. 객장에 스님 또는 목사님이 보이거나, 애 업은 젊은 엄마, 시장 바구니를 든 중년 주부, 새파란 20대 남자 대학생 등이 나타나면 거의 가을 국면이라 판단할 수 있었다. 그러나 지금은 HTS, MTS 등으로 이런 진풍경을 더 이상 관찰할 수 없다.

그러나 우리 주위에서 양떼 현상은 여전히 관찰된다. 평소에 주식 투자에 부정적이고 심지어 죄악시하던 지인이 갑자기 종목 추천을 요청할 때가 있다. 그 지인은 갑자기 투자에 대해 엄청나게 공부하기 시작한다. 엑셀을 활용해서 미래 수익률을 계산하며 장밋빛 미래를 공상하기도 한다.

2017년 비트코인이나 바이오 회사에 투자한 입문 투자자에게 이런 모습이 많이 발견된다. 듣도 보도 못한 알트코인(alt coin, 비트코인 외 다른 코인)과 신약 임상 결과를 전문가 수준으로 공부하고, 술자리에서 영원한 상승을 설파하기도 한다.

서점 분위기도 바뀐다. 봄 국면은 부동산 서적이 많다. 주식 투자 서적은 유행을 타지 않는 투자 구루들의 고전만 보인다. 그러다 여름 국면이 되면 주식 투자 서적이 증가하기 시작한다. 가을 국면이 되면 데이트레이딩이나 초단기 고빈도 투자법에 대한 서적이 등장한다.《나는 어쩌고저쩌고 10억을 벌었다》식의 자극적인 책도 무분별하게 쏟아져 나온다. 서점만 가 봐도 가을 국면을 물씬 느낄 수 있다.

증권사 광고가 지상파에 등장하기 시작한다. 한국 증시 2기 때 대신증권이 좋은 전조현상이었다. 봄 국면에 증권사 기업 광고는 나타나지 않고 여름 국면에도 거의 없다. 증권사 광고는 가을 국면에 많이 나온다. 지금은 CI가 바뀌어 볼 수 없지만 "큰 大 믿을 信, 대신증권" 이런 무겁고 점잖은 광고가 9월 국면쯤 나온다.

12월 국면 금융위기 직전이 되면 고객 유치를 위해 자극적인 증권사 광고가 등장한다. 이런 광고엔 자산운용사가 적극적으로 추진하는 랜드마크 펀드도 포함된다. 지금은 기관투자자가 신뢰를 잃은 상태이기 때문에 한국 증시 3기에서 재현될지는 의문이다.

비이성적 전망도 등장한다. 비이성적 전망은 "이번엔 다르다." 식의 영원한 상승을 주장하는 것이다. 최초의 비이성적 전망을 주장한 불명

예는 예일대 경제학 교수 어빙 피셔가 차지했다. 1929년 10월 어빙 피셔는 "현재 주가가 높아 보이지만 미래 수익을 근거로 판단한다면 높다고 할 수 없다. 현재 주가는 영원히 하락하지 않을 고지대에 도달했다."라는 유명한 말을 남겼다.

이는 기본적 분석의 전조현상에서 말씀드린 버블을 정당화하는 새로운 회계 기준과 같은 맥락이다. 각종 신규 이론과 모델로 주가 급등을 정당화하려는 시도가 이어진다. 1972년 니프티 피프티 버블에 대한 우려가 팽배해지자 'One Decision Stock'이라는 주장이 나온다. 영원히 보유해야 한다는 뜻이다. 니프티 피프티 버블은 1973년이 되자마자 폭락을 시작한다. 심한 기업은 90%까지 폭락했다.

1990년대 후반기는 '신경제(new economy)'라는 개념을 등장시켜, 인플레이션 없는 영원한 상승이 지속될 것이라 주장한다. 1999년에 다우존스 36,000을 주장한 제임스 글래스먼과 모건스탠리 수석 전략가 바턴 빅스의 TV 토론은 아주 유명한 일화다. 당시 누구 의견에 손을 들겠느냐에 대한 청중 투표가 이뤄졌는데, 바턴 빅스와 그의 아내 두 사람만 빼고 모두 제임스 글래스먼의 다우존스 36,000 주장에 손을 들어준다. 그러나 1년도 안 되어 주가는 폭락하기 시작한다.

당시 나스닥은 1만 포인트 이상을 전망하기도 했으나 결국 1,000포인트까지 폭락한다. 비슷한 현상은 한국에서도 발견된다. 1999년 말 지수가 900선까지 급등하자 현대증권 이익치 회장은 코스피 3,000포인트를 주장하며 바이코리아 펀드 가입을 홍보하였다. 당시 올림픽 체육관을 빌려 대규모 주식 강연회를 여는 주식 전문가들이 난무하였다. 나스닥과 코스닥은 2000년이 시작되자마자 폭락을 시작한다.

황당한 기술은 가을 국면에 등장한다. 역사를 좀 멀리 보면, 영국 남해회사는 사우스 씨 버블(South Sea Bubble) 붕괴 전에 각종 신기술을 홍보하며 신주를 발행하였다. 1711년 설립된 남해회사는 존 블런트의 주도하에 남미 노예 사업 등의 투자 설명회를 연다. 1720년 남해회사가 신주 발행에 성공하고 대중의 신주 공모 열풍이 식지 않자 남해회사는 자회사를 만들어 신주를 계속 발행하였다.

심지어 신주 열풍이 가속화되면서 회사 내용을 전혀 공개하지 않아도 신주가 공모되는 기현상까지 벌어진다. 당시 신주 공모를 위해 허위로 주장한 황당한 기술은 다음과 같다. 바닷물로 담수 만들기, 톱밥으로 판자 만들기, 해적을 막을 수 있는 무적 선박, 영국 말 혈통 보전법, 모발 거래소, 사생아를 위한 특수 병원, 납에서 은 추출하기, 오이에서 햇볕 추출하기, 영원히 멈추지 않는 바퀴(영구기계), 네모난 모양의 대포나 총알을 발사하는 기계.

물론 일부는 지금 구현이 되었다. 그러나 300년 전에는 구현이 불가능한 황당한 기술이었다. 결국 영국 의회는 거품법(Bubble Act)을 통과시켜 신주 발행 자체를 금지하였다. 거품법은 100년도 넘게 지속되며 영국의 혁신을 방해하였다.

2000년 초 닷컴 버블 붕괴 직전에도 황당한 기술로 주가를 부양하는 버릇은 여전하였다. 디지센츠(DigiScents)는 웹사이트에 접속하거나 컴퓨터 게임을 하면 향기가 나게 하는 주변 장치를 개발하겠다고 했다. 실제로 수백억 불을 유치하였으나 결국 개발하지 못한다.

Flooz는 지인에게 이메일로 보낼 수 있는 Flooz라는 대체 통화(currency)를 제안하였다. 그러나 필리핀과 러시아 갱단이 훔친 신용카드 정보로 Flooz 30만 불을 사들이면서 결국 파산한다. 지금은 비트코인이 나오면서 실현 가능한 현실이 되었으나 20년 전은 그렇지 않았다.

마지막으로 과도한 정보지가 출현한다는 특징도 있다. 버블이 극심해지면 대중은 '쉽게 부자가 되는 방법' 같은 주제에 열광한다. 1840년대 새롭게 등장한 철도 산업으로 미국에서 14개 주간지와 2개의 일간지가 설립되었으나 1847년 금융위기(철도 버블 붕괴) 이후 대부분 폐간된다.

1990년대 후반 닷컴 버블에서 같은 현상이 관찰된다. 예를 들어 '한 달 뒤 두 배가 될 닷컴 주식' 이런 식의 유료 기사다. Wired, Industry Standard, Business 2.0 등의 비즈니스와 기술 잡지가 탄생한다. CNBC와 Bloomberg도 이때 출현하여 24시간 증권 방송 시대를 열었다. 2001년에 군소 방송사와 출판사는 대부분 파산하였다.

주식시장 탈출 징후를 파악하라

절대 놓쳐서는 안 될 전조현상 TOP 9

원화 약세
(USDKRW 상승)

미국 달러의 순환주기는 17년이며, 한국 증시의 중기12국면에서 가장 중요한 지표이다. 제1차 달러 약세가 시작된 1985년부터 한국 증시 1기 중기 5월 국면이 시작되었다. 제2차 달러 약세는 2002년 시작되었고, 1년 후 한국 증시 2기 중기 5월 국면이 시작되었다(카드 사태로 1년 지연). 제3차 달러 약세는 2017년에 시작되었고, 그때부터 한국 증시 3기의 중기 3월 국면이 시작되었다.

그러나 이전의 모습과 다르게 달러는 이중 천장을 기록하며 2018~2019년 다시 달러 강세가 찾아왔다. 중기 5월 국면이 2020년 3월부터 시작되고, 2020년 11월 코스피가 역사적 신고가를 기록하면서 여름 국면을 열었다.

제4차 달러 강세는 2027년 이후에 진행될 가능성이 크다. 그때는 한국 증시 등 신흥국 증시에서 탈출해야 한다. 미국 증시의 가을 국면을 즐기기 위해 미국 주식에 투자해야 할 때가 다시 올 것이다.

그러나 달러 약세가 온다고, 바로 원화와 위안화 등 신흥국 통화가 강세로 전환되지 않는다. 달러 약세는 유로화 강세로 바로 진행되지만, 신흥국 통화가 강세로 바뀌는 데 시간이 필요하다. 따라서 실질적인 지표는 원달러 환율이다. 즉 USDKRW 지표가 하락으로 바뀌어야 한다.

미국 금융 시장 문제가 더 심각하면 달러 약세가 원화 강세보다 더 빠르게 진행된다. 반대로 한국 금융 시장 문제가 더 심각하면 원화 약세가 달러 강세보다 더 빨리 진행된다. 일반적으로 공황이 발생하면 원화의 변동성이 달러보다 훨씬 크기 때문에 공황의 전조현상으로 활용할 수 있다.

1995년 6월 달러 강세가 시작되었고 한국 금융 시장에 문제가 시작되었기 때문에 원화 약세가 더 빨리 진행된다. 2008년 7월 글로벌 금융 위기는 미국 금융 시장의 문제였으나, 핫머니와 캐리 트레이드 자금의 급격한 본국 귀환으로 오히려 한국을 포함한 신흥국의 통화 약세가 더 빨리 진행된 경우이다.

[그림 6-1] 미국 달러와 원달러 환율

반면 2002년 4월과 2017년 4월은 달러 약세가 원화 강세보다 더 빨리 진행되었다. 미국 금융 시장에 따라 원화가 수동적으로 영향을 받았기 때문이다. 따라서 원화 강세가 도래할 때까지 겸허하게 인내하여야 한다.

이번 2020년 3월 플래시 크래시도 마찬가지였다. 6월부터 달러 약세가 추세적으로 진행되었으나, 원화 강세는 3개월이 지난 2020년 9월부터 본격적으로 진행되고 있다. 2020년 3월은 한국 증시 3기 봄 국면의 마지막 바닥이었고, 중기 5월 국면의 출발점인 것이 검증되는 순간이다. 이제 신3저의 기반하에 코스피는 강력한 상승 추세를 만들 수밖에 없는 운명이다.

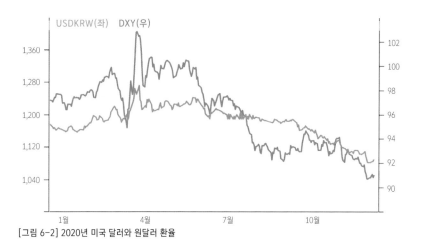

[그림 6-2] 2020년 미국 달러와 원달러 환율

원달러 환율, 즉 USDKRW가 상승하면 시차 없이 바로 한국 증시는 폭락을 시작한다. 1996년 1월, 2008년 3월, 2011년 8월, 2018년 6월이 바로 그 자리다. 2000년 10월은 예외로 원달러 환율보다 주가 폭락이 먼저 진행된 특이한 자리다. 공황에서 바닥을 만드는 가장 중요한 계기는 미국 달러의 공급으로 인한 원달러 환율의 하향 안정이다. 연준이 양적완화를 시작하고 한국과 달러 스왑 협정을 맺으면 대부분 바닥이 형성된다.

USDKRW 상승은 바로 한국 증시의 폭락을 유발하지만, USDKRW 하락은 바로 한국 증시의 상승을 이끌지 못할 수도 있다. 바로 반응한 자리는 2009년 3월과 이번 2020년 9월이다. 그러나 원달러 환율인 USDKRW 하락 후 6개월 이상 지나야 한국 증시가 상승 추세로 전환한 자리는 1998년 4월, 2002년 4월, 2016년 5월이다.

[그림 6-3] 원달러 환율과 코스피

참고로 겨울 국면이나 중기 4월 국면 그리고 대세 상승 구간인 여름-가을 구간에서 USDKRW의 작은 변화는 별로 중요하지 않고, 시장에 별 영향을 미치지 못한다. USDKRW의 변화는 중기 5월 국면과 중기 11월 국면 같은 변곡점에서 그 위력을 발휘한다.

가장 중요한 통화와 금리의 추세를 같이 보면 그 변곡점은 극명하게 드러난다. 바로 필자가 정의하는 '골든 크로스'와 '데드 크로스'다. 전통적인 골든 크로스의 정의는 5일이나 20일 등의 서로 다른 이동평균선이 교차하면서 추세가 강화되는 것이다.

그러나 필자는 차트로 상징되는 가격 추세를 크게 고려하지 않는다고 하였다. 필자의 '골든 크로스'는 국고채 금리가 상승하면서 원달러 환율인 USDKRW의 하락이 만드는 크로스를 말한다. 한국의 국고채 금리가 상승하면서 원화 강세가 진행되면 주가 상승 압력을 만든다는 의미다.

국고채 금리와 원달러 환율의 크로스는 아래 그림의 노란 박스 내에서 확인할 수 있다. 한국 증시 2기 여름 국면이 시작된 2005년은 국고채 금리는 상승하고 USDKRW는 하락하기 시작하였다. 발산 현상 즉 다이버전스(divergence)는 2008년 1월까지 심화되었다.

필자가 정의하는 골든 크로스는 아래 그림 2번째 노란 박스 왼쪽 2005년 2월에 발생하고, 노란 박스 오른쪽 2008년 1월까지 그 격차가

[그림 6-4] 원달러 환율과 국고채 10년물 금리 크로스

확대되었다는 뜻이다. 이 시대는 주식의 시대로 한국 증시 2기의 중기 6월 국면부터 중기 10월 국면까지다.

반면 2009년부터 국고채 금리는 하락하고 USDKRW도 하락 후 정체하기 시작한다. 2차 상승인 가을2 국면이 끝난 2011년 하반기 이후 수렴 현상, 즉 컨버전스(convergence)가 2016년까지 지속된다. 이 시대는 크게 볼 때 채권의 시대로서 한국 증시 2기의 겨울 국면이다.

4번째 노란 박스 왼쪽 2016년 11월부터 USDKRW는 하락하고 국고채 금리는 상승하는 발산 현상, 즉 다이버전스(divergence)가 시작되면서 골든 크로스가 다시 찾아왔다. 봄 국면이라 대세 상승까지 가지 못하고 주가 상승을 짧게 마무리한다. 2018년 4월까지 1년 반 정도 한국 증시 3기의 중기 3월 국면을 맞이한다.

그리고 5번째 노란 박스 왼쪽인 2020년 9월, 신3저와 함께 골든 크로스가 다시 발생하였다. 코스피는 대세 상승을 만들 수밖에 없는 금융 생태계로 전환되었다. 한국 증시 3기의 중기 6월 국면이 시작되었고, 발산 현상이 멈출 때까지 상승하여 결국 중기 10월 국면까지 도달할 것이다.

미국의 금리 상승 3년 차

금리 인상과 공황의 관계

금리 인상은 경기 상승이나 증시 상승보다 먼저 진행되지 않는다. 공황이 끝나고 경기가 살아나고 증시가 상승하면 국채 10년물 같은 장기채 금리가 먼저 상승한다. 연준은 계속 시장 금리의 눈치를 보다가 결국 기준 금리를 올린다. 즉 후행적으로, 수동적으로 따라간다. 그러나 과열이 과도해지면 연준은 공격적으로 금리를 올리면서 시장에 경고한다.

금리 상승은 양날의 칼처럼 초기와 후기의 모습이 다르다. 그러나 결국 금리 인상은 버블 붕괴의 원인이 된다. 미국 증시 120년간 19번의 공황 중 16번이 금리 인상이 원인이었다는 분석도 있다. 금리 그 자체만을 보면 중구난방으로 추세가 없어 보이지만, 이를 미국 증시 중기4계절과 연결하여 분석하면 그 주기성이 쉽게 드러난다. 이처럼 시나리오 모델은 보이지 않는 것을 보이게 만들어 준다.

먼저 필자가 분석한 금리와 공황의 상관관계 결과를 먼저 말씀드리고 하나씩 설명하겠다.

❶ 연준이 기준 금리 인상을 시작하고 대략 3년 후에 증시 폭락이 온다

❷ 여름-가을 국면에 통상 금리 인상이 3~4번 진행된다

❸ 공황은 신흥국과 선진국에서 각각 한 번씩 번갈아 가면서 찾아온다

미국 증시 5기의 금리 인상

미국 증시 5기의 여름-가을 국면에 발생했던 금리 인상은 3번이었다. 시작점은 1954년 10월, 1958년 7월, 그리고 1961년 7월이다. 1950년대와 1960년대는 인플레이션 시대이며 골디락스 시대로, 대부분의 자산이 완만하게 상승하는 안정된 시기였다. 변변한 금융위기도 없었고 신흥국의 개념도 아직 정립되기 전이었다. 프랑스, 캐나다, 영국 등 선진국 간의 통화 전쟁만 간간이 있었기 때문에 일반 원칙이 잘 적용되지 않았다.

1970년대는 극심한 인플레이션 시대로서 선진국 경제가 전반적으로 좋지 않았다. 금리 인상은 1967년 7월, 1972년 2월, 1977년 3월, 그리고 1980년 7월 등 4번 있었다. 미국 증시 5기가 1966~1968년에 마감된 이후 니프티 피프티 버블 붕괴는 2년간(1973~1974년) 지속되었다. 미국 금융위기 서열 3위인 니프티 피프티 버블 붕괴는 1972년 금리 인상 이후 1년 만에 발생하여 금리 인상과 큰 연관성은 없었다.

그러나 1980년대에 접근하면서 금리와 공황의 상관관계에 대한 일반 법칙이 통하기 시작한다. 인플레이션 시대가 저물고 디플레이션 시대로 넘어오면서 일반 법칙이 적중하기 시작했다. 미국 증시 6기 봄 국면이 끝나지 않은 1977년 3월, 3번째 금리 인상 이후 남미 외환위기가

시작된다. 금리 인상 후 3년이 지나자 남미의 신용 경색이 시작되어 결국 1982년 멕시코는 모라토리엄(moratorium)을 선언하였다.

미국 증시 6기의 금리 인상

1983년 이후 미국 증시 6기의 여름 국면이 시작된다. 금리 인상 시작점은 1983년 5월, 1986년 10월, 1994년 1월, 1999년 1월이었다. 2000년부터 겨울 국면이 시작되었기 때문에 1999년은 큰 의미가 없으나 아무튼 금리 인상이 총 4번 있었다.

2번째 금리 인상이 시작된 1986년 10월 이후 정확히 3년이 지난 1989년 하반기, 일본과 북유럽의 버블이 천장을 기록한다. 이후 폭락이 진행되고 미국도 6개월 정도 지난 1990년 중반부터 1년 정도 조정을 거친다. 일본은 이후 잃어버린 30년을 지속하고 2020년 들어 주가가 회복되기 시작한다.

일본의 버블은 인류 역사상 가장 거대한 버블이었다. 자산 버블은 물리학의 모멘텀과 같다. 질량과 속도를 곱한 값인 모멘텀은 증시의 시총과 상승률의 곱으로 표현할 수 있다. 일본 증시의 시총을 감안할 때 이는 인류 역사상 최대 버블이다. 자본주의 초기의 튤립 버블, 사우스 씨 버블, 미시시피 버블 그리고 최근의 비트코인 버블은 시총이 그 정도로 크지 않기 때문에 버블의 강도가 그렇게 높았다고 할 수 없다.

3번째 금리 인상이 시작된 1994년 1월 이후 정확히 3년이 지난 1997년부터 아시아 외환위기가 시작된다. 결국 홍콩을 제외한 대부분의 아시아 국가가 외환위기를 겪고 한국도 IMF 구제 금융을 받는다. 러시아는 모라토리엄을 선언한다.

재미있는 것은 선진국과 신흥국이 번갈아 가면서 한 번씩 공황을 겪는다는 점이다. 1973년 미국의 니프티 피프티 버블 붕괴, 1980년대 초반 남미 외환위기, 1989년 말 일본과 북유럽 등 선진국의 금융위기, 1997년 아시아 금융위기가 있었다.

미국 증시 7기 금리 인상

미국 증시 7기 봄 국면은 2003년부터 시작된다. 금리 인상은 2004년 6월에 한 번 있었다. 마찬가지로 정확히 3년 후인 2007년 하반기부터 증시 상승을 멈추고 2008년 글로벌 금융위기가 시작되었다. 지난 공황이 아시아에서 발생했으나 2008년은 미국에서 출발한 금융위기였다. 신기하지 않은가?

2013년부터 시작된 미국 증시 7기 여름 국면도 같은 모습을 반복하고 있다. 금리 인상은 2015년 12월부터 시작되었으며, 미국 증시 여름-가을 국면에서 발생한 첫 번째 금리 인상이다. 역시 정확히 3년 후인 2018년 12월 미국 증시 폭락이 발생한다. 단, 2020년 3월 플래시 크래시는 금리 인상과 상관없이 독자적으로 발생하였다. 2018년 말 소공황은 터키와 남미에서 촉발된 것으로 2008년 미국에 이어 이번엔 신흥국에서 발생하였다.

1970년대 후반부터 이러한 금리와 공황의 상관관계는 무서울 정도로 적중도가 높은 상관관계를 가지고 있다. 필자가 이를 처음 감지한 것은 새벽에 밤을 새워가며 연구하던 때였는데 갑자기 귀신이라도 본 것처럼 소스라치게 놀랐던 기억이 있다.

만일 이러한 상관관계가 지속된다고 가정하면 우리는 2020년대에 걸쳐 금리와 공황이 어떠한 모습을 보일지 '대충' 전망할 수 있다. 먼저 여름-가을 국면에서 첫 번째 금리 인상은 2015년 12월에 시작되었기 때문에 앞으로 미국 증시 7기가 끝날 때까지 2~3번 금리 인상이 더 있을 것이다.

여름-가을 국면에서 연준의 2번째 기준 금리 인상은 대충 2023년에서 2024년 어딘가 발생할 가능성이 크다. 이는 3년 후인 2026년에서 2027년 어딘가 선진국 또는 준선진국에서 비교적 큰 버블 붕괴가 발생할 가능성을 말해 준다. 필자는 중국으로 추정하고 있다. 중국은 선진국이라 보긴 어렵지만, 경제 규모 그 자체로만 보면 세계 2위이기에 선진국 수준이라 볼 수 있을 것이다.

가을 국면에 접어들어 미국 증시가 심각한 과열을 보이면 연준은 한두 번의 금리 인상을 더 감행할 것이다. 이번엔 제4차 달러 강세까지 동반되면서 역시 3년 후에 신흥국 어딘가 매우 강력한 중공황을 만들 것이다. 이후 미국 증시도 약간의 시차를 두고 하락 추세로 전환되면서 겨울 국면으로 진입하고 미국 증시 7기를 마무리할 것이다.

과거 역사를 기반으로 하여 패턴의 오류를 최대한 피하면서, 순환주기와 전조현상 그리고 상관관계에 대한 일반 원칙을 정립하면, 이처럼 10년 이후의 막연한 미래까지 대충 가능해 볼 수 있다.

물론 이를 기계적으로 맹신할 필요는 없다. 우리에겐 다른 무수한 전조현상이 있다. 5대 자산과 다른 전조현상을 교차 검증해 나가면서 그 진행 속도를 가늠하고 적절히 업데이트하면 오류를 크게 줄일 수 있을 것이다.

신용 금리차 역전 현상

자산 시장의 위험도를 가장 잘 나타내는 것 중 하나가 바로 신용 금리차 역전 현상이다. 통상 회사채는 국채보다 부도 위험이 높아서 금리가 약간 높다. 금리가 높다는 것은 그만큼 채권 가격이 낮다는 뜻이다. 그러나 중기12국면 가을 국면의 끝자락에 도달하면 회사채 특히 하이일드 (High Yield), 즉 투기 등급 회사채의 가격이 폭락하면서 금리가 급등하는 현상이 나타난다. 이는 신용 금리 스프레드를 큰 폭으로 확대시킨다.

신용 금리차 급등 현상은 빠르게 반응하기 때문에 신용융자 상황과 함께 매주 한 번씩 지표를 보고 상황을 파악하는 것이 좋다. 한국 증시 기준으로 신용 금리 스프레드 상승은 10월 국면에 시작하며, 겨울의 마지막 2월 국면에서 천장을 기록하는 경향이 있다.

3대 금리 스프레드는 장단기 금리 스프레드, 신용 금리 스프레드, 한미 금리 스프레드라고 말씀드렸다. 이들은 모두 특성이 다르다. 장단기 금리차 역전은 금리의 시나리오 모델을 이해하는데 중요한 단계 중 하나를 차지한다. 이것은 전조현상보다는 시장을 이해하는 도구로 가치가 더 높다.

장단기 금리 스프레드가 마이너스로 역전되면 신용 경색이 시작되기 때문에 좋지 않다. 반면 신용 금리 스프레드는 마이너스가 아니고 급등하는 지점부터 긴장해야 한다. 한미 금리 스프레드는 반대로 마이너스로 역전되는 자리가 대세 상승 초기이므로 좋다.

금융투자협회에서 제공하는 신용 금리 스프레드 데이터는 2000년 이후만 있다. 의미가 있었던 자리는 지금까지 총 다섯 군데이다. 2000년, 2003년 상반기, 2007년 하반기, 그리고 2018년과 2020년이다. 봄 국면에 두 번 그리고 가을 국면의 마지막인 10월 국면에 발생했다. 하나씩 살펴보자.

[그림 6-5] 신용 금리 스프레드

미국 닷컴 버블이 한국의 벤처 열풍으로 이어져 1999년 한국 증시 역사상 최고 상승률을 기록하며 한국 증시 2기의 봄 국면을 열었다. 그러나 그 기간은 짧았고, 새롬기술 등 벤처 투기주를 중심으로 2000년부터 크게 폭락하였다. 2000년 신용 금리 스프레드가 거의 2%에 육박할 정도로 급등한 것은 이를 반영한 것이다.

2003년 상반기는 2002년부터 심화된 카드 사태 등의 신용 경색 위기로 신용 금리 스프레드가 1.3% 정도까지 급등하였다. 그러나 달러 약세와 증시 상승으로 곧 안정되었으며, 2003년은 한국 증시 2기의 중기 5월 국면으로 사후 확인된다. 이후 한국 증시 2기 대세 상승을 하며 신용 금리 스프레드는 0.5% 이하로 축소된다.

이렇게 축소되던 신용 금리 스프레드는 2007년 8월부터 급등하기 시작한다. 이때 투자자는 실시간으로 신용 금리 스프레드의 급등을 인식할 수 없다. 대략 3개월 정도 지나서 추세를 보면, 신용 경색 위기가 찾아왔음을 인식할 수 있다. 한국 증시 2기의 주가 천장은 2007년 11~12월이었기 때문에 투자자가 충분히 탈출할 수 있는 시간이 있었다. 신용 금리 스프레드는 이후 2008년 2월까지 급등하고, 잠시 쉬다가 다시 2008년 12월까지 초급등한다. 2008년 12월은 주가의 바닥권이었다.

2012~2016년에 걸쳐 박스피, 즉 한국 증시 2기의 기나긴 겨울 국면을 지내고, 코스피는 달러 약세와 함께 급등하며 한국 증시 3기 봄 국면을 열었다. 코스피는 2016년 4분기부터 2018년 1분기까지 상승을 지속하였다. 2018년 7월에 신용 금리 스프레드가 오랜만에 0.5% 이상으로 상승하였다. 스프레드가 높은 수준은 아니었지만 3개월 후 주가는 폭락했다.

필자도 당황했던 플래시 크래시가 2020년 3월 발생하였다. 신용 금리 스프레드는 한 달 만에 0.84%까지 급등하였고, 6월 1.4%까지 상승하였다. 그러나 그 이후 하락하기 시작해 2020년 12월 현재 1.24%까지 하향 안정화되고 있다.

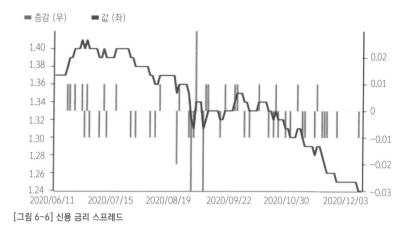

[그림 6-6] 신용 금리 스프레드

이러한 패턴은 2003년에 보았던 모습과 동일하다. 그때와 마찬가지로 2020년 3월에 중기 5월 국면이 시작되었기 때문이다. 2020년 11월 24일부터 중기 6월 국면이 시작되었기 때문에 신용 금리 스프레드는 계속 하락하면서 안정될 것이다. 그러나 2024년 또는 2025년 어디쯤 신용 금리 스프레드는 다시 급등하며 시장에 강력한 경고를 할 것이다.

미국도 마찬가지다. 신용 금리 스프레드 급증은 공황이 곧 찾아온다는 전조현상이다. 투자자가 가장 긴장해야 하는 전조현상이라 할 수 있다.

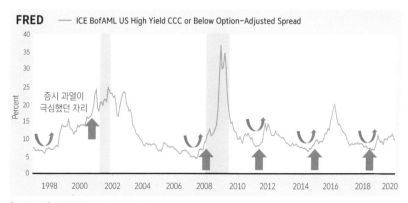

[그림 6-7] 신용 금리 스프레드 : 미국

주식, 유가, 금, 채권까지
모두 상승하는 팽창 현상

유가가 하락하면 기업의 비용이 감소하고 실적이 점차 좋아지면서 증시가 상승으로 전환된다. 특히 기술 업종이 증시를 주도한다. 유가가 상승하면 기업의 비용이 증가하고 실적이 나빠지면서 증시가 하락으로 전환된다. 그러나 자본재와 에너지, 상품 등에 긍정적이다.

만일 유가와 주가가 동시에 급등하면 필자는 이를 '팽창 현상'이라 정의하고, 공황의 강력한 전조현상으로 규정하고 있다. 2008년과 2018년에 팽창 현상이 발생하였다.

1985년 12월부터 1986년 4월까지 유가가 급락하였다. 이는 미국이 소련을 봉쇄하는 차원에서 사우디에 석유 공급을 늘리도록 요청하면서 인위적으로 만든 것이다. 이후 증시는 큰 상승을 기록한다.

2000년대 초반 발생한 유가 상승은 미국 증시와 기술 업종의 침체를 이끈다. 그러나 신흥국 증시와 자본재, 에너지 업종, 그리고 상품의 가격 상승을 유발하였다.

2008년 상반기에 발생한 유가 급등은 전형적인 팽창 현상으로, 전

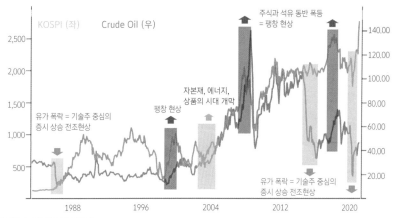

[그림 6-8] 석유와 코스피

세계 핫머니의 마지막 투기 활동이었다. 더 이상 매수할 주체가 사라지자 주식, 석유, 채권 가리지 않고 모두 폭락하면서 중공황이 발생한다.

2014년 8월부터 2015년 12월에 발생한 유가 급락은 달러 강세가 첫 번째 원인이었다. 결국 2016년 하반기부터 한국 기업의 실적을 급증하게 만들고 증시를 상승시켜 한국 증시 3기 봄 국면을 연다. 특히 기술 업종이 증시를 주도한다.

2018년 8월은 미국 증시가 상승을 지속하는 와중에 유가 상승까지 나왔다. 결국 2018년 10월 한국 증시의 소공황과 12월 미국 증시의 소공황을 이끌었다. 이처럼 유가와 주가의 동반 급등으로 발생하는 팽창 현상은 공황의 전조현상이다.

2020년 3월 플래시 크래시 이후 유가는 급락하고 바닥권에서 좀처럼 벗어나지 못하고 있다. 이는 기업의 실적을 증가시켜 증시 상승의 금융 생태계를 만들어 주고 있다. 이후 미국과 한국 증시 모두 역사적 신고가를 기록하면서 랠리를 이어나가고 있다.

'제오지산수' 3년 차

거시 경제에서 미국 달러는 17년 중기 추세를 만들고, 미국 금리는 3~4년 단기 추세를 만든다고 말씀드렸다. 미국 금리는 연준의 인디언 기우제와 맞물려 추세를 형성하고, 미국 대통령 4년 중임제는 이를 더욱 강화한다고 하였다. 여기에 경기 순환 역시 3~4년 단기 추세와 연결된다.

먼저 '제오지산수'라는 정체불명의 용어를 설명하겠다. 제오지산수는 ❶ ISM 제조업 지수, ❷ OECD 선행지수, ❸ GDP 성장률, ❹ 산업생산, ❺ 한국 수출의 앞 글자를 따서 만들었다. 필자가 운영하는 강의에서 경기 순환을 설명할 때 쉽게 기억하라고 만들었다.

필자가 제오지산수를 통해 전달하고자 하는 것은 수백 개가 넘는 온갖 듣보잡 경제 지표를 모두 무시하라는 것이다. 경제 지표는 선행지표, 동행지표, 후행지표가 섞여 있다. 선행 지표는 천장을 감지하는 데 유용하고 후행지표는 바닥을 사후에 검증하는 데 유용하다. 동행지표는 현재 추세를 확인할 뿐 전조현상으로 기능하지 못한다.

심지어 순환주기의 특성을 전혀 보이지 않는 지표도 매우 많다. 소비지표나 물가지표는 어떠한 패턴도 없다. 예를 들어 소비지표는 지난번 주가 천장 때는 상승하였으나 이번 주가 천장 때는 하락하는 등 일관된 패턴이 없다. 실업률은 전형적인 후행지표로서 실업률로 주가 천장을 감지하려고 하면 절대 성공하지 못할 것이다.

제조업 경기 순환과 관련 있는 제오지산수를 주기적으로 검토하는 것만으로 충분하다. 이 5개의 경제 지표는 각각 진폭은 다르지만 같은 움직임을 보인다. 제오지산수 5개 지표조차 볼 시간이 없는 투자자는 ISM 제조업 지수 하나만 봐도 무방하다. 수백 개가 넘는 경제 지표는 무의미한 노이즈로 투자자를 더 헷갈리게 할 뿐이다. 경기 지표는 ISM 제조업지수 하나만 봐도 된다.

제오지산수 5개 지표의 특징은 역사가 오래되었다는 점이다. 'ISM 제조업 지수'는 1940년대부터 데이터가 축적되어 있다. '산업 생산 지수'는 1920년대부터 존재한다. 패턴의 오류 2번째에서 언급한 린디 효과의 힘으로 오류의 확률을 낮춰준다. 'OECD 선행지수'와 'GDP 성장률'은 비교적 역사가 짧지만 수십 년 동안 축적되어 있다. '한국 수출'은 기술 업종을 파악하는 데 매우 유용하기에 특별히 추가하였다.

그렇다면 ISM 제조업 지수를 한 번 살펴보고 3~4년 단기 추세의 존재를 간단하게 맛보도록 하겠다. ISM 제조업 지수의 천장은 2018년 초, 2014년 말, 2011년 초, 2004년, 1999년 말, 1994년, 1987년 등으로 기록되었다. 이는 미국 증시의 단기 고점과 정확히 일치한다.

1980년대 이래 미국 증시에서 발생한 하락 또는 조정 지점을 역순으로 내려가 보자. 2020년 3월 플래시 크래시, 2018년 12월, 2015년,

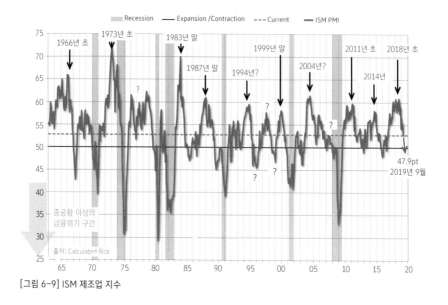

[그림 6-9] ISM 제조업 지수

2011년, 2008년, 2004년 기간 조정, 2000~2002년 닷컴 버블 붕괴, 1998년, 1994년 기간 조정, 1990년, 1987년 플래시 크래시, 1984년 기간 조정, 1980~1981년 등이다.

1960년대에 기록한 1966년 ISM 제조업 지수의 천장은 정확히 미국 증시 5기의 천장과 일치한다. 1973년 초 발생한 ISM 제조업 지수의 천장은 니프티 피프티 버블 붕괴의 시작 지점과 같다. 이처럼 ISM 제조업 지수의 천장은 미국 증시의 단기 추세 고점과 비슷한 자리에서 형성된다. 뭔가 규칙성이 보이지 않는가? 모두 3~4년의 간격을 가지고 있다. 특히 여름-가을 국면에서 거짓말처럼 순환주기를 반복한다. 이를 필자가 발견하고 유레카를 외치고 나서, 나중에 키친이라는 학자가 이미 말씀하신 40개월 순환주기와 유사함을 알았다고 이미 말씀드렸다.

3~4년 단기 순환주기 측면에서 제오지산수 3년 차가 되고, 역사적 고점 영역에 근접하면 그 자체로 전조현상이 된다. 공황의 조짐이 보이지 않아도 기계적으로 리스크를 대비하고 관리해야 한다. 이것이 단기 측면의 시나리오 투자법이다. 우리는 경기 정점과 주식 시장 고점을 사후에나 알 수 있고, 자산 시장은 등락을 계속 반복한다는 것을 알기 때문에 적당히 욕심을 버리는 것이다.

반면 제오지산수가 바닥권에 있을 때는 '뭐, 그런가 보다' 하면서 적당히 분할 매수를 시작한다. 제오지산수가 바닥권에 있다는 말은 이미 공황의 결과로서 하락 요인이 모두 반영된 결과이다. 바닥권에 있다고 추가 하락이 나올 것만 같은 심리가 바로 공포 심리이기 때문이다. 이미 경기 침체와 공황이 반영되었기 때문에 시간문제일 뿐 올라갈 일만 남은 것이다.

단기 순환주기의 예외는 두 군데 정도 관찰된다. 이번 2020년 3월 플래시 크래시가 이 규칙을 벗어난 경우이며 논리적으로 설명되지 않는다. 지난 소공황인 2018년 12월 이후 1년 반도 되지 않아서 다시 소공황이 왔다. 필자도 이번 플래시 크래시로 적잖이 당황하였다. 그러나 이러한 예측 불가와 불확실성이 투자 시장의 속성이기에 실망할 이유는 없다. ISM 제조업지수가 천장권을 형성하지 못한 2008년이 2번째 예외라 할 수 있다. 통상 미국 증시의 봄 국면은 경기 침체가 중기적으로 진행되고 있어서 ISM 제조업 지수도 많이 왜곡되는 경향이 있다. 1970년대도 2000년대 후반기와 같이 무질서한 모습을 보인다.

2000년대 후반기의 무질서는 논리적인 이유가 있다. 2000년대는 달러 약세와 미국 증시 봄 국면이 중첩되는 자리이며, 자본재와 원자재 중심의 신흥국에서 버블이 발생한다 말씀드렸다. 브라질, 러시아 등의 자산 시장에서 큰 버블이 발생하였고 브릭스(BRICS)라는 용어가 탄생하기도 하였다.

그러나 미국은 상대적으로 경기가 좋지 않았다. 신흥국이 초과 상승을 기록하자 미국 증시도 따라 밀려 올라가는 경향이 있었지만 주가 상승률은 신흥국보다 크게 떨어졌다. 2010년대 한국 주식에 투자하는 것을 꺼리는 것과 마찬가지로 2000년대는 미국 주식에 투자하는 것을 꺼렸다.

2004년 ISM 제조업 지수가 천장을 기록한 이후 미국 증시는 짧은 조정 후 다시 상승하기는 했지만, 미국 제조업 경기는 부동산 신용 경색과 맞물려 2000년대 하반기 내내 별로 좋지 않았다. ISM 제조업 지수는 이를 정직하게 반영한 것이고, 중기12국면의 시나리오 모델과도 잘 맞는다. 아무튼 40년 동안 예외가 한두 번이기 때문에 나름대로 신뢰성이 높은 순환주기라 할 수 있다.

신용융자와 반대매매 급증

신용융자는 수급 중에서 가장 강력한 선행 신호다. 거시 경제에서 가장 강력한 선행 신호인 신용 금리 스프레드와 함께 주기적으로 항상 점검해야 하는 전조현상이다. 신용 융자는 투자자의 탐욕과 증시 과열 수준을 잘 반영한다. 모든 대공황과 중공황은 반드시 레버리지가 동반된 부채의 일시 상환과 상관이 있다. 미국에서 1929년 발생한 대공황도 마찬가지였다.

미국 증시 4기 여름-가을 국면을 겪고 나타난 겨울 국면이 1929년 대공황이다. 미국 증시 4기 여름-가을 국면의 상승률은 단위 기간당 상승률로 미국 증시 역사상 최대의 버블이었다고 이미 말씀드렸다. 그렇게 짧은 시간에 거대한 버블을 만든 가장 큰 원인은 신용융자로 주식을 살 수 있었기 때문이다. 당시 10배 레버리지가 가능하였다. 당시 미국 증시의 신용융자는 1921년 10억 달러에서 1929년 90억 달러까지 증가하였다고 한다.

반면 주가 하락으로 신용융자의 증거금이 부족하면 반대매매가 나온다. 이는 신용융자와 짝을 이루는 것으로 후행 신호다. 제오지산수와 실업률의 관계처럼 신용융자는 천장을 감지하는 선행 신호이며, 반대매매는 바닥을 사후에 확인하는 후행 신호이다.

참고로 신용융자는 금융투자협회에서 제공하는 신용공여 잔고 기준이다. 천장은 최소 3개월은 지나야 인식할 수 있다. 따라서 천장 이후 3개월 정도의 시간을 줘야 전조현상으로서 의미가 있다.

1999년 9월에 신용 천장이 발생한 이후 2000년 1분기부터 주가 폭락이 시작되었다. 3~6개월 정도 탈출 신호를 주었다. 반면 2002년 4월에 발생한 신용 천장은 주가 천장과 동일하였다. 따라서 탈출할 시간을 주지 않았다. 봄 국면은 이렇게 일반 원칙에 벗어나는 일탈 현상이 많다.

2007년 6월 신용융자 천장이 형성된다. 주가 천장이 2007년 11~12월에 발생했기 때문에 충분히 탈출할 시간을 주었다. 2011년 5월 역시

출처: 금융투자협회 단위: 백만 원

[그림 6-10] 신용융자

신용융자 천장이 형성된다. 7월부터 하락이 나왔기 때문에 충분한 시간을 주지는 않았다. 2015년 7월에 형성된 신용융자 천장은 당시 한국 증시가 박스피인 겨울 국면이기 때문에 공황을 유발하지 않았다. 그러나 중국 증시는 중공황급 폭락이 발생하였고 미국도 조정이 있었다. 2018년 6월에 발생한 신용융자 천장은 전형적인 전조현상이었다. 한국은 10월부터, 미국은 12월부터 소공황이 진행되었다. 코스피는 4개월 정도 탈출할 시간을 주었다.

2020년 3월은 신용융자가 그렇게 과도하지 않았다. 한국의 내부 원인이 아니고 미국의 플래시 크래시로 인한 외국인 핫머니 유출로 발생한 소공황이었다. 통상 금융위기급 중공황이 발생하려면, 신용융자의 천장 이후 수급이 무너진 상태에서 어느 정도 과열이 지속되어야 한다. 2020년 3월은 신용융자 수급의 과열도 없었고 거래량 없이 흘러내린 상황이었기 때문에 빨리 회복되는 소공황으로 판정할 수 있었다.

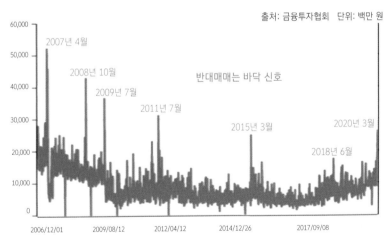

[그림 6-11] 반대매매

반대매매는 바닥을 형성했는지 확인하는 후행 지표다. 통상 하루에 200억 원 이상의 반대매매가 발생하면, 신용융자 증거금이 부족한 잠재 매도 물량이 일시에 정리되면서 매도자 증발 현상이 발생하고 바닥을 형성한다. 2020년 3월 반대매매는 하루 260억 원 정도였다. 글로벌 금융위기가 있었던 2008년 10월은 430억 원 정도였다. 그러나 거짓신호(false signal)도 간혹 발생하기 때문에 보조 지표로 활용하는 것이 좋다.

맘 편한 투자, 느린 투자, 지속 가능한 투자를 하기 위해서 신용, 미수 및 파생 레버리지는 쓰지 않는 것이 좋다. 경험이 많은 중급 투자자 또는 투자 구루인 고급 투자자들이 주로 시장에서 퇴출되는 원인은 대부분 레버리지로 인한 반대매매다.

유동성 증가율 감소

유동성은 국내 유동성과 해외 유동성이 있다. 국내 유동성은 재정적자와 대출 그리고 자산 간의 이동으로 발생한다. 코로나19 사태로 추경 등 재정적자를 확대하면 유동성이 늘어난다. 거기에 저금리로 대출이 많아지면 유동성이 통화승수만큼 또 늘어난다. 부동산 규제가 심해지면서 부동산을 매도하고 주식을 사면 주식 유동성이 상대적으로 늘어난다.

그러나 국내 유동성은 미국 달러 약세로 유발되는 해외 유동성을 따라가지 못한다. 해외 유동성은 그냥 무한대의 자금이라고 생각하면 된다. 달러 약세로 달러 유동성이 전 세계에 퍼지면 외국인이 달러로 한국 주식과 한국 부동산을 무차별 매수한다.

사실 미국 달러와 미국 금리, 신용융자와 외국인 매수, 양적완화와 재정적자 등 대부분의 전조현상은 여러 가지 다른 관점으로 유동성을 살펴보는 것이다. 그만큼 유동성의 중요성은 아무리 강조해도 지나치지 않다. 따라서 유동성도 시나리오 모델을 구성해 볼 수 있다.

[그림 6-12] 한국 M1 증가율과 코스피

한국의 M1 증가율과 코스피를 같이 표시하였다. M1은 협의통화로
서 본원 통화와 현금으로 바로 인출이 가능한 현금성 통화를 포함한다.
빨간 웃음 표시는 달러 약세가 국내 유동성의 감소를 압도하며 주가가
상승하는 자리다. 회색 찡그림 표시는 국내 유동성 증가에도 불구하고
달러 강세로 주가가 하락 또는 기간 조정을 겪는 자리다. 이처럼 달러
약세가 국내 유동성보다 훨씬 중요하다.

M1 통화 유동성 시나리오 모델은 다음과 같다.

❶ 중앙은행과 행정부가 공황에서 벗어나기 위해 양적완화, 금리 인하,

　재정 적자 정책을 펴고 유동성이 급증한다.

❷ 급증한 유동성으로 겨울 국면과 봄 국면을 버틴다.

❸ 달러 약세가 진행되면 국내 유동성 증가율이 점점 감소하면서 주가가 상승한다.

❹ 주가 천장에 근접하면 국내 유동성 증가율이 마이너스, 즉 감소하기까지 한다.

❺ 달러 강세와 주가 폭락이 일시에 진행된다. 다시 1단계로 회귀한다.

달러 유동성과 국내 유동성의 역관계를 필자는 다이버전스로 표현한다. 1985년에 상승 다이버전스가 발생하였다. 한국 M1 통화량이 급증하였으나 증시 상승은 완만하였다. 1986년부터 M1 통화량이 감소하기 시작했으나 달러 약세로 주가 급등이 시작되었다. 이는 1989년까지 지속되고 이를 하락 다이버전스로 정의할 수 있다. 1992~1994년에 다시 하락 다이버전스가 발생하면서 가을2 국면 즉 2차 상승이 나타났다.

회색 찡그림으로 표시한 1995~1998년은 해외 및 국내 유동성이 모두 크게 감소하면서 주가 폭락이 나오고, 한국은 대공황인 IMF 외환위기를 겪는다. 한국 증시 2기 봄 국면은 유동성의 부침이 심했으나 2005년부터 달러 약세로 해외 유동성이 증가하면서 한국 M1 통화량은 감소하기 시작하였다. 하락 다이버전스가 발생하며 2007년까지 대세 상승이 시작되었다. 2009~2011년도 마찬가지로 하락 다이버전스가 발생하며 가을2 국면의 2차 상승이 시작되었다.

2016~2017년은 한국 M1 통화량이 감소하면서 달러 약세와 주가 상승이 나왔다. 반대로 2018~2019년은 한국 M1 통화량은 크게 증가하였으나 달러 강세와 주가 정체가 있었다. 2021년은 한국 M1 통화량이 점차 소진되면서 감소하고, 달러 약세와 한국 증시 3기의 대세 상승이 진행될 전망이다.

유동성 시나리오 모델을 통해 투자자는 가을1 국면 끝의 특성을 볼 수 있다. 한국 증시 3기가 한국 증시 2기와 비슷한 특징을 재현한다고 가정하면, 한국 M1 통화량의 증가율이 점차 줄어들다가 한국 M1 통화량 자체가 감소하는 마이너스 증가율 상태를 겪을 것이다. 그런데도 누구도 유동성 감소를 경고하지 않는 낙관과 행복의 시대로 코스피 주가는 과열을 보일 것이다. 이처럼 금융 생태계가 점차 시간을 두고 천장권을 형성하는 과정을 느낄 수 있게 된다.

일반적으로 유동성 증가율이 감소하면 소공황 정도로 끝을 보지만, 유동성 증가율이 마이너스, 즉 유동성 자체가 감소할 경우 중공황급 금융위기가 올 수 있다. 산이 높으면 골이 깊은 법이기 때문이다. 일반적인 소공황은 유동성 증가율이 정체하는 수준에 머물렀다. 그러나 아래 한국 M1 통화량 차트를 보면, 2007년 유동성이 크게 감소했고 이후 금융위기가 발생하였음을 관찰할 수 있다.

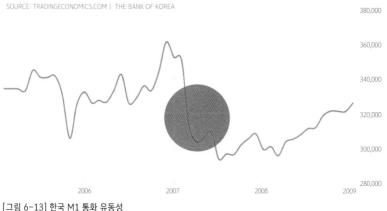

SOURCE: TRADINGECONOMICS.COM | THE BANK OF KOREA

[그림 6-13] 한국 M1 통화 유동성

결국 버블이 터지고 중공황이 나오면 한국은행과 한국 행정부의 유동성 투여로 한국 M1 통화량의 증가율이 다시 플러스로 전환될 것이다. 이처럼 유동성도 순환주기를 가지고 시나리오 모델을 계속 반복한다.

상승 각도 급증 후 거래량 폭증

　대부분의 버블은 비슷한 모습을 보인다. 완만한 상승 각도를 보이다가 상승 각도가 가팔라진다. 꽤 강한 조정이 나온 이후 상승 추세로 다시 진입하는데, 상승 각도는 더 가팔라진다. 또 한 번 강한 조정이 나오고, 이번엔 상승 각도가 더 가팔라진다. 그러다 임계점을 돌파하면 버블은 붕괴한다.

　봄 국면은 추세 추종자보다 평균 회귀 주장자가 더 힘을 받는다. 여름 국면으로 오면서 이 둘의 비중은 비슷하게 유지되며 안정적인 상태를 이룬다. 아직은 집단 지성이 유지되는 자리다. 그러나 가격이 급등하고 가을 국면이 되면 추세 추종자의 비중이 점차 증가하면서 집단 바보가 되어 간다. 다양성을 상실하고 낙관과 행복의 시대가 된다. 이런 자리에서 과열이 심하면 상승 각도 급증 현상이 나타난다.

　이것이 버블의 속성이다. 버블은 스스로 자제하여 상승을 멈추지 못한다. 붕괴하기 전까지 앞만 보고 달려가게 되어 있다. 가격이 상승하면서 뒤늦게 뛰어드는 매수자가 계속 이어진다. 티핑포인트가 무너질 때까지 이러한 자기조직화 현상은 지속된다.

버블을 만드는 시간보다 파괴하는 시간이 훨씬 빠르다. 10년 동안 지은 건물도 단 하루 만에 해체할 수 있다. 봄 국면에서 바닥을 5년간 다지고 여름-가을 국면에서 대세 상승을 5년간 만들었다 하더라도 겨울 국면에서 단 1년 만에 추세가 붕괴될 수 있다. 이것이 복잡 적응계의 티핑포인트 특징이다.

그래서 필자는 가을 국면의 특징을 상승 각도 급증으로 정의하였다. 물론 반드시 그러한 것은 아니다. 상승 각도 증가는 한 번만 발생하지 않고 두세 번 또는 그 이상 발생할 수도 있다.

튤립 버블, 사우스 씨 버블, 미시시피 버블, 비트코인, 1989년 일본 버블, 1995~2000년 닷컴 버블, 2007년 자본재 버블 등에서 상승 각도 증가를 관찰할 수 있다. 비트코인은 시차를 두고 상승 각도가 계속 증가하고 있다.

그러나 미국 증시 4기와 5기, 한국 증시 1기는 여름과 가을 국면의 차이 없이 수년간 같은 상승 각도로 상승하였다. 상승 각도 급증을 일률적으로 정하기는 힘들다. 그러나 상승 각도가 급증하는 현상이 나타나면 반드시 가을 국면이라 정의할 수 있다는 건 분명하다.

VIX, TED, CDS, LIBOR-OIS
스프레드 급등

VIX(Volatility Index)는 1993년 미국 시카고 옵션 거래소(CBOE)에 상장되었다. VIX 지수는 S&P 500 지수 옵션의 30일 변동성을 나타내는 지표로 '공포지수'라고도 한다. VIX 20이라는 말은 앞으로 한 달 동안 S&P 500 지수가 20%의 등락을 보일 가능성을 예상하는 투자자가 많다는 것을 의미한다.

통상 VIX 40 이상을 공포 구간으로 정의한다. 2008년 글로벌 금융위기 때 장중 89.53까지 치솟으며 최고 기록을 경신하였다. 최근 2020년 3월 플래시 크래시 때 2008년 VIX 수준에 육박하는 급등이 나오기도 하였다. 투자자는 이를 전조현상으로 활용할 수 있다. 매주 한두 번씩 VIX 지수를 확인하여 20 이상으로 급등하면 리스크를 관리하는 목적으로 사용하면 된다.

기준점에 따라 매도 시점도 바뀐다. 기준점을 20 이상으로 잡으면 이미 주가 폭락이 꽤 진행한 이후에 매도할 수 있을 것이다. 이는 전조현상으로서 가치가 떨어진다. 그렇다고 기준점을 10 이하로 낮춰 잡으면 VIX 지수가 기준점을 상향 돌파해도 주가 폭락이 일어나지 않고 바로 회복될 수도 있다. 이런 문제점이 있지만 시스템의 위험을 정직하게 나타내기 때문에 보조 지표로 가치는 있다.

TED 스프레드는 3개월 국제 리보 금리와 미국 3개월 단기채 금리 간의 금리차로 정의된다. 리보(LIBOR)는 London Interbank Offered Rate의 약자다. 런던에 있는 대형 은행이 다른 은행에서 빌린 돈의 금리에 대한 예상치 평균값이다. 리보 금리는 USD, EUR, GBP, JPY, CHF 등 5개의 통화로 집계된다. 2014년부터 NYSE 증권거래소가 관리하며, 공식 명칭은 ICE LIBOR(Intercontinental Exchange LIBOR)이다.

이는 국제 핫머니의 위험성을 잘 나타낸다. TED 스프레드가 급증한다는 것은 글로벌 금융 경색의 전조현상이 된다. 국제 자금이 위험을 느끼고 안전 자산인 미국 국채를 집중 매수하면, 미국 국채 금리는 하락하고 다른 국가의 금리는 상승하면서 스프레드가 급증한다. 지난 2008년 글로벌 금융위기가 터지기 전인 2007년 하반기에 TED 스프레드는 누가 봐도 뚜렷한 급증을 보였다. 국제 핫머니가 안전 자산인 미국 달러 표시 미국 국채로 피신하는 정황을 TED 스프레드는 보여준다.

CDS(Credit Default Swap) 프리미엄은 국가 부도 확률을 담보로 한 파생상품이다. 2007년에 말부터 CDS 프리미엄이 급증하였으며 2008년 말 천장을 기록한다. 2018~2020년 한국의 국가 부도 확률은 매우 낮아 바닥권이었음을 관찰할 수 있다. 필자가 블로그에 2020년 3월 적극 매수를 주장한 근거이기도 하다.

마지막으로 LIBOR-OIS 스프레드는 달러 자금 시장의 경색 여부를 나타낸다. 달러 유동성이 고갈되면 LIBOR-OIS 스프레드가 급등한다. OIS는 Overnight Index Swap의 약자로서 미국 달러의 1일 대여 금리를 의미한다. 국제 핫머니가 미국 달러를 적극 매수하면 LIBOR 금리는 상승하고 OIS 금리는 하락하기 때문에 스프레드가 급증한다. 달러 강세와 국제 신용 경색의 전조현상으로 중요한 지표다.

바겐 헌터(bargain hunter)가 가장 먼저 해야할 일은 사냥
터를 좁히고, 희망 기도 및 기적에 의지한 전망과 견실
한 전망을 구분하는 것이다.

– 피터 린치 –

2022년 이후 시장 및 주도 업종 전망

이야기꾼의 전망,
어떻게 적중하였나?

한국 증시 적중 내역

　지금 필자가 개정판을 쓰는 시기는 2021년 10월이다. 초판을 썼던
시기는 2020년 9월~10월이었고(빨간 화살표 지점), 출간하고 9개월이 지
났다. 필자는 투자자에게 매우 생소한 개념인 시나리오 모델과 천시, 지
리, 인화로 구성된 천지인 투자철학을 말씀드렸다. 또한 '맘느지 투자',

[그림 7-1] 종합주가지수 (2017년 ~)

즉 맘 편한 투자, 느린 투자, 지속 가능한 투자를 지향해야 장기적으로 성공한 투자자가 될 수 있다고 말씀드렸다.

초판을 쓸 때는 코로나19 사태 이후 주가가 급반등하고 조정을 거치며 주가지수는 2,300 정도였다. 당시 주가지수보다 중요한 것은 필자의 '시나리오 모델'이라 말씀드렸다. 곧 중기 5월 국면을 거쳐 여름 국면이 펼쳐진다고 필자의 블로그에서 2019년부터 주장했기 때문이다.

아직 필자도 부족한 점이 많다. 코로나19 사태는 적절히 예상하지 못했고, 이에 대해서는 블로그나 책을 통해 이미 밝혔다. 그러나 절망하지 않고 시나리오 모델을 계속 연구하였다.

2020년 3월 코로나19 사태 이후 연준과 미국 재무부가 양적질적완화 조치를 신속하게 집행하며 공황의 확산을 저지하자, 증시 급반등이 나오고 달러 약세가 시작되었다. 필자는 2020년 2분기부터 한국 증시 3기의 5월 국면이 시작되었다고 선언하였다.

물론 이는 지나서야 알 수 있다. 동시대에 있을 때는 이를 검증할 수 없다. 필자가 초판을 탈고한 시점이 12월 초였고, 종합주가지수는 2,800까지 크게 상승하면서 전고점을 돌파하였다. 이는 6월 국면이 시작되는 조건이다. 따라서 2020년은 한국 증시 3기의 5월 국면이었음이 사후 확인되었고, 달러 약세의 추세 형성도 확인할 수 있었다. 2019년부터 이야기꾼이 주장한 시나리오 모델이 적중하는 순간이었다.

2021년 들어 1분기에 주가 조정이 있었으나, 다시 상승하며 6월에 종합주가지수 3,300을 돌파하기도 하였다. 그러나 7월부터 초단기 하락 장세가 시작되고 있으며, 필자가 개정판을 쓰고 있는 2021년 10월에 3,000선이 잠시 붕괴되기도 하였다.

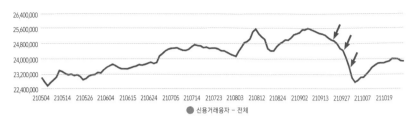

[그림 7-2] 신용거래 규모 (2021년 5월 ~ 2021년 10월)

　　만일 시나리오 모델에 대한 이해가 없고 단타 비중이 높은 개인 투자자라면, 2021년 8월부터 10월까지 공포에 휩싸여 투매했을 가능성이 매우 크다. 실제 코스피 시가총액이 크게 증가하면서 신용 융자도 역대급으로 상승하였다. 그러나 9월부터 10월까지 신용 융자는 급속도로 축소되었다(위 그림 빨간 화살표 지점).

　　역대급으로 신용 융자가 축소되자 반대매매도 역대급으로 출회되었다. 2021년 8월부터 10월 초까지 나타난 반대매매 규모(파란 화살표 지점)는 2020년 3월 코로나19 사태로 출회된 반대매매 규모(빨간 화살표 지점)

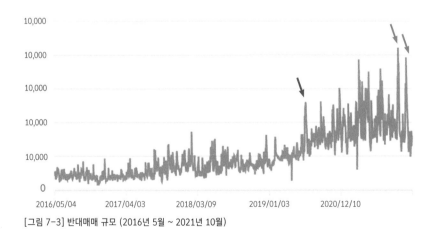

[그림 7-3] 반대매매 규모 (2016년 5월 ~ 2021년 10월)

보다 훨씬 컸다. 코로나19 사태 때보다 더 많은 개인 투자자가 증시에서 퇴출되었다.

필자가 제안한 중기12국면 시나리오 모델에 의하면, 2021년 10월 현재는 한국 증시 7월 국면 정도로 정의할 수 있다. 증시가 조정을 겪고 있지만 아직 뜨거운 여름 국면이다. 본격적인 가을 국면이 시작되는 9월까지는 아직 많은 시간이 남아 있다. 이러한 전체 그림에 대한 이해가 없다면 개인 투자자는 3~5년 정도의 중기 투자를 마음 편하게 할 수 없다.

미국증시 적중 내역

거시 경제를 구성하는 5대 자산은 미국 달러, 미국 증시, 미국 채권, 상품 그리고 부동산이다. 미국 달러와 증시, 채권은 전 세계 기준이 될 수밖에 없다. 채권을 제외한 5대 자산은 모두 17년 중기 추세로 움직인다. 미국 증시는 겨울-봄 국면이 17년, 여름-가을 국면이 17년이다. 한국의 중기12국면은 미국 달러와 운명을 같이하며 역시 17년 주기이다. 상품은 미국의 봄 국면과 연동되기 때문에 17년 주기이며, 부동산 순환 주기도 17년에 가깝다.

1900년대 초반 이후 120년 동안의 중기12국면 시나리오 모델을 미국 증시에 적용하면 매우 잘 맞는다. 현재 미국 증시 7기는 2000년부터 2012년까지 겨울-봄 국면을 지나 2013년 이래 여름 국면을 형성하고 있다. 물론 2011년, 2015년, 2018년, 2020년 소공황을 거쳐 왔다.

비관론자는 언제나 폭락을 주장하고 변동성은 언제나 있지만, 미국 증시 7기는 소공황을 뒤로하며 상승 추세를 계속 이어 나가고 있다. 필자가 책을 펴낸(2021년 1월) 이후 1년 동안 미국 증시는 과열이 의심될 정

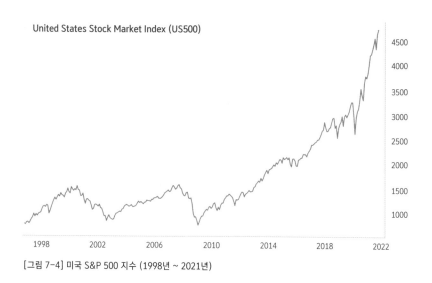

United States Stock Market Index (US500)

[그림 7-4] 미국 S&P 500 지수 (1998년 ~ 2021년)

도로 상승하고 있다. 물론 중간중간 소공황 등을 통해 탐욕에 넘치는 투자자를 떨궈내며 계속 갈 길을 갈 것이다.

이러한 것이 순환주기의 위력이다. 중기 투자자는 단지 순환주기를 이해하고 중기 보유하는 것만으로 엄청난 수익을 낼 수 있다. 그리고 이러한 순환주기는 주식뿐만 아니라 채권, 상품, 통화, 부동산 등의 5대 자산과 상관관계를 적절히 유지한다. 이러한 상관관계는 투자자가 맘 편하게 투자할 수 있는 논리적 근거를 제공한다.

미국 증시가 봄 국면이 되면, 상품의 시대, 자본재와 가치주의 시대, 대량 양산과 유형자산의 시대가 된다고 필자는 정의하였다. 반면 미국 증시가 여름-가을 국면이 되면, 주식과 채권의 시대, 기술주와 성장주의 시대, 연구 개발과 무형자산의 시대가 된다고 말씀드렸다.

미국 증시가 여름-가을 국면이 되면 기술주와 선택 소비재가 주도 업종이 된다. 그 이유는 산업혁명이 본격적으로 진행되는 지점이기 때문이다. 미국 등 선진국의 연구 개발을 통해 성장성 및 무형자산의 가치만으로 주가가 상승하는 일이 빈번하게 나타난다. 신흥국이 선진국의 연구 개발 성과를 가지고 대량 양산을 하는 미국 증시 봄 국면이 오기 전까지는 이러한 주도 업종 차별화 현상은 지속된다.

미국 증시 7기는 FATMANG으로 대표되는 Facebook, Amazon, Tesla, Microsoft, Apple, Netflix, Google 등의 빅테크가 황금기를 구축하고 있다. 가치주보다 성장주가 대접받는 시기이다. 이러한 시나리오 모델은 미국 증시 7기 여름 국면이 시작된 2013년 이래 진행 중이며, 필자가 책을 출간한 이후에도 경향성이 지속되는 것을 확인할 수 있다.

가치주 ETF인 VTV와 성장주 ETF인 VUG를 비교하면, 2013년 미국 증시 7기 여름 국면이 시작된 이후 성장주가 초과 상승하고 있음을 알 수 있다. 특히 2021년 1분기 이후 가치주는 다시 침체하고 성장주는 상승하며 격차가 더욱 벌어지는 것을 관찰할 수 있다.

물론 중간중간 자본재, 에너지, 가치주 등이 반등하며 착시 효과를

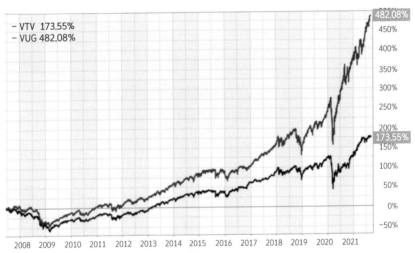

[그림 7-5] 가치주 ETF VTV 와 성장주 ETF VUG 비교

느끼게 한다. 특히 달러 약세가 오면 거의 모든 신흥국 기업이 상승한다. 그동안 낙폭이 과대했던 비주도 업종이 상대적으로 강한 모습을 보인다. 주도 업종이 바뀐 것처럼 착각하기도 한다. 그러나 중기 추세 전체를 보면 마치 중력에 이끌려 가듯, 미국 증시 여름-가을 국면에서 기술주, 선택 소비재, 성장주, SW 기업이 상대적으로 초과 상승한다.

미국 증시 7기 여름 국면이 시작된 2013년 이래 기술 업종을 대표하는 애플, 선택 소비재 업종을 대표하는 넷플릭스, 그리고 자본재를 대표하는 엑손모빌의 주가를 각각 비교하면 극명한 차이를 관찰할 수 있다. 달러 약세가 심해진 2020년 하반기부터 엑손모빌도 반등했으나 2021년 하반기부터 다시 기술주와 선택 소비재의 차별화된 상승이 시작되고 있다.

이러한 추세는 2022년 상반기 어딘가에서 무너질 가능성이 크다. 만일 시장 금리가 빠르게 상승한다면 기술주가 먼저 하락 또는 정체를 시

[그림 7-6] 기술주 애플, 선택소비재 넷플릭스, 자본재 엑손모빌의 주가 흐름

작하고, 이에 따라 소공황이 심화될 것이다. 일반적으로 시장 금리와 기술주는 상관관계가 없다. 그러나 2020년 이후 시장 금리와 기술주의 상관관계가 초단기적으로 관측되기 때문에 일시적으로 활용하고 있다.

만일 시장 금리가 완만하게 상승한다면 그만큼 기술주의 조정이 늦어지고 소공황도 그만큼 늦어질 것이다. 물론 소공황이 지나고 나면 기술주와 선택 소비재의 차별화 상승이 다시 시작된다.

미국 달러 적중 내역

금리와 채권, 주식, 부동산, 상품 등 금융 생태계 5대 자산 중에서 미국 달러는 변수가 광범위하고 가장 중요하다. 달러는 금융 경제와 실물 경제뿐만 아니라 정치, 외교, 군사 등 외부 요소에도 영향을 받는다. 패권 전쟁, 국제적 불확실성, 국가 흥망성쇠 등을 모두 반영하기 때문에 통화를 정확하게 전망하는 것은 거의 불가능하다. 5대 자산을 전망할 때 가장 난이도가 높은 자산이다.

미국 달러는 중기 추세를 형성하고, 미국 금리는 단기 추세를 형성하며, 상품 및 인플레이션은 장기 추세를 형성한다고 말씀드렸다. 특히 미국 달러는 항상 한국과 신흥국 증시 대세상승의 마중물이 된다. 미국 증시 국면에 따라 상품의 시대가 결정되며, 달러와 밀접한 상관관계가 있다. 미국 달러는 해외 유동성을 대표하기 때문에 사실상 5대 자산 전부에 막대한 영향력을 행사한다.

유동성은 세 가지 종류가 있다고 말씀드렸다. 무한대라 표현할 수 있는 해외 유동성은 미국 달러가 주도한다. 국가 내부에서 팽창했다, 수축했다 하는 국내 유동성은 그 국가의 금리가 주도한다. 국가의 5대 자산

중에서 시대의 유행에 따라 자산 이동이 일어나면, 특정 자산의 유동성이 늘거나 줄 수 있다. 국가 내부의 금리와 채권으로 발생하는 국내 유동성보다 국제적 달러 흐름에 따른 해외 유동성이 더 규모가 크고 파급 효과가 강하다.

필자가 2019년부터 주장한 달러 약세는 2020년 3분기부터 본격적으로 진행되었다. 달러 약세를 위한 금융 생태계는 2019년부터 서서히 조성되었다. 미국 연준이 4년 만에 기준 금리를 인하하기 시작하였고, 볼커 룰(Volcker rule, 금융회사의 위험투자와 대형화를 제한하는 법) 등의 금융 규제도 완화하였다. 순환주기 측면에서도 2025년까지 달러 약세가 진행될 가능성이 큰 상황이었다.

그러나 연준은 2008년 이후 양적완화로 풀어놓은 유동성을 2018년부터 도로 거둬들이고 있었으며, 극우 성향의 트럼프 대통령은 중국과 패권 전쟁을 시작하였다. 트럼프의 감세 정책으로 미국 빅테크 기업은 해외 잉여금을 미국 국내로 들여와 자사주 매입에 쓰면서, 빅테크의 차별적 상승과 달러 강세가 동시에 진행되고 있었다. 2016년 말에 시작된 제3차 달러 약세는 트럼프의 미중 패권 전쟁을 통해 달러 강세로 다시 회귀하였다.

필자는 2019년부터 달러 약세에 대비하자고 말씀드렸다. 2019년에 달러 약세를 유발하는 일부 변수들이 활성화되기 시작했지만, 여전히 달러 강세에 우호적인 환경이었다.

이러한 상황은 2020년 3월 코로나19 사태가 터지면서 일시에 전환되었다. 연준과 미국 재무부는 역대급 양적질적완화와 재정 적자를 통해 2008년 글로벌 금융위기 때보다 더 많은 유동성을 시장에 뿌렸다. 민주당 조 바이든이 대통령에 당선되면서 미국 행정부도 사회주의 정책으로

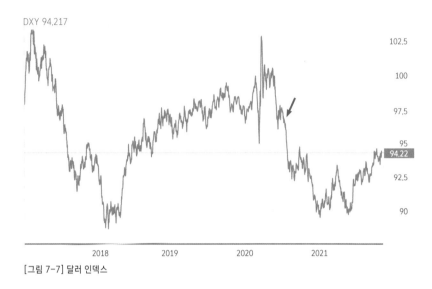

DXY 94.217

[그림 7-7] 달러 인덱스

전환하였다. 미중 패권 전쟁은 소강상태로 전환되었으며, 미군이 아프가
니스탄에서 철수하면서 정치·외교적 분쟁 요인은 더욱 줄어들었다.

결국 2020년 3분기부터 달러 약세는 현실화되었다(빨간 화살표 지점).
달러는 금융 생태계에서 가장 중요하며 신흥국 증시와 상품 추세에 결
정적인 역할을 한다. 달러 약세가 한국 증시의 중기 5월 국면을 형성하
고 대세 상승을 만들기 때문에 한국 증시 3기의 대세 상승은 2020년부
터 시작되었다.

제3차 달러 약세는 한국 증시의 3월 국면과 5월 국면을 여는 마중물
역할을 충분히 하였다. 2021년 3분기부터 달러 강세가 진행되고 있다.
제1차, 제2차 달러 약세를 복기해 보면, 달러 약세가 시작되면 2~3년
정도 강한 하락 추세를 보인다.

그러나 제3차 달러 약세는 다소 혼조세를 보이고 있다. 2018년부터

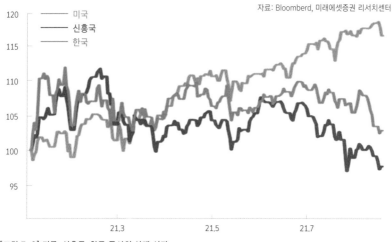

자료: Bloomberd, 미래에셋증권 리서치센터

미국
신흥국
한국

[그림 7-8] 미국, 신흥국, 한국 증시의 상대 성과

갑자기 달러 강세를 보이면서 이중 천장을 만들었고, 2020년부터 시작된 달러 약세가 1년을 넘기지 못하고 주춤하기 때문이다.

이에 따라 2021년 2분기부터 미국 증시가 초과 상승하는 모습을 보여주고 있다. 이 부분에서 필자의 전망이 초단기 측면에서는 틀렸다고 볼 수 있다. 그러나 4년 단기 추세와 17년 중기 추세 측면에서 보면, 아직 달러에 대한 시나리오 모델이 어긋난 것이라 단정짓기는 이르다. 필자도 달러에 대한 전망이 틀릴 것을 염두에 두고 좀 더 연구할 예정이다.

상품시장 적중 내역

필자의 시나리오 모델은 상품에서도 적중하고 있다. 지금은 미국 증시 7기의 여름이기 때문에 주식, 채권의 시대라 정의하였다. 상품의 초과 상승이 일어나는 상품의 시대가 아니라는 것이다.

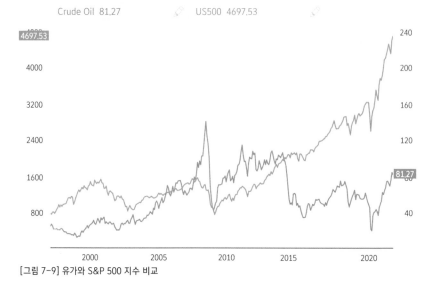

Crude Oil 81.27   US500 4697.53

[그림 7-9] 유가와 S&P 500 지수 비교

상품을 대표하는 유가와 S&P 500 지수를 비교해 보자. 2000년대는 상품의 시대였기 때문에 상품의 초과 상승이 나왔다. 특히 2007년에 그 현상은 두드러졌다. 2010년대 들어 미국 증시는 강력한 상승 추세를 시작하지만 상품은 오히려 하락한다.

물론 중간중간 상품의 반등이 나온다. 실제 필자가 글을 쓰고 있는 2021년 10월은 천연가스, 석탄, 원유 등 에너지 가격이 폭등하고 있으며 전 세계 전력난을 유발하고 있다. 영원히 상승하거나 영원히 하락하는 자산은 없기 때문이다. 그러나 최근 에너지 가격이 급등한다고 해서 지금이 상품의 시대라 할 수는 없다. 좁은 범위에서 시장을 보면 이러한 오류를 범할 수 있다. 상품은 2010년대와 마찬가지로 2020년대에도 중기 투자 대상으로 적절하지 않다.

모든 상품이 똑같이 움직이진 않는다. 현재는 상품의 시대가 아니기

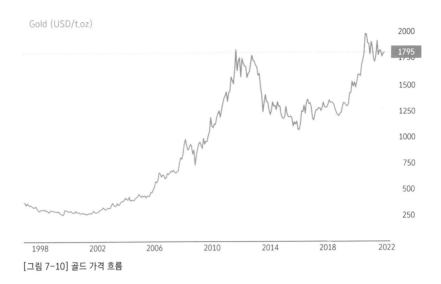

Gold (USD/t.oz)

2000
1795
1750
1500
1250
1000
750
500
250

1998   2002   2006   2010   2014   2018   2022

[그림 7-10] 골드 가격 흐름

때문에 상품 대부분은 주식보다 중기적 초과 상승이 힘들다. 그러나 골드는 다소 예외적인 현상이 발생하였다. 골드는 상품의 시대였던 2011년의 고점까지 급등하였다. 이는 미국 금융 역사상 유례가 없는 양적질적완화와 비트코인 급등 등의 영향을 받은 것으로 판단된다.

그러나 이렇게 골드와 같은 특이한 현상만으로 전체 상품 시장의 추세를 오해하면 곤란하다. 골드가 급등하니까 지금이 상품의 시대라고 생각하고 투자 비중을 늘린다면 중기적으로 수익률이 좋을 수 없을 것이다.

특히 지금은 공급 원인 인플레이션이 발생하는 구간이다. 수요 원인 인플레이션은 수요의 장기적이고 구조적인 변화로 발생한다. 통상 수요 급증을 유발하는 전쟁과 인구 증가 등이 수반되며, 공급 부족까지 중첩되면서 강력한 물가 상승을 장기적으로 형성한다. 반면 공급 원인 인플레이션은 수요 급증은 없으나 일시적인 공급망 병목 현상 등으로 발생한다. 물가 상승이 완만하며 단기적으로 발생했다가 사라진다. 따라서 2020년대 전체적으로 볼 때 추세적이고 구조적인 인플레이션을 기대하기는 어렵다.

장기 추세로 볼 때 지금은 디플레이션 시대라 말씀드렸다. 채권 금리도 1980년대 초부터 지금까지 40년간 하락 추세를 만들고 있다. 이제 천천히 인플레이션 시대로 장기 추세가 변화할 것이다. 그러나 그 속도는 생각보다 느릴 것이다. 통상 가장 강력한 상품의 시대는 장기적으로 인플레이션 시대이면서, 미국 증시의 봄 국면이 상품의 시대와 중첩될 때 발생한다. 바로 1970년대가 전형적인 예라 할 수 있다.

이렇게 시나리오 모델은 시기별로 나타나는 자산의 추세와 변화에 대해서 논리적 근거를 제공하고 향후 진행 경로에 대한 통찰을 준다.

부동산 적중 내역

부동산은 책에서 별로 기술하지 않았다. 그러나 시나리오 모델은 5대 자산 모두에 적용되는 것이고 모두 상관관계가 있다. 부동산의 순환주기도 17년에 가깝다. 부동산 가격 천장 후 버블 붕괴는 미국 증시 봄 국면에 한 번 또는 두 번 발생할 수 있으며, 여름 국면에서 또 한 번 발생한다.

역사적으로 이를 모두 확인할 수 있다. 미국 증시 5기 여름 국면의 끝자락인 1964년에 부동산이 천장을 기록하고 하락하였다. 6기 봄 국면에는 1972년과 1977년 두 번 천장을 찍고 버블 붕괴가 일어났다.

당시는 인플레이션 장기 추세와 상품 중기 추세가 중첩되어, 상품과 마찬가지로 부동산도 역대급 버블이 발생했다. 그런 만큼 버블 붕괴도 두 번 발생하였다. 6기 여름 국면 초기인 1986년 천장이 발생하였고, 이로

미국 증시	겨울	봄		여름	가을		겨울
미국 부동산		상승-폭락: 1~2번		상승-폭락: 1번 5기 천장: 1964			
		6기 천장: 1972, 1977		6기 천장: 1986			
		7기 천장: 2005		7기 천장은?			

[그림 7-11] 미국 증시 국면과 미국 부동산 중기 고점

인한 부동산 폭락과 제법 강한 소공황은 1990년에 발생하였다. 7기 천장
은 2005년에 발생하였고 이로 인한 중공황은 2008년에 발생하였다.

필자가 5대 자산과 금융 생태계를 연구하면서 특히 미국 부동산에
주목하는 이유를 이제 눈치챌 수 있을 것이다. 여름 국면 중반에 발생하
는 가장 강력한 소공황의 원인은 통상 부동산 버블 붕괴이기 때문이다.
필자는 그 자리를 2025년 전후로 보고 있다.

'서울권' 부동산은 특이하게 전반전과 후반전의 시나리오를 가진다.
참고로 '서울권'은 필자가 정의한 구역으로 서울 전역과 판교, 분당 등
경기도 1급지를 포함하는 개념이다. 전반전이 시작되면서 부동산 상승
추세는 지역을 거쳐가며 전형적인 순환매가 시작된다. 상승 추세는 언
제나 강남권 재건축에서 먼저 시작한다. 행정부가 부동산 규제를 시작
할 때 항상 재건축을 먼저 손보는 이유이다.

이후 강남 3구와 판교, 분당 등 경기도 1급지가 상승한다. 이후 마용성
(마포, 용산, 성동구), 목동, 마곡, 과천 등 서울권 2급지가 상승한다. 이후 강
북과 경기도 2급지까지 상승 온기가 퍼져 나간다. 이후 남양주, 일산 등
경기도 외곽을 거쳐 비아파트와 지방까지 상승 추세가 확산된다. 그러나
부동산 규제는 정치적 역풍을 겪고, 중간에 총선 또는 대선 시즌이 다가
오면서 정부는 표심을 얻기 위해 일시적으로 부동산 규제를 완화한다.

비아파트와 지방까지 확산되었던 부동산 순환매는 다시 서울권 재건축과 강남 3구 및 경기도 1급지부터 상승 추세를 시작한다. 필자는 이를 후반전 시나리오라고 정의한다. 후반전 시나리오까지 모두 마칠 즈음이 되면 증시는 가을2 국면에 접어든다. 부동산은 유동성 감소와 증시 하락에 반 박자 정도 느리게 반응하기 때문에 아주 투자하기 용이한 자산이다.

서울권 부동산도 시나리오 모델로 구분할 수 있다. 서울권 부동산 1기 상승 구간은 1981~1990년이며 하락장은 1991~1998년이다. 2기 상승 구간은 1999~2007년이며 하락장은 2008~2013년이다. 3기 상승 구간은 2014년부터 시작하여 지금도 진행 중이다.

하프타임(half time)은 전반전에서 후반전으로 넘어갈 때 잠시 상승 추세가 주춤한 자리이다. 1기 하프타임은 1985~1986년이었고, 2기는 2004년이었으며, 3기는 2019~2020년이었다.

서울권 부동산 1기와 2기 모두 증시가 폭락하는 겨울1 국면부터 하락장이 시작되었다. 한국 증시 1기의 겨울1 폭락은 1990년부터 시작되었고, 서울권 부동산 1기도 1991년부터 하락장으로 접어들었다. 한국 증시 2기의 겨울1 폭락은 2008년부터 시작되었고, 서울권 부동산 2기도 2008년부터 하락장으로 접어들었다. 서울권 부동산 시나리오도 5대 자산과 상관관계를 유지하면서 역사적으로 재현되고 있다.

2022년 이후 시장 전망

미국 증시와 한국 증시 모두 필자의 시나리오 모델대로 움직일 것으로 전망한다. 그 세부적인 논리적 근거는 아래에 기술하는 달러 시나리오와 금리 시나리오를 통해 귀납적으로 가늠해 볼 수 있다. 지면상 여기서는 연역적으로 필자의 전망만 간략히 설명하겠다.

미국증시와 한국증시 전망

미국 증시는 7기 여름 국면이기 때문에 중간중간 소공황 등의 변동성이 있을지라도 상승 추세를 지속할 것이다. 그러나 2025년 전후에 제법 강한 소공황이 발생할 가능성이 크다. 미국의 소공황은 달러 약세 이후 초과 상승했던 기술주 중심의 극동아시아 신흥국(한국, 대만, 일본, 중국) 그리고 인도, 베트남 등에서 발생될 중공황과 동반할 가능성이 크다. 특히 중국이 금융위기의 진원지가 될 가능성이 크다.

이것은 4년 이후 전망이기 때문에 현시점에서는 조심스럽다. 진행되는 숙성 과정을 지켜보면서 수정해 나가야 한다. 그러나 전반적인 방향성은 크게 다르지 않을 것이다.

그렇게 보는 이유는 제3차 달러 약세의 끝이 그즈음에 나오고, 미국 부동산의 신용 경색이 발생할 가능성을 높게 보기 때문이다. 지금은 전 세계 선진국 부동산에 큰 버블이 진행 중이지만, 코로나19 사태 이후 은행의 대출 태도가 보수적으로 바뀌고 있으며, 2024년부터 유동성도 감소할 것으로 전망되기 때문이다.

물론 한국 경제는 재무 건전성이 매우 우수하며, 부동산도 미국과 중국만큼 심각한 버블 상태는 아니다. 그렇더라도 국제 달러 흐름에 따라 자금 유출 등 부정적인 영향을 받을 수밖에 없다. 따라서 필자는 한국 증시 1차 상승의 끝을 2025년 전후로 보고 있다. 중공황 이후 달러 약세가 한 번 더 진행되면서 2차 상승을 할 가능성이 있고, 그 이후는 5년 전후의 지루한 겨울 국면이 진행될 것으로 보고 있다.

그러나 기술주 중심의 신흥국에서 중공황급 금융위기가 나오더라도 미국 증시는 소공황에 그치고, 이후에 달러 강세가 진행되면서 미국 증시는 차별적인 상승을 이어 나갈 가능성이 크다. 따라서 2020년대 후반기에는 미국 증시 비중을 크게 늘려야 할 것으로 판단한다. 기존 주도 업종이었던 기술주와 선택 소비재는 그 차별적 상승이 더욱 심해질 것이다.

다만 2020년대는 골디락스 장세이기 때문에 1990년대 후반기의 닷컴 버블과 같은 엄청난 버블이 발생할 가능성은 낮게 보고 있다. 상승 각도도 1990년대 후반기처럼 가파르게 급등하지 않고 밋밋하게 적당히 유지될 가능성을 높게 본다.

한국 증시는 2020년대 후반기에 겨울 국면이기 때문에 전체 지수는 하락 후 정체하거나, 2010년대 중반과 같은 박스피 장세가 될 가능성이 있다. 그렇지만 작은 규모의 주도 업종은 탄생할 수 있다. 주도 업종 후

보는 필수 소비재와 경기 방어주에서 나올 것이다.

한국 증시 4기 대세 상승은 2030년대에 나올 것이며 한국 증시 2기의 모습과 유사하게 닮아갈 것이다. 그때는 미국 증시 8기의 봄 국면이며 상품의 시대가 될 것이다. 특히 인플레이션이 장기 추세로 자리잡을 가능성이 크기 때문에 상품 가격이 가장 급등하는 아주 드문 시대가 된다. 반드시 주도 상품을 포트폴리오에 일정 비중 챙겨야 하는 그런 시대가 된다.

미국 달러 전망

필자는 2016년 하반기부터 제3차 달러 약세가 시작되었다고 정의하였다. 결국 2020년에 강한 달러 약세와 함께 한국 증시 3기의 여름 국면을 열었다. 그러나 2021년 2분기 이후 달러 강세가 진행되면서 필자도 당황하고 있다고 말씀드렸다.

그러나 2025년 이후 전체 그림까지 봐야 제3차 달러 약세 시나리오 모델의 유효성을 평가할 수 있다. 필자가 책에서 설명한 미국 달러를 움직이는 변수를 좀 더 보강하여 정리하면 다음과 같다.

2022년에는 달러 약세 요인과 강세 요인이 혼재될 전망이다. 먼저 순환주기 측면에서 보면 2026년 전후까지 달러 약세가 이어져야 한다. 그렇지 않으면 달러 시나리오 모델을 다시 정의해야 할 것이다. 필자는 현재의 달러 강세를 일시적인 현상으로 보고 있다.

2022년 상반기에 연준이 테이퍼링을 집행하고 2022년 말 기준 금리를 인상하기 시작하는데, 이는 매우 강력한 달러 강세 요인이다. 그러나 테이퍼링을 통해 미국의 유동성이 무조건 줄어들 것이라 오해하면 안

구분	2021년 10월	2022년
순환주기	2017~2026년 약세? ⬇	
미국 금리	제로금리 ⬇	2022년 말부터 기준금리 인상 ⬆
미국 QQE	월 1,200억 달러 ⬇	2021년 12월부터 테이퍼링 ⬆
미국 재정적자	인프라 투자 4.7조 달러 미국 부채 한도	의회 통과? 12월 초까지 유예 ⬇
미국 금융규제	완화 ⬇	
미국 GDP 성장률	미국이 상대적 강세 ⬆	2022년부터 평년 수준으로 ⬇
미국 무역 적자	―	
정치적 불확실성	미중 패권 전쟁: 소강 상태 ― 전력난: 미국 우위 ⬆	미중 패권 전쟁 전력난: 해소 ⬇
미국 행정부	사회주의 민주당 ⬇	

[그림 7-12] 달러 강세 요인(빨간 화살표)과 달러 약세 요인(파란 화살표)

된다. 테이퍼링은 연준이 매월 1,200억 달러씩 매입하던 국채 규모를, 빠르면 6개월 만에 0으로 만들면서 유동성 증가를 줄이기는 하지만, 여전히 유동성 자체는 계속 늘어나는 것이다.

유동성은 민간 부문에 발행되는 국채(노란색 막대)의 규모로 결정된다. 올해(2021년) 재무부의 국채 발행이 과도했기 때문에 민간 부문에 국채 발행이 많아지면서 오히려 유동성을 흡수하는 긴축 효과가 있었다. 필자는 이것을 일시적 달러 강세의 요인으로 판단한다.

그러나 2022년에 코로나19 사태가 안정화되면서 재무부는 국채 발행을 크게 줄일 예정이다. 이 때문에 연준이 테이퍼링을 한다 해도 민간 부문에 발행되는 국채 규모는 축소되며 오히려 유동성이 증가하게 된다. 따라서 테이퍼링에도 불구하고 2022년에 유동성이 늘면서 달러 약

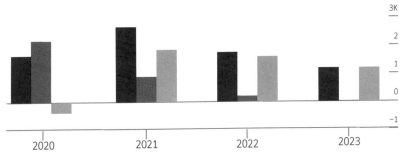

Treasury vs Fed

Wall Street forecasts account for smaller auctions, taper

- Net coupon supply
- Fed purchases
- Net supply to private market

3K

2

1

0

−1

2020　　　　2021　　　　2022　　　　2023

Morgan Staney, U.S. Treasury　　　　**Bloomberg**

[그림 7-13] 재무부-연준-민간부문 미국 국채 순매수 전망 (2020-2023년)

세 요인이 된다.

　미국 재무부는 인프라 투자를 아직 집행하지 않았으며, 부채 한도로 인해 국채 발행을 적절하게 하지 못하고 있다. 두 법안이 미국 의회를 통과하면 이는 강력한 달러 약세 요인이 된다. 미국 바이든 행정부가 금융 규제를 검토할 가능성이 크지만, 아직은 추진하고 있지 않기 때문에 이 역시 달러 강세 요인은 아니다.

　게다가 내년부터 미국 경제성장률은 기저 효과가 사라지면서 크게 낮아지는데, 이는 달러 약세 요인이다. 미중 패권 전쟁 역시 완화되는 기조이며 2022년 상반기가 되면 전력난이 일단 해소될 것이다. 이는 불확실성이 해소되는 것으로 모두 달러 약세 요인이다. 현재 논란이 되는 인플레이션도 달러 강세와 동반할 수 없는 현상이므로 모순적인 상황이다.

따라서 필자는 현재 달러 강세를 일시적인 현상으로 보고, 달러 시나리오 모델이 중기 측면에서 적중할 것으로 기대하고 있다.

미국 채권과 금리 전망

미국 채권과 금리도 전망해보자. 필자의 책 초판에서 금리 시나리오에 대해 자세히 설명하지 않았다. 시장 금리는 아래와 같은 패턴을 보이는 경향이 있다. 공황이 시작되면 연준과 재무부는 필사적으로 기준 금리를 인하하고 유동성을 투여한다. 공황이 진정되면 시장 금리, 즉 미국 10년물 국채 금리는 상승하기 시작한다(노란색 1번 자리).

경기 회복이 진행되고 증시가 상승하면, 시장 금리가 하락(국채 가격 상승)하면서 증시도 상승하는 가벼운 팽창 현상이 나타난다. 팽창 현상 이후 시장 금리는 다시 상승(국채 가격 하락)하면서 증시가 과열되는 국면이 나온다(빨간색 2번 자리). 이후 소공황이 발생한다.

만일 금융 생태계의 상태가 더욱 악화되고 연준이 기준 금리를 선제적으로 인하하면(파란색 점선 화살표), 공황이 더욱 위험해지고 중공황급 금융위기로 급발진할 수 있다.

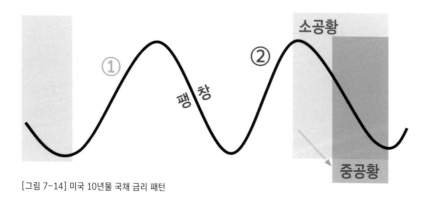

[그림 7-14] 미국 10년물 국채 금리 패턴

이러한 패턴은 3~4년에 한 번씩 반복되며, 이런 단기 측면의 순환주기를 만드는 원동력은 바로 미국 채권과 금리이다. 미국 제조업 경기와 경제 성장률도 이를 추종한다. 미국 내 유동성은 국제 달러의 움직임을 유도하며 공황 발생 시 전 세계에 영향을 미친다.

미국 증시 7기가 시작된 2013년 이후를 살펴보면 두 번의 단기 금리 시나리오가 완료되었고, 필자가 글을 쓰고 있는 2021년 10월에 세 번째 단기 금리 시나리오가 진행 중이다.

2013년부터 시장 금리가 상승했고, 팽창 현상을 거쳐 2015년 초 시장 금리가 다시 상승하였고, 2015년 말부터 소공황이 찾아왔다. 2016년부터 시장 금리가 상승했고, 가벼운 팽창 현상을 거쳐 2017년 말부터 시장 금리가 다시 상승하였고, 2018년 말 소공황이 찾아왔다. 2019년 9월 기준 금리까지 인하되면서 2020년 3월에 중공황은 아니었지만 그만큼 혹독한 폭락(플래시 크래시)이 출현하였다.

이러한 관계를 시계열로 표현하면 다음과 같은 중기 측면의 금리 시

[그림 7-15] 시장금리와 S&P 500

[그림 7-16] 금리 시나리오와 시간표: 2021년 10월 현재

나리오를 정리할 수 있다. 중기 금리 시나리오는 '시장 금리 상승 > 테이퍼링 등 유동성 감소 > 기준 금리 인상 > 증시 과열 > 시장 금리 하락 > 기준 금리 인하 및 달러 강세 > 공황', 이런 시간표로 진행된다.

현재 2021년 10월(NOW 표시)은 테이퍼링 등 유동성 감축을 앞둔 시점이며, 한국 증시 3기의 7월 국면 어딘가에 위치하고 있다고 판단한다. 2022년에 가벼운 소공황이 나올 수 있으며 강력한 중공황급 폭락은 2025년 전후 어딘가 발생할 것이다. 따라서 대세 상승은 2년 이상 더 지속될 것으로 필자는 전망한다.

이렇게 역사적인 상관관계를 추적하다 보면 5대 자산 모두 각각의 시나리오를 구성할 수 있다. 이러한 시나리오와 시간표를 확보하면 향후 진행될 '정해진 미래'를 이해할 수 있게 된다.

인플레이션 전망

아직 디플레이션 시대가 마무리되진 않았다. 물론 장기 추세는 곧 인플레이션으로 바뀔 것이나 그 시점은 시나리오 모델로 정확히 알 수 없다.

순환주기 측면에서 볼 때 장기 추세, 즉 물가 상승과 하락은 통상 60년(+/- 10년) 정도 된다. 이미 디플레이션 시대에서 물가 하락이 40년간 지속되었기 때문에 점차 인플레이션으로 전환될 운명에 있다. 특히 2008년 글로벌 금융위기 이후 미국 금융 역사상 유례가 없는 양적완화가 추진되었고, 2020년 3월 코로나19 사태 이후 유례가 없는 양적질적 완화가 추진되었다.

이렇게 유동성이 과도하게 확대된 시대가 지나면 인플레이션 시대는 반드시 온다. 1930년대 후버댐 등으로 대표되는 포스트 대공황 시대의 재정 적자를 거쳐, 1940년대 초반 제2차 세계대전을 통해 엄청난 유동성이 퍼지고 물가 상승이 시작되었다. 우리는 1940년대 중반부터 강력한 인플레이션 장기 추세가 시작된 것을 관찰할 수 있다. 지금은 그때와 정확히 같은 자리다.

이렇게 인플레이션 장기 추세 초입이 되면 골디락스 장세가 나타난다. 1950년대를 거쳐 1960년대 중반까지 미국 증시 5기의 여름-가을 국면이 지속되었고, 우리는 이때를 골디락스 장세라 부른다. 골디락스 장세가 되면 가벼운 인플레이션과 함께 주식, 채권, 부동산, 상품이 골고루 적당히 상승한다.

필자가 글을 쓰고 있는 2021년 10월은 인플레이션에 대한 갑론을박이 많은 자리이다. 연준은 고용과 물가를 볼 때 코로나19 사태의 기저 효과로 일시적인 인플레이션이 나타났다고 일관되게 주장한다. 그러나 기저 효과가 지났음에도 불구하고 2021년 9월 인플레이션은 5.4%를 기록하였다. 시장은 인플레이션이 과연 일시적인지 의구심을 가진다.

모든 관점은 시기와 연관되어 다르게 해석될 수 있다. 필자는 2030

년대를 거쳐 2040년대까지 장기적인 구간을 본다면, 지금은 인플레이션 장기 추세 초입이 분명하다고 믿는다. 그러나 2020년대의 좁은 구간에 국한한다면 연준의 의견에 동의하며 일시적인 인플레이션이 간헐적으로 나타날 것으로 생각한다.

그 이유는 현재 인플레이션은 공급 원인이기 때문이다. 수요가 엄청나게 급증해야 수요 원인 인플레이션이 발생하는데, 그렇게 되려면 인구가 증가하고 전쟁 등을 통해 에너지 수요가 급증해야 한다. 게다가 오일 쇼크와 같은 에너지 공급 부족까지 추가되어야 확실하다.

지금은 코로나19 사태로 인해 강제로 외부 활동을 금하여 노동 인력이 부족해졌다. 그러나 재난지원금을 살포하면서 온라인 소비는 지속된다. 이러한 과정에서 운송과 물류 왜곡으로 공급이 늦어지면서 물가가 상승한다. 이는 코로나19 사태가 안정화되면 해결되기 때문에 일시적이다. 현재 소비 주체인 선진국의 인구가 감소하는 추세이며 전쟁 등의 위험이 없으므로 수요 원인 인플레이션이 나타날 환경은 아니다.

통상 인플레이션 장기 추세는 전반전과 후반전으로 나눌 수 있다. 전반전은 지금과 같은 공급 원인 인플레이션과 미국 증시 여름-가을 국면의 골디락스 장세를 만든다. 그러나 후반전이 되면 어떤 원인이든 상품 수요가 급증하면서 수요 원인 인플레이션과 미국 증시 겨울-봄 국면의 경기 침체가 형성된다.

2020년대는 공급 원인 인플레이션이 간헐적으로 나오고, 지난 양적완화와 양적질적완화를 통해 엄청나게 시장에 살포된 유동성이 지속적인 물가 상승을 유도할 것이다. 이는 미국 증시 7기의 여름-가을 국면과 맞물려 골디락스 장세를 형성할 것이며, 1950년부터 1968년까지 진행된 미국 증시 5기의 여름-가을 국면과 유사한 패턴을 만들 것으로 전망한다.

만일 필자의 가설이 적중한다면, 2020년대 후반에 형성될 것으로 전망되는 미국 증시 7기의 가을 국면은 지난 6기의 가을 국면(1995년부터 1999년까지)의 닷컴 버블과 같은 초대형 버블이 형성되지 않을 가능성이 크다. 1960년대에도 복합기업과 기업 이름에 ~electronics 등을 붙이는 기술주 버블이 형성되기는 했으나 규모가 상대적으로 크지 않았기 때문이다.

이는 골디락스 장세의 특징이다. 골디락스 장세였던 미국 증시 5기의 가을 국면은 상승 각도가 가파르지도 않았고 기술주 버블도 상대적으로 약한 수준이었다. 게다가 상품, 채권, 부동산 등도 적당히 상승하였다. 골디락스 장세에서는 5대 자산이 모두 적당히 상승하며, 주식의 차별적 상승이 나타나지 않는다.

반면 골디락스 장세가 아닌 미국 증시 6기의 가을 국면은 멀리서도 눈에 띌 정도의 강력한 상승 각도 급증이 나타났다. 닷컴 버블 뿐만 아니라 통신과 반도체 업종까지 가세한 기술주 버블은 1920년대 Roaring 20th(광란의 20년대, 1920년~1929년 대공황 이전 미국 자본주의 황금기를 말함)의 재림을 보는 듯 강력했다. 게다가 상품과 채권은 하락 추세를 형성하였으며, 부동산도 1990년 버블이 무너진 이후 완만한 상승 수준에 그쳤다.

부동산시장 전망

부동산은 2020년 코로나19 사태 이후 전 세계 차원에서 급등을 지속하고 있다. 유동성은 금융 역사상 유례없이 팽창하여 모든 자산을 끌어 올리고 있다. 전형적인 골디락스 장세이다. 게다가 한국뿐만 아니라 선진국도 구조적인 공급 부족 문제 때문에 부동산 급등은 당분간 지속될 것이다.

한국도 부동산 상승이 지속될 것이다. 한국은 다른 나라와 달리 분양과 전세라는 독특한 제도가 있어 부동산 시장 분석이 용이하다. 한국 부동산은 유동성, 미분양, 전세가율로 쉽게 추세를 검증할 수 있다. 한 가지만 더 본다면 공급 상황을 보면 되겠다.

유동성은 모든 자산 가격 추세의 기초이다. 현재 유동성 증가 추세를 보면 도저히 부동산 가격 하락 의견을 꺼낼 수 없는 상태라 할 수 있다. 아래 그래프는 M1/M2 그래프다. M2는 예금성 통화이기 때문에 M2가 늘어나면 투자자들이 시장을 보수적으로 본다는 의미이다. 반면 M1은 본원 통화에 가깝다. M1이 늘어나면 투자자들이 적극적으로 위험자산에 투자한다는 의미이다.

한국은행에서 1960년대부터 제공하는 데이터를 보자. 1960년대와 1970년대는 M1/M2가 지속 감소하는데 이는 저축성 예금이 크게 증가했기 때문이다. 한국이 자본주의 도입기를 거쳐 경제가 발전하면서 저

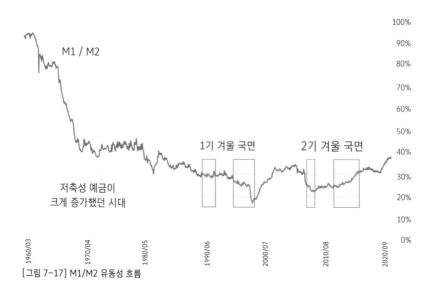

[그림 7-17] M1/M2 유동성 흐름

축이 증가하는 영향도 있었고, 1970년대 초고물가 시대에서 예적금이 좋은 투자 대상이기도 했다.

한국 증시는 1차 상승과 2차 상승이 있다고 했다. 즉 1차 상승 후 겨울1 국면이 있고, 2차 상승 후 겨울2 국면이 있다. 한국 증시 1기 겨울1 국면은 유동성 감소 없이 증시 폭락이 나왔다. 이는 1985~1989년 5년간 유례없이 10배 급등했기 때문이다. 그러나 IMF 외환위기로 마무리된 1기 겨울2 국면은 유동성이 선행적으로 큰 폭으로 감소했음을 관측할 수 있다.

한국 증시 2기 겨울1 국면에도 유동성이 크게 감소했다. 2기 겨울2 국면은 오히려 유동성이 증가했는데, 이것이 2기 겨울2 국면이 폭락 없이 5년 박스피를 형성한 하나의 원인이라 할 수 있겠다.

그뿐만 아니라 미분양 추세를 보면 서울권은 역대 최저치를 기록하고 있다. 향후 증가할 기미조차 보이지 않는다. 전세가율은 통상 40%를 하향 돌파하면 위험하다. 현재 55% 수준이라 아직 시간이 많이 필요하다. 게다가 서울권의 공급은 2023년까지 역대급으로 급감한다. 서울권 부동산이 폭락할 가능성은 거의 제로라고 할 수 있다.

그러나 이러한 부동산 급등은 영원할 수 없다. 먼저 유동성은 2023년 이후 서서히 줄어들 가능성이 있다. 테이퍼링이 곧 시작되며 2022년 말에 연준의 기준 금리 인상이 예고되어 있다. 이미 한국 등 일부 국가는 기준 금리 인상을 시작하였다.

구분	전국	서울
2017년 5월	75.6	73.0
2021년 9월	66.7	54.9

[그림 7-18] 아파트 매매가격 대비 전세가격 비율   자료 : 국민은행

은행의 대출 태도도 점차 보수적으로 바뀌고 있다. 한국 등 일부 국가는 행정부가 나서서 대출 규모를 축소하고 있다. 3년 정도 지나면 구조적인 공급 부족 사태가 해소될 것으로 전망한다. 그렇다면 2024년 이후 어딘가에서 부동산은 가격 천장을 만들 가능성이 있다. 부동산은 규모나 투자 방식 때문에 버블 붕괴 시 금융 생태계에 제법 강한 영향을 미친다.

필자는 특히 중국을 주목하고 있다. 2025년 전후 극동아시아 중공황의 중심에 중국의 부동산 부실이 있을 것으로 본다. 중국 부동산 개발 기업의 부채비율은 거의 400%로 제조업 108% 대비 거의 4배이다. 중국은 부동산 관련 산업이 GDP의 30%를 차지하고, 중국 도시 주민 가구당 자산 중 주택 비중이 60%를 차지하고 있다.

부동산 버블 붕괴는 반드시 소공황 이상의 문제를 일으키기 때문에 조심해야 한다. 미국과 중국의 부동산이 먼저 하락하면서 신용 경색 상황이 발생하고, 중간에 증시 소공황이 발생한 다음, 한국 부동산도 점차 하락할 것이다. 물론 이는 2025년 이후의 가능성이기 때문에 지금 단정적으로 규정할 필요는 없다.

그러나 달러 시나리오, 금리 시나리오와 마찬가지로 부동산도 시나리오를 이해하고 시간표를 적절히 추적한다면, 부동산 역시 '정해진 미래'로 맘 편하게 해석할 수 있다.

이번 대세상승장의
주도 업종

앞서 필자의 전망에서 주도 업종에 대한 의견을 간략히 드렸는데, 부록을 통해 조금 더 자세히 살펴보도록 하겠다.

미국 증시가 봄 국면일 때 달러 약세와 신흥국의 여름-가을 국면이 전개되면, 자본재, 에너지, 가치주 등이 초과 상승하며, 이러한 주도 업종에 특화된 신흥국이 더 초과 상승한다. 미국 증시가 여름-가을 국면일 때 달러 약세와 신흥국의 여름-가을 국면이 전개되면 기술주와 선택 소비재 등이 초과 상승하며, 이러한 주도 업종에 특화된 신흥국이 더 초과 상승한다.

그래서 2000년대는 브릭스(BRICs) 중에서도 에너지와 원자재 강국인 러시아와 브라질이 초과 상승하였다. 1980년대는 기술주 강국인 일본, 대만, 한국 등이 초과 상승하였다. 2020년대는 다시 기술주와 선택 소비재의 시대가 돌아왔으며, 그러한 이유로 2020년에 가장 강한 상승을 보여준 국가는 한국과 대만이었다. 2021년은 달러 강세가 다시 진행되면서 미국 증시가 초과 상승하고 있다. 그러나 이러한 기조는 2022년부터 다시 바뀔 가능성이 있다.

단순히 기술주와 선택 소비재라고 말씀드리면 이해가 가지 않는 분들이 있기에 조금 세부적으로 설명하겠다.

먼저 미국 증시는 대표 업종을 아래와 같이 11개로 구분하고 있다. 미국 11대 대표 업종은 다음과 같다. Consumer Staple(필수 소비재), Consumer Discretionary(선택 소비재), Info Tech(기술주), Materials(소재), Industries(산업재), Utilities(기간산업), Financial(금융), Energy(에너지), Healthcare(헬스케어), Communication Services(통신), Real estate(부동산)

한국 증시와 크게 다른 점이 두 가지가 있다.

첫 번째, 미국의 통신 업종은 한국의 통신주와 다르다. 미국의 통신주는 오히려 기술주에 가깝다. 우리는 미국 증시가 구분한 기술주와 통신주를 기술주 하나로 통합해도 큰 무리는 없다. 한국의 통신주는 경기 방어주에 속하는 Utilities(기간산업)로 통합하면 된다.

두 번째, 미국 증시에서 부동산 업종은 비중이 꽤 높다. 그러나 리츠(REITs, Real Estate Investment Trusts) 산업이 발달하지 않은 한국 증시에서는 존재감이 없다. 그러므로 한국 증시에서 부동산 업종은 제외한다.

소재와 헬스케어 업종은 한국 증시에 맞게 약간 다르게 볼 수 있다. 소재는 전통적인 소재도 있지만, 기업이 신규 시장을 목표로 신기술을 적극적으로 적용한 신기술/신시장 소재가 있다. 신기술/신시장 소재는 기술주에 더 가깝다.

예를 들어 반도체 소재와 2차전지 소재는 물성의 특징만 보면 소재 업종이다. 그러나 소재 업종보다는 기술주로 분류하는 것이 주도 업종을 평가하는 데 유리하다. 신재생 에너지나 수소 에너지도 마찬가지다. 신재생 에너지에 쓰이는 태양광 소재의 물성은 소재이다. 수소 에너지에 쓰이는 연료전지나 탄소섬유도 소재의 영역이다. 그러나 신재생 에너지와 수소 에너지는 독자적인 영역을 구축하면서 신기술/신시장 소재이고 성장주 대접을 받고 있다. 따라서 에너지 업종 중에서도 기술주에 가깝다고 구분할 수 있다.

주도 업종의 조건은 책에서 설명하였다. ❶ 시대적, 역사적 요구에 따라 메가 트렌드로 자리 잡은 업종, ❷ 금융 생태계상 주도 업종이 될 수밖에 없는 운명, ❸ P와 Q가 동시에 성장하는 황금 시장, 이렇게 3가지를 들 수 있다.

좀 더 세부적으로 보면 ❶ 업종을 대표하는 우량 대형주가 존재하여 전체 업종을 끌고 가야 하며, ❷ 업종 전체가 어떤 경향성을 가지고 같이 움직여야 하며, ❸ 실적과 수급 등이 기본 이상이 되어야 하며 세계적인 시장 점유율을 가져야 한다.

그렇지 않으면 테마가 될 수밖에 없다. 테마주는 메가 트렌드라고 할 수 없는 유행성에 의존한다. 예를 들어 정치 테마주나 원전을 들 수 있다. 반짝 유행 또는 아직 검증되지 않은 유행성이다. 테마주는 업종 대표주가 없다. 오합지졸로 움직이기 때문에 일관된 업종 추세를 보장할 수 없다.

게다가 실적, 수급, 세계 점유율에서 내세울 것이 부족하다. 소형 부실주의 비중도 크다. 백신, 5G 등과 같이 세계적인 기술이나 점유율을 갖지 못한다. 업종과 연관이 없는 기업도 테마주라는 이름으로 이상 급등을 하기도 한다. 이러한 테마주는 주도 업종이 될 수 없다.

2020년 코로나19 사태 이후 백신이나 제약, 바이오 업종이 크게 상승 추세를 만들면서 주도 업종의 모습을 일부 보였다. 그러나 필자는 두세 개의 초대형 바이오 기업 외에는 모두 테마주로 간주한다.

삼성바이오로직스나 SK바이오사이언스 정도는 되어야 바이오 업종으로 간주할 수 있다. 코스닥에 있는 군소 바이오 기업은 임상 결과를 신뢰할 수도 없고, 경쟁사가 넘볼 수 없는 기술과 생산 능력을 갖춘 것도 아니고, 실적과 수급도 좋지 않다. 테마주와 주도 업종을 반드시 구분할 필요가 있다.

2020년은 한국 증시 3기의 5월 국면으로 사후·검증되었다. 5월 국면은 봄 국면의 마지막이지만, 바닥을 찍고 상승하기 때문에 실질적으로 대세 상승의 출발점이다. 반도체와 2차전지를 중심으로 하는 기술주, 플랫폼, 미디어, 게임, 미용, 의료보조재 등의 선택 소비재가 증시를 주도하였다.

물론 기술 업종에 반도체와 2차전지만 있는 것은 아니다. 스마트폰 부품도 있고, 5G도 있고, 디스플레이도 있고, 반도체 SW와 유통 부문도 있다. 기술주라는 카테고리 밑의 대표 업종을 선택하고 하위 대분류, 중분류, 소분류 이런 식으로 테크 트리를 타면서 업종을 세분화할 수 있다.

예를 들어 기술주 카테고리에서 대표 업종으로 반도체를 선택하자. IDM(Integrated Device Manufacturer), 파운드리, OSAT(Outsourced Semiconductor Assembly and Test), 유통 등의 대분류에서 파운드리를 선택하자. 파운드리 중에서 소재, 부품, 장비, SW 등의 중분류에서 소재를 선택하자. 소재 중에서 EUV를 소분류로 선택하면 EUV 소재까지 내려온 것이다. 소분류에 가까울수록 구체적인 기술과 유사하게 된다.

이 중 2차전지는 가장 큰 폭의 상승을 기록했고, 반도체는 시가총액이 가장 거대한데도 주도 업종으로 자리매김하였다. 2021년 삼성전자와 SK하이닉스 등 반도체 대형주가 부진하기는 했으나, 반도체 소재, 부품, 장비는 개별적으로 큰 상승을 보여줬고, 2020년에는 반도체가 2

차전지보다 초과 상승하였다.

거의 음식료로 구성된 필수 소비재를 제외한 그 외 소비재는 선택 소비재로 볼 수 있다. 선택 소비재는 유행에 매우 민감하며 기술의 영역이 아니다. 파편화되어 있어 선택 소비재 내에서 온도 차가 크다. 반도체나 2차전지는 상승 또는 하락 시 업종 전체가 움직이는 경향이 크지만 선택 소비재는 그렇지 않다. 하위 업종별로 개별적인 움직임을 보이기 때문에 개별주 특징이 강하다. 그러나 기술 업종 대비 선택 소비재는 추세의 연속성이 떨어지지 않으면서도 변동성이 작기 때문에 슈퍼개미들이 좋아하는 업종이다.

필자는 주도 업종 유료 보고서를 매월 발간한다. 매월 이달의 주도 업종과 5월 국면이 시작된 2020년 4월 이후의 주도 업종을 정기적으로 업데이트한다. 유료 보고서에서 일부 발췌하여 설명하겠다.

필자는 오디션 피라미딩(Audition Pyramiding, 오디션에서 우수한 후보에 점수를 더 주는 것처럼, 기업 추세가 좋을수록 비중을 늘려 매수단가를 높이는 방법)이라는 방법으로 주도 업종을 판별한다. 주도 업종은 실적과 수급으로도 판별할 수 있으나, 가장 직관적인 방법은 가격 추세를 보는 것이다.

이달의 주도 업종은 매월 1일부터 말일까지 시가총액 1조 원 이상 기업에서 상승률 20% 이상인 기업을 검색해 판단한다. 아래 차트는 2021년 3분기 결과이다.

결과를 보면 2차전지 등 기술주가 초강세를 보였다. 50~100% 상승한 기업이 무려 7개나 포진해 있으며, 20~50% 상승한 기업도 7개나 있었다. 지금 무엇이 주도 업종인지 명백하게 보여준다. 선택 소비재도 좋은 모습을 보였다. 아직 자동차 업종의 상승 추세가 강하게 형성되지

상승률/ 업종	기술주	선택 소비재	소재	산업재	에너지	필수 소비재	금융	헬스케어 바이오 제약	유틸리티/ 경기방어주
100% 이상 상승				1					
50~100% 상승	2차전지 초강세 7	1	1					1	
20~50% 상승	7	3	3	2	3 / 1		3	3 / 1	

[그림 7-19] 2021년 3분기 업종별 상승률

못했지만, 상승 추세가 형성되면 선택 소비재의 대표 업종으로 자리매김할 것이다.

바이오 업종도 비교적 좋은 모습을 보이긴 했으나 주도 업종으로 보기 어려운 기업들로 구성되어 있다. 대표 업종이라기보다 테마주에 가까운 기업들이기 때문에 평가 절하할 수밖에 없다. 에너지 업종은 신재생/수소 에너지가 약진하였다.

이번에는 가장 최신 데이터를 살펴보자. 아래 차트는 2021년 10월 결과이다. 선택 소비재가 약진한 모습을 관찰할 수 있다. 특히 미디어와 게임 업종이 크게 상승하였으며 자동차 업종도 2개 진입하였다. 일부 게임 기업은 한 달간 두 배가 넘게 급등하였다. 여기 등재되는 기업은 시가총액 1조 원이 넘기 때문에 두 배 급등은 대단한 결과라 할 수 있다.

반면 기술주는 하나도 포함되지 않았다. 그 이유는 2021년 3분기에

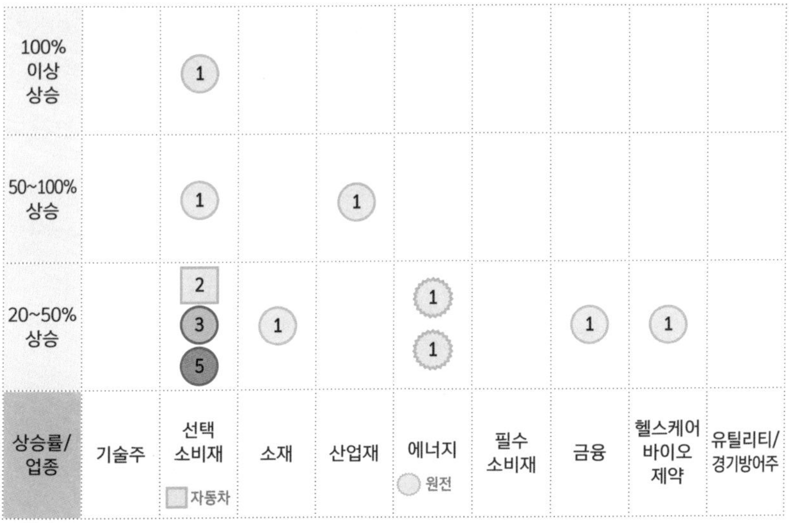

상승률/업종	기술주	선택 소비재	소재	산업재	에너지	필수 소비재	금융	헬스케어 바이오 제약	유틸리티/경기방어주
100% 이상 상승		1							
50~100% 상승		1		1					
20~50% 상승		2 / 3 / 5	1		1 / 1		1	1	

□ 자동차   ○ 원전

[그림 7-20] 2021년 10월 업종별 상승률

기술주 업종이 크게 초과 상승하였고, 9월 말~10월 초 초단기 조정 중 3차 폭락이 발생했을 때 그간 크게 초과 상승했던 기술주 업종이 대거 조정에 들어갔기 때문이다. 자연스러운 현상이라 할 수 있다.

제약바이오 업종의 버블이 꺼지기 시작하였다. 일부 원전 모멘텀이 발생하기는 했으나 필자는 아직 부정적인 입장이다. 실적과 수급이 매우 좋지 않고, 추세도 아직 바닥권에 있는 기업들로 구성되어 있다. 최근 중국과 유럽에서 원전을 검토하고 있으나 전력난이 해소된 이후에도 지속될 수 있는지 현시점에서 확신하기 어렵다.

필자는 2019년부터 기술주 중 반도체와 2차전지를 주목하였다. 선택 소비재는 플랫폼 기업, 게임, 미용 그리고 일부 의류 업종과 의료보조재 업종에 주목하였다. 그러나 2020년부터 미디어 업종에 크게 주목하고 있다. 선택 소비재라는 카테고리 밑의 미디어 업종을 선택하면, 대분류로 연예기획사, 영화, 드라마, 음원, 웹툰, 방송, 특수효과 등의 하위 업종으로 세분화할 수 있다.

이미 BTS와 기생충으로 2019년부터 한류 미디어 모멘텀은 시작되었다. 2020년 들어 BTS가 빌보드 1위를 연거푸 기록하고, 영화 '미나리'로 오스카 여우주연상을 받았다. 2021년 들어 '오징어 게임'이 넷플릭스에서 대히트를 쳤다. 이후 한국 콘텐츠의 팬덤이 더욱 강화되고 있으며 가성비 등의 경쟁력이 크게 부각되고 있다.

한국 대표 연예기획사 4사가 보유한 아이돌 양성 시스템은 주변 국가에서 흉내 내지 못하고 있다. 한국 드라마 제작사는 미국 제작비 대비 반값 이하로 드라마를 만들면서 퀄리티도 좋다. 한국의 특수효과 기술은 미국에서 외주를 줄 정도로 경쟁력이 높다. 한국 웹툰은 본고장 일본을 넘어서 세계로 뻗어나가고 있다.

이는 대분류 업종의 개별적인 상황이 아니다. BTS, 기생충, 미나리, 오징어게임 및 한국 국가 브랜드의 위상이 격상되면서 총체적으로 한국 문화가 글로벌 트렌드로 자리잡고 있는 것이다. 한때 반짝하고 사라지는 테마나 유행이 아니다. 하이브가 업종 대표주로 상장한 이후 업종의 지위로 격상되었다 할 수 있다.

2021년은 기존 K-콘텐츠의 경쟁력에 더하여 메타버스(Metaverse, 가상을 의미하는 Meta와 현실 세계를 의미하는 Universe의 합성어)로 활동 영역을 무한대로 넓히고 있다. 또한 NFT(Non-Fungible Token, 교환과 복제가 불가능하여 저마다 고유성과 희소성을 지니는 블록체인 기반의 토큰)를 통한 전자상거래로 비즈니스 모델을 넓히고 있다. 페이스북은 메타(Meta)로 사명을 바꾸고, 오큘러스 VR(Virtual Reality, 가상현실)/AR(Augmented Reality, 증강현실) 기기로 메타버스 시대를 대비하고 있다. 메타는 PC와 스마트폰 시대를 거쳐 VR/AR 기기가 메타버스 트래픽을 흡수할 것으로 보고 있다.

네이버와 카카오뿐만 아니라 연예기획사와 게임 기업은 자체 플랫폼을 구축하고 있다. 자체 플랫폼 위에 메타버스 환경을 구축하고, 한국의 최신 유행 K-콘텐츠가 올라간다. '무궁화꽃이 피었습니다' 게임을 메타버스에서 즐기고, '도깨비' 게임에서는 한국의 거리와 한국의 문화가 기본 배경으로 자리 잡고, BTS 등의 한류 아이돌 공연을 메타버스에서 개최한다. 게임 아이템, 아이돌 공연 티켓, 아이돌 디지털 굿즈를 NFT로 구매하게 만든다.

이러한 미디어 업종의 메가 트렌드는 탈중앙적 특징과 자신만의 공간을 선호하는 20~30대 젊은 층과 MZ 세대에 크게 영향을 주고 있다. 비트코인도 이러한 세대의 특징에 따라 장기 상승 추세를 보여주고 있다. 이렇게 메가 트렌드에 올라탄 미디어 업종은 한국 증시 3기의 대표적인 주도 업종으로 정의할 수 있다고 판단하고 있다.

필자는 천지인 투자 철학을 통해 천시, 지리, 인화를 기본적인 투자의 요소로 규정한다. 또한 맘느지 투자 즉 맘 편한 투자, 느린 투자, 지속 가능한 투자를 지향한다고도 여러 차례 말씀드렸다. 5대 자산에 대한 시나리오 모델은 '정해진 미래'를 아주 정확하지는 않지만 대충 가늠할 수 있는 도구를 제공한다.

경제적 자유를 향한 여정은 이제부터 시작이다

여기까지 오시느라 수고하셨다. 시나리오 투자법을 처음 접하는 분들은 이러한 방법론을 매우 어려워하신다. 여기까지 인내하신 분들은 앞으로 진짜 공부를 해야겠다고 느끼신 분들이라 생각한다. 탑다운 기술 투자 전략은 오랜 기간 많은 공부가 필요하다. 오랫동안 보유하고 외부 소음에 흔들리지 않는 인화의 내공도 필요하다.

전조현상의 마지막은 결국 처음에 이야기를 시작한 시나리오 모델과 순환주기로 돌아온다. 모든 투자의 기본이기 때문이다. 전조현상으로 마켓 타이밍을 예측하려는 시도도 좋지만, 많은 오류와 복잡한 다른 요인들로 일정이 앞당겨지거나 지연되기도 한다.

그래서 적당히 때가 되면 공포심을 뒤로 하고 아무 생각 없이 주식을 분할 매수해야 한다. 반대로 적당한 때가 되면 탐욕을 버리고 점진적으로 미국 달러 표시 채권으로 자산을 분할해서 옮기고 리스크 관리를 해야 한다. 이런 과정에 꼭 논리적 이유가 필요한 것은 아니다.

한국 주식시장과 미국 달러는 17년의 중기 순환주기를 가지며, 미국 주식시장은 34년(17년+17년)의 중기 순환주기를 가진다 말씀드렸다. 단기 추세는 이 책의 주제가 아니므로 '제오지산수' 등을 언급하며 간단히 3~4년이라 했다.

순환주기의 시작과 끝이 다가오면 섣불리 경제와 금융 시장을 예측하려 들지 않고, 큰 순환주기에 따라 감당할 수준으로 리스크를 관리하는 것이 좋다. 이를 통해 맘 편한 투자, 느린 투자, 지속 가능한 투자를 단단하게 구축할 수 있기 때문이다(줄여서 '맘느지' 투자).

맘느지 투자는 매우 중요하다. 맘 편하게 투자하지 않으면 2년 단기 보유와 5년 중기 보유가 매우 어렵기 때문이다. 시나리오 투자법을 제대로 실행하기 위한 가장 핵심 태도는 주도 업종을 오래 보유하는 인화의 내공이기 때문이다.

중기 투자를 얘기하면 대부분의 투자자는 회의적이다. 지난 2010년대에 6년간 지속된 박스피를 통해 습득된 관성이다. 그러나 그때는 겨울 국면이었고 지금은 찬란한 한국 증시 3기의 여름 국면으로 접어들었다.

이제 한국 증시 3기는 투자자들이 상상하는 것 이상으로 엄청난 상승 추세를 보여줄 것이다. 그러나 부실주를 옮겨다니며 단타만 하면, 상승장이라 할지라도 수익을 내기 어려울 것이다. 현명한 투자자가 되려면 단타 습관을 버리고 단시일에 높은 수익을 거둘 수 있을 것이라는 환상에서 벗어나야 한다.

씨앗을 뿌리고 내일 열매가 열리기를 기대하는 농민은 없다. 씨앗이 잘 자라는지 매일 매일 집착하며 쳐다보는 농민도 없다. 시간이라는 조건이 수확의 가장 중요한 요소임을 깨달아야 한다.

필자는 삼재(三災)를 믿는 편이다. 9년 동안 아무리 잘나갔다 하더라도 들삼재, 눌삼재, 날삼재 3년은 몸가짐을 단정히 하고, 가능하면 새로운 사람을 만나지 않고, 새로운 사업도 벌이지 않으며, 무리한 투자를 피하고, 위험한 행동을 하지 않는다. 인간의 삶도 이러한 순환주기에 따라 팽창과 수축의 과정을 겪는다고 믿는다.

시장은 영원한 상승도 없고 영원한 하락도 없다. 따라서 3~4년 단기 투자를 병행하는 중급 투자자는 3년 차가 되면 본능적으로 리스크 관리를 한다. 미국 연준의 기준 금리 인상 3년 차가 되면 역시 묻지도 따지지도 않고 본능적으로 리스크를 관리한다.

마찬가지로 중기12국면의 가을 국면 끝도 정확하게 감지하면 더없이 좋겠지만, 그보다 중요한 것이 있다. 바로 사물의 팽창과 축소의 본질을 이해하고 적당히 리스크를 관리하는 습관을 들이는 것이다. 이는 투자자가 주식시장에서 오래 생존하는 데 큰 도움을 준다. 쉽게 말하면 적당히 2024년 전후에 한국 증시에서 수익을 실현하고 다음 투자처를 찾으면 된다. 다음 투자처는 2027년 이후 미국 증시가 될 것이다.

'학습된 무기력'이란 심리학 개념이 있다. 코끼리가 어릴 때 말뚝에 묶어 두면 나중에 말뚝 같은 것은 쉽게 부숴버릴 수 있을 정도로 자라도 말뚝을 벗어나지 못한다. 어릴 때 해봐도 안 된다는 것을 반복적으로 경험했기 때문이다. 벼룩은 무려 2m를 뛸 수 있다. 인간이 80층 건물을 뛰어오르는 것과 같다. 그러나 상자로 10cm 천정을 만들어 주면 나중에 상자가 없어도 2m를 뛰지 못한다.

투자자는 입문, 초급 투자자를 거치면서 수없는 실패를 반복하게 되어 있다. 실패해도 그 원인을 알 수 없다. 어떻게 개선해야 할지도 모른다. 칠흑 같은 암흑 속에서 여행하는 느낌을 지울 수 없다. 그래서 순환 주기와 중기12국면 등의 결정론적 세계관 같은 건 있을 수 없다고 생각하는 경향이 있다.

시나리오 모델의 기본 입장은 주식시장을 포함한 5대 자산과 금융 생태계는 그 운명이 이미 정해져 있다는 것이다. 물론 그 일정과 등락은 시대에 따라 다를 수 있다. 마치 인간이 태어나서 키가 얼마나 클지, 언제 성공할지 모르는 것과 같다. 그러나 청년기, 중년기, 장년기를 거쳐 노년기와 죽음을 맞이하는 인간의 운명을 피할 수는 없다. 중기12국면은 이와 같은 기조로 해석하여야 한다.

중기12국면은 역사에서 반복되는 패턴을 일반 법칙으로 정리하고, 투자 명인들의 사고방식을 도식화한 것이라고 말씀드릴 수 있다. 필자는 투자 명인들도 자기만의 시나리오 모델을 각자의 방식으로 구축하고 있으리라 생각한다. 시나리오 모델이 원칙으로 자리잡지 못하면 어떠한 결정도 할 수 없기 때문이다. 이러한 시나리오 모델이 학습된 무기력에 빠진 한국의 개인 투자자들에게 도움이 되었으면 한다.

다만 시나리오 모델을 활용한 투자법을 기계적으로 적용하면 곤란하다고 계속 말씀드렸다. 시간에 따라 이번엔 빨리 진행될 수도, 늦게 진행될 수도 있다. 금리의 움직임이 다소 굼뜰 수도 있고, 생각 외로 빨리 움직일 수도 있다. 제3차 달러 강세의 일탈 현상에서 관찰했듯이 이중 천정을 기록하기도 한다.

따라서 끊임없는 학습을 통해 변화에 적응하면서 중기12국면도 진화해야 한다. 모호한 가운데 방향성을 추구하는 것이 중기12국면이다. 절대적인 진리를 추구할 수는 없다. 그래서 시나리오 투자법은 투자 내공의 완성이 아니고 내공을 키우기 위한 시발점이라고 보는 것이 좋다.

이제 여러분은 시나리오 모델이라는 지도, 전조현상이라는 나침반 그리고 순환주기라는 시계를 가지고 경자인, 즉 경제적 자유인이 되기 위한 투자 여행을 떠날 준비가 되었다. 필자의 시나리오 투자법이 여러분의 투자가 성공하는 데 도움이 되고, 경제적 자유에 도달하는 데 실마리를 제공하기를 기원한다.

이야기꾼

정해진 미래, 대세상승장이 온다

개정판 1쇄   2022년 1월 15일
개정판 2쇄   2022년 8월 1일

지 은 이   이야기꾼
펴 낸 이   묵향
편　　집   묵향
북디자인   파이브에잇

펴 낸 곳   책수레
출판등록   2019년 5월 30일 제2019-00021호
주　　소   서울시 도봉구 노해로 67길 2 한국빌딩 B2
전　　화   02-3491-9992
팩　　스   02-6280-9991
이 메 일   bookcart5@naver.com
블 로 그   https://blog.naver.com/bookcart5
인 스 타   @bookcart5

ISBN   979-11-90997-06-5 (13320)